U0454347

张明扬 著

中信出版集团 | 北京

图书在版编目（CIP）数据

崖山 / 张明扬著 . -- 北京：中信出版社，2024.8（2025.10 重印）
ISBN 978-7-5217-6639-4

I. ①崖… II. ①张… III. ①中国历史—南宋—通俗读物 IV. ① K245.09

中国国家版本馆 CIP 数据核字（2024）第 104935 号

崖山
著者：张明扬
出版发行：中信出版集团股份有限公司
（北京市朝阳区东三环北路 27 号嘉铭中心 邮编 100020）
承印者：河北鹏润印刷有限公司

开本：880mm×1230mm 1/32 印张：11.25 字数：250 千字
版次：2024 年 8 月第 1 版 印次：2025 年 10 月第 7 次印刷
书号：ISBN 978-7-5217-6639-4
定价：69.00 元

服务热线：400-600-8099
投稿邮箱：author@citicpub.com

目　录

楔子

蔡州：南宋的怨念

危楼还望，叹此意、今古几人曾会？鬼设神施，浑认作、天限南疆北界。一水横陈，连岗三面，做出争雄势。六朝何事，只成门户私计？

因笑王谢诸人，登高怀远，也学英雄涕。凭却长江，管不到、河洛腥膻无际。正好长驱，不须反顾，寻取中流誓。小儿破贼，势成宁问强对！

——〔宋〕陈亮《念奴娇·登多景楼》

复仇

南宋庆元六年（金承安五年，1200年）夏，适逢金章宗完颜璟生日，南宋依照惯例派遣了一名叫赵善义的官员使金贺寿。这位贺金生辰使在归途中因为外交礼仪的琐事与金国随员发生了口角，争执不下时口不择言，竟威胁要联合蒙古夹攻金国：

尔方为蒙古部落所扰，何暇与我较？莫待要南朝举兵夹攻耶！[①]

自靖康之变（1127年）以来，武力威胁素来都是金人的专属行为，没承想这样的话现今竟然出自南宋使节之口。赵善义虽然因为失言被免官，但“发泄的却是南宋朝野久被压抑的复仇情绪”[②]。

南宋绍兴十一年（1141年），在宋高宗赵构与秦桧的主导之下，宋金双方订立“绍兴和议”。从此，南宋政治进入秦桧专制期，也就是所谓的“绍兴十二年体制”。在“绍兴十二年体制”中，作为权相的秦桧虽更为夺目，但一切实则都来自宋高宗的授权，“宋高宗绝非庸弱之君，他需要有一个言听计从而强干有力的权相帮他打理和议体制确立前后的一干棘手政事，包括打击异见的势力，压制非议的舆论，（这些）都由他去画策执行，成则‘圣意’独断，败则宰相代罪”[③]。

秦桧时代最显著的特征就是，为了维护“绍兴和议”体制这一“最大政治资产”，“以暴力彻底镇压、排除反对势力”[④]。所谓反对势力，既包括以岳飞为代表的抗金武将集团，也涵盖了更广义的主战派。挑战“绍兴和议”，即是挑战秦桧专权，政见不合与权力之争相互缠绕，彼此牵拽。

南宋绍兴二十五年（1155年），居相位长达十九年的秦桧去世，在文字狱整肃中噤若寒蝉的主战派重获生机。南宋隆兴元年（1163年）

---

① ［宋］佚名：《两朝纲目备要》，卷六。

② 虞云国：《南宋行暮：宋光宗宋宁宗时代》，上海人民出版社，2018年9月版，第203页。

③ 虞云国：《南渡君臣：宋高宗及其时代》，上海人民出版社，2019年8月版，第9页。

④ ［日］寺地遵：《南宋初期政治史研究》，刘静贞、李今芸译，复旦大学出版社，2016年4月版，第248—249页。

五月，宋孝宗赵眘绕开太上皇赵构与主和派大臣，对金国不宣而战，史称“隆兴北伐”。北伐仅历时十八天，便以宋军的“符离之溃”而惨淡收场。

“符离之溃”后，南宋虽被迫签下“隆兴和议”，与金人保持了四十余年的和平，但复仇与收复的倾向却渐有压倒主和之势，成为南宋朝野的主流政治思潮。

南宋庆元元年（1195年），韩侂胄罢黜政敌赵汝愚，总揽南宋军政大权。为了挽回因庆元党禁而失去的人望，《宋史·韩侂胄传》记载，有人劝“立盖世功名以自固”，于是韩侂胄以主战派领袖自居，宋宁宗纳其议，追封岳飞为鄂王，削夺秦桧王爵，崇岳贬秦，韩侂胄不断在朝野营造北伐的舆论基础。韩侂胄的所谓主战自然有政治投机与操纵舆论之嫌，但也的确契合了当时的深层社会心理，得到了陆游和辛弃疾这两位北伐意见领袖的某种支持，陆游甚至还曾写诗“身际风云手扶日，异姓真王功第一”，为韩侂胄祝寿。

正是在此种狂热主战的社会气氛下，才有了贺金生辰使赵善义的“大言不惭”。

南宋开禧二年（1206年）四月，北伐大军分东、中、西三路攻向金国，拉开了开禧北伐的帷幕。不宣而战造成的突然性，让宋军在战争初期手风极顺，连连攻城拔寨，特别是勇将毕再遇仅带了八十七人就一举拿下了泗州城。

泗州大捷的消息传来，韩侂胄感觉收复中原指日可待，便奏请宋宁宗于次月下诏北伐，正式对金宣战。宣战诏书一开篇就气势逼人：“天道好还，盖中国有必伸之理，人心助顺，虽匹夫无不报之仇。”行文中还大有传檄而定的雄心：“西北二百州之豪杰，怀旧而愿归，东南七十载之遗黎，久郁而思奋。”

不过，这次开禧北伐的所有好运和豪情似乎都留在了前两个月。几乎就是在宋宁宗的北伐诏书颁布之后，败讯便如雪花一样向临安飞来。

开禧北伐之败自然与韩侂胄的乱政有关，从一开始，他的收复大计便动机不纯。因动机不纯导致战备不足，精力多花在舆论准备之上，真正的战备时间不足三年；因动机不纯导致轻敌，韩侂胄一党深信金国乱亡在即，金军不堪一击，即使宋军准备不足，北伐胜利也是唾手可得；因动机不纯导致用人失当，韩侂胄一心想独占收复之功，看重的多是跟着他高喊北伐口号的逢迎之辈，反倒是辛弃疾这样的知兵之人被刻意晾在一边。

不过，从根本上来说，开禧北伐之败可能还是缘于南宋实力不足。当时金国处于金章宗的统治末期，尽管国势不振，但金章宗在位期间好歹也有明昌之治，国力的底子还在，人口数量正处于巅峰，“不战自乱”只是南宋文人的幻想罢了。在军力方面，金军固然不再是那支当年“女真不满万，满万不可敌”的盖世强军，但此时还未经蒙古大军的摧残，主力尚存，完颜宗室也还有一批名将在世。

而在南宋这边，即使是像辛弃疾这样的激进主战派，对仓促开战也不以为然。辛弃疾对北伐的时间有“更须二十年”的说法，他的政治主张与其说是尽快北伐，不如说是希望朝廷卧薪尝胆，尽早做好包括练兵、情报、财政等方面的战争准备，而不要得过且过，因循苟且。开禧元年（1205年），也就是北伐前一年，辛弃疾还写下了著名的《永遇乐·京口北固亭怀古》，借南朝宋文帝刘义隆的北伐惨败表达了他对时局的担忧：“元嘉草草，封狼居胥，赢得仓皇北顾。”

宋金长期对峙背后可能是一种地缘政治的均势状态。《南宋行暮：宋光宗宋宁宗时代》一书深刻地写道：

> 金人入主中原以后，双方随着“时移事久，人情习故”，已与南宋在地缘政治上形成了一种势均力敌的抗衡态势，谁也吃不掉谁。从绍兴末年金主完颜亮南侵，中经隆兴北伐，直至开禧北伐，不论率先发动战争的是宋还是金，从来都没能如愿以偿过，其间地缘政治的综合因素似在冥冥之中起着决定性的作用。[①]

开禧三年（1207年）十一月三日，韩侂胄遇刺身亡。这固然是一场带有偶然性的宫廷政变：史弥远结盟杨皇后，背着宋宁宗才暗杀了韩侂胄。但是，当时韩侂胄已有不得不死之势。在前线战事不利，主和派重新占据上风的情况下，朝中众臣普遍认为开战元凶韩侂胄已经成了对金求和的绊脚石。代表性说法是《宋史·林大中传》中说的，“今日欲安民，非息兵不可；欲息兵，非去侂胄不可”。而在金人那边，据《宋史纪事本末》记载，也将“献首祸之臣”当作议和的先决条件之一。

韩侂胄身亡之后，其首级最终竟真的到了金人手里。金章宗为此还祭告天地，举行了盛大的献首仪式，礼毕将韩侂胄首级悬挂于高高的旗杆上，供看热闹的百姓观瞻，之后还将其制成标本藏入军器库。

---

① 虞云国：《南宋行暮：宋光宗宋宁宗时代》，第274页。

周密曾在《齐东野语》中为奸相韩侂胄抱不平：

> 身陨之后，众恶归焉；然其间是非，亦未尽然。

严格说来，韩侂胄算不上什么大奸大恶之人，至少无法与秦桧相比，他纵然以一己之私轻举妄动，丧师辱国，但非要说他在道德上有多么不堪，或许有些“欲加之奸”了。

南宋嘉定元年（1208年）九月，在史弥远的一力主导下，宋金签署了“嘉定和议”。“嘉定和议”虽素有屈辱之说，宋金的关系由“侄叔”降格为“侄伯”，但其实也就是岁币加了十万两，绢加了十万匹而已，金军收了银三百万两的“赎地费”之后将新占之地还给了南宋，宋金边界维持战前原状。

“嘉定和议”签订后次月，史弥远升任右丞相，成为继秦桧和韩侂胄之后第三个南宋权相，在宋宁宗、宋理宗两朝擅权长达二十六年，南宋政治进入“史弥远时代”。

南宋开禧二年（1206年）春，几乎就在临安城中的韩侂胄挥师北伐之时，铁木真正在蒙古高原的斡难河（今鄂嫩河）源头召开忽里勒台大会。在大会上，铁木真被推举为“成吉思汗”，蒙古部落组合成一个即将征服四方的大蒙古国。

乱战

至少在开禧北伐十年前，南宋中枢就从多个渠道收到了蒙古崛起侵扰金国的军情，这些情报虽内容不一，但主战派如获至宝，所谓“虏人困于鞑靼，而有危亡之形”（魏了翁语，见《答馆职策一道》）。韩侂胄下决心发动北伐的原因虽多，但蒙古扰金确是其中重要的一个诱因，[①]以后见之明来看，韩侂胄的预见性并没有错，但有操之过急之失。

“嘉定和议”签订仅三年后，也就是嘉定四年（金大安三年，1211年），成吉思汗亲自领军大举伐金，史称“蒙金战争”。

蒙古大军在蒙金战争的第一阶段便取得了压倒性优势，在当年八月的野狐岭之战中大败金军，号称四十万大军的金军全军覆没。这一数字虽很可能被夸大了，但金国无疑在此役丧失了唯一一支可以机动使用的野战大兵团，《金史》评论野狐岭之战“识者谓金之亡，决于是役”，绝非夸大之语。

野狐岭之战后，蒙古骑兵长驱直入，直抵金国都城中都城下。

南宋使节余嵘在金国境内一路北行时，恰巧遇见了从前方溃退下来的金军败卒。余嵘见状继续北上，不仅想尽量接近双方战场打探军情，也欲寻机与蒙古人建立直接联系，但前行不久就被金人拦下了。金人强令其折回，以免宋使目睹金军“破败俘执”之惨状，有损国威。

余嵘虽未酬所愿，但还是掌握了大量蒙金战争的一手信息。是年十月，余嵘回到临安，就向宋宁宗赵扩奏报了此行收集的蒙金军情，敏锐地将蒙古比作崛兴之初的金人，认为金国“有旧辽灭亡之势”，建言宋宁宗即刻“备边自治”，以应付时局之变。[②]

---

① 胡昭曦主编：《宋蒙（元）关系史》，四川大学出版社，1992年12月版，第6页。
② 〔宋〕刘克庄：《龙学余尚书神道碑》。

金贞祐二年（南宋嘉定七年，1214年）五月，金宣宗完颜珣为避蒙古兵锋，下诏迁都南京汴梁（今河南开封）。仓皇辞庙之中，金国大有亡在旦夕之势。消息传来，惊愕失色的南宋中枢议论纷纭，大致分成了两派。

一派以理学名臣真德秀为代表，主张对金强硬，索性断交，罢停岁币，将这笔钱用来整军经武。一向持重的真德秀甚至提出乘金国疲敝之机，对金宣战收复失地，所谓“国家之于金虏，盖万世必报之雠……今天亡此胡，近在朝夕”[①]。

另一派以淮西转运判官乔行简为首，主张不罢岁币援金抗蒙，“金，昔吾之雠也，今吾之蔽也。古人唇亡齿寒之辙可覆”[②]，“遣使予币，可使为吾捍御”[③]。还有人极有预见性地指出，若不予岁币，金人恐铤而走险，对宋开战。

这两派各有各的道理，也各有各的偏颇。金国固然是南宋地理上的屏障，但以蒙古压倒性军事优势而言，金国败亡只是时间问题。南宋“援金抗蒙”对金国国祚之延续并无实质性作用，不仅徒耗国力，而且可能激怒蒙古，促其灭宋；而对金断交绝币，最大的风险就如以上所说的：金人固然远非蒙古对手，但攻宋可能还是有余力的。

蒙古人在蒙金战争初期几乎所向披靡，金国旋踵而亡似乎已成定局。但就在此时，蒙军主力突然从蒙金前线撤走了。南宋嘉定十年（1217年）八月，成吉思汗封木华黎为太师、国王，由其全权指挥攻金。

而成吉思汗亲率的蒙古军主力则在灭西辽后，发动了世界史上

① ［明］陈邦瞻：《宋史纪事本末》，卷八十六。
② ［宋］叶绍翁：《四朝闻见录》，甲集。
③ ［宋］刘爚：《云庄集》，卷二十。

著名的蒙古西征。其以十万以上的兵力，历时七年，一路打到了今天的阿富汗、伊朗、格鲁吉亚和阿塞拜疆腹地，征服了中亚最强大的国家花剌子模，连带消灭了对方的四十万大军。

那么，成吉思汗留给木华黎多少人用来对付金国呢？乍一看也不少，有十万人，但仔细端详，这十万人中正牌的蒙古军只有寥寥一万三千人，而其他都是汪古人、契丹人和汉人。

蒙古人战略重心的转移，给了奄奄一息的金国喘息之机，否则金国很可能在野狐岭之战后数年内亡国，而不是苟延残喘到1234年。

但绝处逢生的金国刚缓过气来，第一件事竟是出兵伐宋。金贞祐五年（南宋嘉定十年，1217年）四月，金宣宗下诏攻宋，西起大散关，东到淮水流域的漫长金宋边界线上。在蒙金战争中毫无招架之功的金军重拾英锐，发动了对南宋的全面进攻。

此时金国事实上同时进行着三场战争。金大安二年（1210年），也就是蒙古攻金前一年，西夏遭蒙古进攻时，向金国求援被拒，特别是当时的金帝完颜永济（死于政变，被称作“卫绍王”）幸灾乐祸，放话称“敌人相攻，吾国之福，何患焉”[①]，有事实盟友关系的两国由此反目成仇。蒙古退兵之后，西夏愤然出兵攻金作为报复，这场战争断断续续进行了十三年，《金史·西夏传》叹惋：

> 及贞祐之初，小有侵掠，以至构难十年不解，一胜一负精锐皆尽，而两国俱敝。

---

① 〔清〕吴广成：《西夏书事》，卷四十。

而今，金国又主动挑起了对宋战争。金蒙战争、金夏战争、金宋战争，金宣宗君臣不可能一点儿都不知道三线作战的凶险，但还是鬼迷心窍、不可抑制地一路滑向深渊。

金国为何做出如此不智的决策？明面上的理由是南宋毁约，罢绝岁币。金人对南宋落井下石的愤懑无疑是真实的，但这仍然更像是一个宣战借口。

金人攻宋的真实考量是所谓的“北失南补”。失去中都和辽东以后，曾经人口多达五千万的金国的有效控制区实际上已经大幅缩水，约相当于当年北宋的北方地区，如果再考虑到红袄军此时在山东、河北如火如荼的攻势，金国政令真正可以通达的地区就只剩河南和陕西了。疆土缩水大半，“遂有南窥淮汉之谋”[①]，简单说就是，金国想把蒙古人造成的损失从宋人那里找补回来。

金国沦落到此等境地，其主流舆论对南宋还是不屑一顾，用当时金国内部的说法就是，“吾国兵较北诚不如，较南则制之有余力”[②]。可以说，攻宋并不是金宣宗个人的昏招，而是金国朝野上下共同的“理性选择”。

但金人显然失算了。从金兴定元年（南宋嘉定十年，1217年）到金正大元年（南宋嘉定十七年，1224年），金宣宗五度勒兵攻宋，除了空耗国力，并无大的斩获。《金史·完颜合达传》对此近乎疾首蹙额：

---

① ［宋］李心传：《建炎以来朝野杂记》，乙集卷十九。

② ［宋］宇文懋昭：《大金国志》，卷二十四。

> 故宣宗南伐，士马折耗十不一存，虽攻陷淮上数州，徒使骄将悍卒恣其杀虏、饱其私欲而已。

在战争中，有一个身份特殊的南宋“世家子弟”勇者留名。

嘉定十四年（1221年），金军南下进攻蕲州（今属湖北蕲春县），秦桧曾孙秦钜此时在蕲州任通判。《宋史·秦钜传》记载，秦钜与知州李诚之协力捍御，苦战月余，还是没有等来援兵。城破后，秦钜率部巷战，直至所部死伤殆尽，他退回官署自焚。发现起火的部下救出秦钜，秦钜大声叱责：“我为国死，汝辈可自求生。”言罢秦钜又重入火场。跟随他殉国的还有他的两个儿子。

秦钜之死，当得起“精忠报国”四个字。

总体而言，金宣宗南伐，不仅是两败俱伤之举，更是一场烂仗。

金末文人刘祁在《归潜志》中喟然长叹：

> 南渡后，屡兴师伐宋，盖其意以河南、陕西狭隘，将取地南中。夫己所有不能保，而夺人所有，岂有是理？……避强欺弱，望其复振，难哉。

没错，自己的土地尚且守不住，还要去抢别人的，世上哪有这样的中兴道理？

原本，南宋朝野还有不小的“援金抗蒙”的声音，金宣宗攻宋之后，这一派声音几乎销声匿迹。

南宋和蒙古，正是在这一诡谲的历史气氛之下，渐行渐近。

假道

嘉定七年（1214年）正月九日，成吉思汗的使者第一次抵达了南宋边境。

很显然，蒙古人已经掌握了“宋金世仇”的历史知识，萌发了联宋攻金的念头。

让蒙古人大失所望的是，据《建炎以来朝野杂记》乙集卷十九，南宋边境守将以“本州不奉朝旨，不敢受”为由，将三名蒙古使者送了回去。

这很可能代表了南宋中枢的意思。在此时的南宋朝堂上，只有“断交绝币”和“援金抗蒙”两种对金外交声音，但即使是断交绝币派，此时也远没有激进到联蒙攻金。

究其原因，一方面是开禧北伐的惨败历历在目，打击了南宋的军事信心，造成了“恐金后遗症”；另一方面，联金灭辽殷鉴在前，从风光无限、洗雪国耻的“海上之盟”，到归为臣虏、仓皇辞庙的靖康之变，还不到十年。

四年后（嘉定十一年，1218年），西征前夕的成吉思汗又遣使赴宋，正史对此行细节语焉不详，但有一点是确定的，即蒙宋并未就此正式结盟，“在蒙、宋通使问题上，蒙古人不仅表现了主动性，而且表现了忍耐性。他们对宋和好的大门始终都是敞开的，倒是南宋朝廷首鼠两端，争论不休”[①]。

---

① 陈世松、匡裕彻等：《宋元战争史》，四川省社会科学院出版社，1988年11月版，第14页。

蒙古外交手段的柔软和功利主义，与南宋外交政策的僵硬和意识形态化，判若鸿沟。

正当蒙古两度使宋无功而返时，金国却意外送出了一份大礼。嘉定十年（1217年），金宣宗举全国之兵伐宋，南宋朝野为解燃眉之急，将原本被视作末流的联蒙抗金之议提上了日程。

南宋迈出了打破双方外交坚冰的第一步。

嘉定十三年（1220年）春，南宋淮东制置使贾涉（贾似道之父）派使节赵珙出使河北，拜见蒙古在汉地的最高军政长官——太师、国王木华黎。木华黎给予宋使草原牧民式的待客热情，放话“你来我国中，便是一家人”，凡有酒宴蹴鞠或打围出猎，均盛情邀请宋使同往。据《宋史·贾涉传》记载，为示诚意，蒙古人还归还了一枚夺自金人之手的北宋玉玺。南宋朝廷获玺之后，大行封赏。

赵珙倾倒于蒙古人的待客之道，他盛赞蒙古人“大抵其性淳朴，有太古风”[①]，认定是金国叛臣的教唆，才在日后破坏了蒙古人的淳朴之性。

嘉定十四年（1221年）四月，南宋遣使节苟梦玉远赴西域，于铁门关觐见西征途中的成吉思汗。苟梦玉使蒙的具体会谈成果阙载于史料，但成吉思汗对南宋来使显然是很满意的，不仅为见苟梦玉拒见金国使臣，还派专人护送苟梦玉回国。

南宋两路来使，一见木华黎，一见成吉思汗，出发时间相近，使命无疑都是联蒙攻金，双方似乎达成某种协议或默契，但很可能未签署实质性的重要协约。对临安而言，此次使蒙是双方的初次交

---

① ［宋］赵珙：《蒙鞑备录》。

往，使宋廷“第一次获得了较为真实可靠的信息”[①]，摸清了蒙古的战略意图。

嘉定十六年（1223年），苟梦玉再度出使蒙古。但吊诡的是，此次出使后，蒙宋外交“蜜月期”就戛然而止。此后十年间，双方关系降至冰点，几乎断绝了往来。

这期间发生了什么？

一桩历史大事件大概率与此相关。金元光二年十二月（1224年1月），金宣宗完颜珣于千愁百虑中驾崩，二十五岁的完颜守绪在灵柩前即位，是为金哀宗。数月后，金哀宗审时度势，诏令终止长达七年的伐宋战争。

当金军的军事威胁星离雨散，宋廷中的联蒙攻金派顿失最大合法性。由此，“海上之盟”的历史记忆重新占据了宋人的心智，“蒙古威胁论”成为朝野间的共识。当时有位叫袁燮的朝臣指出：南宋应予高度重视的不是金国，而是蒙古，今之蒙古，正如女真初兴之时，“方兴之势，精锐无敌，岂可不豫为之备”[②]。

从历史的后续发展来看，南宋对蒙古的戒备心理显然是有先见之明。但问题是，宋廷除了对蒙外交转趋冷淡，几无其他应对之策，弊政不革，农政不修，兵备不讲，边防不固，在史弥远的现实扭曲力场中，仿佛只要断绝与蒙交往，蒙古的威胁就自动消失了。

南宋的确精准识别了蒙古崛起的大势，却消极以对，仍然沿袭着史弥远时代以来的苟安政风。

---

① 胡昭曦主编:《宋蒙（元）关系史》，第26页。

② 〔宋〕袁燮:《絜斋集》，卷二，《轮对绍兴十一年高宗料敌札子》。转引同上书，第29页。

嘉定十七年（1224年），宋宁宗赵扩驾崩，史弥远拥立赵贵诚为新帝，改名赵昀，是为宋理宗。在史弥远的操控之下，南宋对蒙外交赓续着冷处理之策。

成吉思汗至死都没有放弃和宋的念头。宝庆三年（金正大四年，1227年），据《元史·太祖本纪》，成吉思汗病逝前，留下了著名的“假道伐金”遗言：

> 金精兵在潼关，南据连山，北限大河，难以遽破。若假道于宋，宋、金世仇，必能许我……

南宋绍定三年（1230年），蒙古遣人使宋，其使命很可能是落实成吉思汗的遗言。但南宋甚至没等蒙古使节到临安，就匆匆打发其回府，显然是拒绝了假道宋境之议。

既然“文借”不成，蒙古人索性“武借”。自窝阔台接任蒙古大汗以来，蒙古人在金军集三十万重兵的关河防线上顿足不前，假道宋境已是箭在弦上，不得不发。

成吉思汗去世那一年（1227年），蒙古人已先行预演过武借一幕。这年二月，成吉思汗派遣一支偏师，突入南宋的利州路（辖陕南、川北及陇南一部）。交战之初措手不及的宋军甚至不知道对手是谁就败了。在这场蒙宋历史上第一次正面军事冲突中，宋军几无还手之力，利州路大片地区惨遭荼毒，史称“丁亥之变”。

绍定四年（1231年）三月，成吉思汗四子、右路军统帅拖雷亲自带兵长驱直入宋境，纵横陕西、甘肃、四川和湖北大片土地，如入无人之地，“十七州生灵死者不知其几千万”[①]，五城被屠，“弥望数百里无炊烟”[②]。还没正式开打，仅仅是一个“假道”，南宋便已然溃不成军，元气大伤。宋军与蒙军在实力上的天渊之别，就以这样鲜血淋漓的方式暴露在世人面前。

“假道”还为南宋留下了一个后患无穷的隐忧。蒙古人此役深入四川腹地，探悉了川中地理、防务等状况，为日后大军长驱入蜀创造了条件，“这正是宋蒙战争全面爆发后，蒙古以四川为进攻重点，并得以迅速打入四川内地的重要原因”[③]。

绍定四年（1231年）十二月十七日，拖雷率蒙古军泅渡汉水而北，全军脱离宋境，完成了假道宋境的战略大迂回计划。

《元史·睿宗传》写道，“宁不谓我师从天而下乎”，乍然出现在河南腹地的拖雷之师令金国阵脚大乱，金哀宗急调驻守潼关的完颜合达、移剌蒲阿、完颜陈和尚与黄河一线的武仙所部，共计二十万大军，紧急回援南京开封。绍定五年（1232年）正月，蒙古军在三峰山之战中歼灭十五万金军，“流血被道，资仗委积，金之精锐尽于此矣”。金军苦心经营十八年的关河防线一朝被破，“自是金军不能复振”。

金军最后的精锐，凋谢在三峰山麓。

蒙古人经由宋境，踏过数十万宋人的尸骨，此刻已无限接近数代宋朝精英念念在兹却壮志未酬的灭金大梦。

---

① ［宋］魏了翁：《鹤山集》，卷十八。

② ［宋］吴泳：《鹤林集》，卷十八。

③ 胡昭曦主编：《宋蒙（元）关系史》，第61页。

灭金

三峰山之战后，正当金国危在旦夕之时，蒙古人又给了金人一个喘息之机。

绍定五年（1232年）四月，蒙古大汗窝阔台突然率大军北返，拖雷随行。

窝阔台为何放弃灭金率部北归？史无明载，《元史·太宗本纪》甚至只用了九个字："帝还，留速不台守河南。"因此，这历来是一个聚讼纷纭的开放性话题。常规的解释，比如：窝阔台认为金国已命若悬丝，交给速不台即可，不必亲自动手；暑日将至，窝阔台急于带大军北返避暑；粮草不继，难以筹集足够的军需物资……

这些解释都各有各的道理，彼此间也不冲突，它们或许都是原因之一，但还有一派观点认为，"蒙军主力北归的真正原因，实与蒙古最高统治层内的权力斗争相关"[①]。

所谓权力斗争，是指窝阔台与拖雷的兄弟之争。拖雷虽未即汗位，但作为成吉思汗的幼子，按照蒙古幼子守灶风俗和规矩，幼子可继承父亲的财产而守家帐，拖雷因此直接掌握了成吉思汗留下的六十多个千户。

作为大蒙古国的头号实力派，在成吉思汗逝世后的两年内，拖雷实际上扮演着监国的角色，甚至有人认为，"窝阔台两年之内未能

---

① 顾宏义：《天平：十三世纪宋蒙（元）和战实录》，上海书店出版社，2007年1月版，第80页。

及时即大汗位，拖雷及其所掌握的大批军队应是主要障碍”[①]。

在兄弟之争的视角下，军功不彰的窝阔台本想借亲征灭金，树立个人权威，以抗衡拖雷在帝国内的影响力。谁料千里大迂回的拖雷未按原计划与大汗会师，据《元史・睿宗传》，拖雷以“机不可失，彼脱入城，未易图也。况大敌在前，敢以遗君父乎”为由，独自以劣势兵力在三峰山击破金军，为自己煊赫的军事履历又添一奇功。

《元史・睿宗传》记载，战后，窝阔台盛赞拖雷：“微汝，不能致此捷也。”按照以上逻辑，窝阔台此言不仅是违心的，而且对拖雷的抢功心存忌惮。若此时灭金，当以拖雷战功为最，为防止拖雷功高盖己，窝阔台才临时决定留偏师围攻汴京，亲率主力携拖雷北归。

之后的历史发展也部分印证了兄弟相争之说的合理性。窝阔台北返后不久，拖雷便神秘暴死于途中。

拖雷之死所引发的争议甚至还要大于窝阔台北归。按照《元史・睿宗传》的正统说法，先是窝阔台途中患重病，出于兄弟情分，“拖雷祷于天地，请以身代之，又取巫觋祓除衅涤之水饮焉”，数日之后，窝阔台病好了，拖雷却“遇疾而薨”。

窝阔台患病、拖雷饮下巫咒之水、拖雷病逝，这三件事之间当然有可能并无紧密联系，一切都系偶然，完美地符合史官兄友弟恭的儒家价值观叙事偏好。

但在种种偶然和反常背后，看似有阴谋论之嫌的兄弟相争逻辑很可能才是真相本身，“窝阔台为消除隐患，装病下毒，谋害了拖

---

① 崔建林主编：《蒙古之神成吉思汗和忽必烈》，中国戏剧出版社，2008年1月版，第147页。

雷”[①]。至于窝阔台为何要以巫咒之水杀弟，答案可能是，“采取任何公开行动都将使窝阔台遭受谴责与反对，引起宫廷混乱。故窝阔台通过装神弄鬼，迫使拖雷饮下毒水，且又借助迷信，宣扬拖雷替兄献身精神，以平息拖雷家属、部属的不满情绪”[②]。

恰巧，替兄献身的叙事契合了史官修《元史》的儒家价值观偏好。拖雷就这样在多方共谋中完美地“病死”了。

窝阔台北返与拖雷之死，固然是蒙古宫廷政治的内部事务，但其影响却波及南宋。

蒙军主力北返后，蒙古自忖独力灭金力有不逮，又动起了联宋灭金的念头，于绍定六年（1233年）六月遣使至襄阳，希望南宋出兵助粮，进攻此时已播迁蔡州的金哀宗。一种有争议的说法是，蒙古当时允诺灭金后两国划河而治，黄河以南之地归南宋，这自然也包括北宋旧都汴梁。由于有求于宋，据《历代名臣奏议》卷九十九记载，蒙古使节的姿态近乎伏低做小，“今北使之来，其为说甚简且易，未尝过有邀索也，其为词甚卑且逊，未尝妄自矜大也，虽云敌使，而实非真敌也”。

兹事体大，史弥远之侄、京湖制置使史嵩之将蒙古来使一事上报临安，南宋中枢对此进行了激烈的争论。反对者虽言辞痛切，却了无新意，仍是“宣和海上之盟不可不鉴”这一套。而包括史嵩之在内的多数朝臣还是主张与蒙古结盟灭金，收复河南失地。无论持何种观点，南宋君臣都明白，金之灭亡已成定局，无非就是宋军要不要参

① 周思成：《隳三都：蒙古灭金围城史》，山西人民出版社，2021年1月版，第204页。
② 顾宏义：《天平：十三世纪宋蒙（元）和战实录》，第81—82页。

战并从中渔利，出兵的重点不是灭金，而是“和蒙”。

蒙古来使同月（六月）得到临安方面的允准之后，史嵩之遣邹伸之等六人陪蒙古使团入蒙报聘。次年（1234年）二月，窝阔台在草原行帐亲自接见了南宋来使。

金哀宗得知蒙宋结盟的消息之后，“惊悸无人色”。金天兴二年（绍定六年，1233年）八月，心存幻想的金哀宗遣使至宋，《金史·哀宗本纪》记载他临行前叮嘱使臣一定要把“唇亡齿寒”的道理带给宋理宗：

> 宋人负朕深矣……彼为谋亦浅矣。大元灭国四十，以及西夏，夏亡及于我，我亡必及于宋。唇亡齿寒，自然之理，若与我连和，所以为我者亦为彼也。

金哀宗带去的话不可谓没有道理，但太迟了，几年前的金宣宗南伐已然摧毁了金宋两国间最后一点战略互信，而金国亡国又在旦夕之间，对南宋已无任何利用价值，金哀宗这些大道理又岂能挽回联蒙之志已决的宋廷？

对宋人而言更不可思议的是，金哀宗直到此刻还不忘摆出昔日的“上国”倨傲之态，明明是乞和，却出言不逊，“宋人负朕深矣”，竟然还提出“借粮”一百万石的要求。

再对比一下蒙古使节的低姿态，毫无悬念地，南宋断然回绝了金哀宗的金宋结盟之议。

从心底里，金哀宗是看不上南宋的。《金史·完颜娄室传》记载，就在乞和前后，金哀宗还对臣子大言不惭：

> 北兵所以常取全胜者，恃北方之马力，就中国之技巧耳，我实难与之敌。至于宋人，何足道哉。朕得甲士三千，纵横江、淮间有余力矣。

也因此，在乞和的同时，金哀宗君臣甚至也动念重演金宣宗“北失南补”之故技。在三峰山之战侥幸逃得一命后，武仙此时可以说是金国最后一个在世名将，他眼见蔡州危在顷刻，便决意进攻南宋，打开迎金哀宗入蜀之通道，中兴大金。

在史嵩之的支持下，南宋不世出的名将孟珙全力反击。绍定六年（金天兴二年，1233年）七月，孟珙在河南马蹬山决定性地击败了武仙所部，俘获金军七万余人，功亏一篑的武仙逃遁，后为蒙古人擒杀。迎金哀宗入蜀的美梦彻底破产。

孟珙这一战，拉开了南宋联蒙灭金的序幕。

两个月后，也就是绍定六年（1233年）九月，窝阔台命都元帅塔察儿率军围攻蔡州。蔡州虽为孤城，外援也已音尘断绝，但金哀宗至此已无地可逃，决意死守，蒙古军初战不利，塔察儿果断派人使宋，约已缔盟约的南宋出兵，会师于蔡州城下。

南宋直接参战的为位于长江中游荆襄一带的京湖制置司。南宋北方边防体系分为三大战区，由西向东分别为川陕（后为川蜀）、京湖和两淮，各设一名总领军事的制置使，近似于明清时代的总督。京湖战区号称“首蜀尾吴”，此时以襄阳为京湖制置使驻地。南宋初年，岳飞曾在荆襄一带主持军务，对该战区的最终成形有开创之功。

十月，孟珙奉京湖制置使史嵩之军令，率军两万出征。十一月初五，兵至蔡州城下。孟珙此行还给蒙古人带来了十余万石军粮。蒙古军主帅塔察儿闻之大喜，亲手给孟珙斟上马奶酒，以武人式的惺惺相惜敬酒。塔察儿与孟珙结为安答，两人约定，宋军屯城南，蒙军则负责包围东、北、西三面，择日会攻蔡州。

蔡州之战中，相比胜者的荣耀，青史留存的更多是败者之悲壮。

《金史·哀宗本纪》记载，宋军至蔡州后，金哀宗已感在劫难逃，这将是他与金国的最后一战：

> 古无不亡之国。亡国之君往往为人囚縶，或为俘献，或辱于阶庭，闭之空谷。朕必不至于此！卿等观之，朕志决矣！

不做亡国之君，这是金哀宗最后的执念与尊严。

金天兴三年（南宋端平元年，1234年）正月初九夜，金哀宗完颜守绪传位宗室完颜承麟，而后仓皇自缢于幽兰轩，近侍依照金哀宗“死便火我”的遗嘱，将幽兰轩付之一炬。

正月初十黎明，蒙宋联军对蔡州发动了最后的攻势。火线即位的金末帝完颜承麟率军出击，死于巷战之中。完颜承麟战死前还干了件体面事：为自缢的先帝上谥号为“哀宗”。

无论是金哀宗，还是金末帝，都无愧于“君王死社稷”，在亡国一刻，女真人以最后的血性回应天崩地坼。

金哀宗的遗骨被作为战利品由蒙宋平分。《史集》的记载极有戏剧性：塔察儿仅象征性地取了金哀宗的一只手，大部分遗骨都被孟珙带回了临安。

南宋如此翘首企足于哀宗遗骨，志在一雪靖康之耻。端平元年

（1234年）四月，宋理宗赵昀以金哀宗遗骨告太庙，被祭者一定有徽、钦二帝，标志着宋朝正式在国家层面报了百年国仇。

但宋理宗此刻肯定无法预知，四十四年后（1278年），南宋帝陵被唐兀僧人杨琏真加盗掘，宋理宗尸骨的头颅被割下，并被制作成酒杯，“截理宗顶以为饮器，充骨草莽间”[①]，是为藏于元代宫禁的“骷髅碗”（嘎巴拉碗）。

大仇得报的南宋何以至此？一切要从端平入洛说起。

入洛

绍定六年（1233年）十月，也就是南宋应约出兵攻蔡州的同月，前后把持朝纲长达二十六年的史弥远去世，没有等到太庙祭告灭金的高光时刻。

这份荣耀由宋理宗一人独享。自嘉定十七年（1224年）登基以来，赵昀委政于史弥远，垂拱而治，潜光隐耀九年，而今，赵昀终于等到了飞龙在天的一刻，《宋史・郑清之传》所谓“上既亲总庶政，赫然独断”。

宋理宗亲政后，大有刷新政治，澄清天下之志，下诏次年改元“端平”，以示与民更始，针对史弥远时代的弊政开启了一系列改革举措，史称“端平更化”。

端平更化一开始，朝中便充斥着清算史弥远的声音。但宋理宗大

① 〔清〕毕沅：《续资治通鉴》，卷一百八十四。

体上算是一个厚道人，对史弥远的拥立之功始终心存感念，不忍下手，“上以其定策功，终始保全之”，以“公忠翊运，定策元勋”给史弥远定性。

宋理宗甚至连史弥远去世前安排的右相接班人郑清之都没换掉，只是贬斥了史弥远最声名狼藉的几位党羽，就适可而止，还让郑清之成为端平更化的主持者之一。

端平更化最孚众望的是，宋理宗部分出于个人对理学的尊崇，召还了真德秀、魏了翁、杜范、游似等一批理学名臣，一时间众正盈朝，时人赞为“小元祐”，将之与宋神宗去世后司马光等旧党当政的“元祐更化”并称。

但宋理宗此时的关注点不仅仅在内政的“更化”上，金之覆亡激发了他的“收复”之志，这位刚亲政的青年皇帝心中充满了建立盖世之功的雄心，一如当年的宋神宗。

金亡后短短数月间，宋廷先后三次遣使赴西京洛阳附近的巩县拜诣祭扫祖宗皇陵，“如此频繁的相同活动，一方面说明宋廷急于‘恢复’故土的要求，另一方面又透露宋廷对三京地区正在进行军事侦察，酝酿着一次新的军事行动”[①]。

宋理宗对朝臣大打感情牌：

> 朕惟国家南渡之后，八陵迥隔，常切痛心。今京湖制置以图来上，恭览再三，悲喜交集。凡在臣子，谅同此情。[②]

① 陈世松、匡裕彻等：《宋元战争史》，第37页。

② 佚名：《宋史全文》，卷三十二。

端平元年（1234年）四月，宋理宗下令在朝百官“集议和战攻守事宜”，又令“在外执政从官、沿边帅守并实封奏闻”[①]。由此宋廷上下和战之说并起，聚讼盈庭，莫衷一是。有学者认为，至迟到此时，宋廷已在谋划收复河南的军事行动了。[②]

从太庙祭告灭金到三次谒陵，君王的主战信号已经释放得这么明晰，朝臣自然心领神会。

主战派的代表人物是身为边帅的赵范、赵葵兄弟，他们是名将赵方之子。绍定六年（1233年）十一月，宋理宗亲政之初曾分别召赵氏兄弟御前奏对。那时他们还没有什么主战倾向，《宋史全文》卷三十二记载，赵范大谈“国未富、兵未强，此今日之急务也”，主张对蒙施行羁縻之策；赵葵更是明确提出和蒙，“今边事未强，军政未备，只得且与之和”[③]。

但半年未过，这对兄弟就摇身一变，成为主战派。其主因自然是逢迎宋理宗丰沛的收复之志，也另有邀功的私心作祟，“赵氏兄弟见史嵩之、孟珙获蔡州大捷，分外眼红，故想再立新功，跃跃欲试”[④]。

再加上，赵氏兄弟也算知兵之人。绍定四年（1231年），赵氏兄弟击杀投降蒙古的两淮地方军阀李全，傲睨得志之余，连带着对蒙军的战力也不以为意起来，颇有谈笑间樯橹灰飞烟灭之轻狂。

主战派虽用心不纯，但出兵之议并非全然乖谬悖理。除了收复中

---

① 佚名：《宋史全文》，卷三十二。

② 陈高华：《早期宋蒙关系和“端平入洛”之役》，载《宋辽金史论丛》（第一辑），中华书局，1985年8月版，第58页。

③ 佚名：《宋史全文》，卷三十二。

④ 陈世松、匡裕彻等：《宋元战争史》，第34页。

原这种拿来压人的方向性原因，主战派也提出了两个切实的出兵理由。其一，蒙古灭金之后，师老兵疲，对惨遭战争荼毒的芜城也缺乏据守兴趣，塔察儿率军北渡黄河，中原军力空虚，这是难得的时间窗口，主战派甚至幻想可以不战而取河南。其二，金国降人向赵范、赵葵兄弟献计，南宋"非扼险无以为国"，金人守黄河，据潼关，在关河防线抵御蒙古人十余年，南宋自可效仿。

虽立场不尽相同，但南宋大部分臣僚其实都反对出兵，认为南宋的国力、军力都不足以对蒙开战，当务之急是改革弊政，增强国力，切不可轻举妄动。《宋史·李宗勉传》记载，监察御史李宗勉认为，眼下大宋"士卒未精锐，资粮未充衍，器械未犀利，城壁未缮修"，"守御犹不可，而欲进取可乎"。《宋史·真德秀传》中理学大师真德秀则干脆质疑起"收复"的合法性："移江、淮甲兵以守无用之空城，运江、淮金谷以治不耕之废壤，富庶之效未期，根本之弊立见。"

还有大臣试图以讽喻点醒宋理宗。太常少卿徐侨穿着一身破旧衣服进宫，宋理宗震惊于他的清贫，谁料徐侨反唇相讥："臣不贫，陛下乃贫耳。"宋理宗愕然："朕何为贫？"徐侨顺势说了一大段南宋和宋理宗面临的各项重大危机：权幸用事、将帅非材、天灾不断、盗贼并起、帑藏空虚、军饷克扣……意在劝谏宋理宗固本为先，用兵莫操之过急。

这场有关"大宋往何处去"的国是之争，最终以主战派得势而告终。主战派胜利的背后，除了宋理宗收复之志甚笃，宰相郑清之的支持也不容小觑。

郑清之主战可能有三个原因：其一，得到了宋理宗的授意；其二，作为史弥远的“余党”，郑清之更需要边功来巩固自身岌岌可危的政治地位；其三，郑清之早年曾受赵方所托，当过赵范、赵葵兄弟的老师，大诗人刘克庄曾语带讥讽地评价郑清之师生，称他们“鸣剑抵掌，坐谈关河，鼻息所冲，上拂云汉”[①]，均为纸上谈兵之辈。

后世在为宋军出师寻找正当性时，曾有一个看似义正词严的说法：蒙宋结盟时，蒙古曾许诺灭金后将河南之地归还南宋，但战后背约，因此南宋才武力履约。这一说法的根据是《宋季三朝政要》中的记载。

但很多学者对此持怀疑态度，专力元史的陈高华先生就明确指出，“并不存在蒙古答应归河南地而后来背约之事”[②]。最有力的证据在于，“遍观当时南宋臣僚有关奏议与朝廷诏令、制诰等，竟然都未见有记载”[③]。

尤其是宋理宗的出师檄文，“作为此役的一个最基本、最重要的宫廷文书，对‘蒙古背约’或‘南宋如约’出兵之事，在理应申明的地方，却只字没有提及，而是讲了另外两条理由”，可见此说“连宋廷自身也没有承认，也不去宣传和张扬”[④]。

无论主战派宣陈再多的国仇家恨和宏大战略，说千道万，其实他们最根本的失策在于高估了宋军的战斗力。

再多的情怀，再多的谋划，在蒙军武力的绝对优势面前，都将

---

① ［宋］刘克庄:《后村先生大全集》，卷五十一，其二。

② 陈高华:《早期宋蒙关系和“端平入洛”之役》，载《宋辽金史论丛》(第一辑)，第58页。

③ 顾宏义:《天平：十三世纪宋蒙（元）和战实录》，第102—103页。

④ 陈世松、匡裕彻等:《宋元战争史》，第45页。

化为乌有。

端平元年（1234年）五月，南宋中枢最终下了进军中原的决心，史称“端平入洛”。所谓入洛，更浅近的表述应当是三京之役，即收复东京开封府（汴梁）、西京河南府（洛阳）、南京应天府（商丘）。

然而，如此规模宏大的收复失地目标，宋廷仅仅动员了两淮方面的六万军队，且基本都是步卒。凭这点兵力就想收复三京，席卷中原，近乎痴人说梦，端平入洛从一开始便带有决策上的先天不足。

宋军要知道，按照参知政事（可理解为副宰相）乔行简战前的质疑，宋军没有二三十万精锐，不足以言战。《宋史·乔行简传》载：

> 陛下之将，足当一面者几人？勇而能斗者几人？智而善谋者几人？非屈指得二三十辈，恐不足以备驱驰。陛下之兵，能战者几万？分道而趣京、洛者几万？留屯而守淮、襄者几万？非按籍得二三十万众，恐不足以事进取。

在联蒙灭金之役中，直接参战的为孟珙统领的京湖制置司精锐，听命于该战区的最高官员史嵩之。端平入洛军兴之前，宋理宗和郑清之本计划令史嵩之在京湖方向出兵呼应，与两淮之“协谋犄角”。但史嵩之坚决抵制开战，《宋史·史嵩之传》记载，他上书六条，“力陈非计”。宋理宗君臣只得退而求其次，转而诏令史嵩之负责为入洛筹划粮饷，谁料史嵩之仍然油盐不进，以荆襄疲敝为由推却，“荆襄连年水潦螟蝗之灾，饥馑流亡之患，极力振救，尚不聊生，征调既繁，夫岂堪命”，甚至向宋理宗放了反对入洛的狠话，“违旨则止于一身，误国则及天下”，摆出“我不遵旨任凭处置”的强项姿态。

史嵩之为何如此反对入洛，原因未明，但京湖军毕竟与蒙古人在蔡州城下并肩作战过，对蒙军的战斗力有最深切的了解，这很可能会影响史嵩之的战和判断。无论原因如何，由于史嵩之反对入洛，作为下属的孟珙自然很难带兵参战了。就这样，宋军大举进兵中原时，他们不仅少了一支参与灭金的精锐军团，更缺了一位宋军军神。

郑清之也想督促四川制置使赵彦呐出兵，“以应入洛之役”，但赵彦呐也如史嵩之一样抗命不遵。郑清之规划中的两淮、京湖和四川三路宋军齐出，最终只有六万余淮军参战。

六月十二日，宋军正式出师。参与“三京之役”的宋军分为两部分：一部分是赵葵率领的五万主力，由泗州（今江苏盱眙西北）渡淮北上；另一部分是由全子才率领的一万余淮西军，由庐州（今安徽合肥）北上。宋军此次军事行动看似规模浩大，其实起初参战的也就全子才这寥寥一万多人，而这支部队承担的军事任务却过于宏大：直取汴京。

宋军开局进展异常顺利，甚至超越了主战派的乐观预期。从庐州到开封，全子才军一路几乎未遭遇任何像样的抵抗，蒙军似乎望风而逃。宋军此时最大的阻碍并不是什么蒙古铁骑，而是蒙古人造成黄河南岸决堤，宋军在一片泽国中行军苦不堪言，据《齐东野语》记载，“河水淫溢，自寿春至汴，道路水深有至腰及颈处”。

六月底，全子才率军收复了宋太祖的龙兴之地南京应天府（商丘）。七月初二，全子才所部已抵达了汴梁东郊外。正当宋军准备攻城时，汴梁城内发生兵变，蒙军主帅崔立被杀，乱军以城来献。七月初五，宋军兵不血刃就光复汴梁，成就了岳飞终其一生都没有达成的伟业。

此时，距离靖康之变（1127年）已有一百零七年，大宋王师终于再度踏入旧都。但全子才军看到的芜城却与《清明上河图》中的那个汴京大相径庭，四顾萧条，寒水自碧，废池乔木，犹厌言兵，昔日的繁盛帝都仅余居民一千多户、守军六百余人，只有大相国寺和原北宋宫禁“不动而已”。

七月二十日，赵葵才带着五万宋军主力，赶到汴京与全子才会师。赵葵一到汴京，就指责全子才按兵不动，没有乘胜进攻洛阳：“我辈始谋据关守河，今已抵汴半月，不急攻洛阳、潼关，何待耶？”[①]

全子才是有苦衷的。蒙古人在北撤时基本执行的是坚壁清野战略，留给宋军的都是无储粮的空城，而决堤泄洪又几乎令宋军的后勤粮运陷入瘫痪，故宋军一进入汴京就堕入缺粮的窘境。

赵葵建功心切，不顾全子才和部将的劝阻，决意冒着断粮的风险进军洛阳。为了缓解缺粮困境，赵葵想出了一个梯次进军的法子：徐敏子率前锋部队一万三千人先行，杨义率第二梯队一万五千人随后出发，其他人待粮食到了再进军。尽管赵葵已尽力将军粮优先供给前锋部队，但也只够五日使用。

七月二十一日，赵葵到汴梁的第二天，即令徐敏子率军西进洛阳。为节省军粮，宋军将五日口粮分作七日食，勉强西行。二十六日晚，两百名宋军抵达洛阳城外，本想趁夜择机偷袭，但潜入城后才发现蒙军早已撤出城外。二十八日，徐敏子率主力一万三千人入城，正式光复了西京洛阳。就这样，宋军又取得了一场轻而易举的胜利。

① ［清］毕沅：《续资治通鉴》，卷一百六十七。

至此，三京尽入宋军彀中。

从六月十二日出师到七月二十八日光复洛阳，宋军仅用了短短四十余天，未经大战，长驱直入，便建下了令人目眩的不世之功。

赵葵迅速向临安发出了捷报，但新胜的宋军随即陷入了危机。收复洛阳次日，也就是七月二十九日，徐敏子所部粮尽，洛阳无粮可就，宋军只得采野草和面做饼而食。

更大的危机潜伏在城外。二十九日当天，杨义率领第二梯队一万五千人抵达洛阳城东三十里的龙门镇，正在休整，遭遇了蒙古骑兵的奇袭。宋军自开战以来要么所向披靡，要么不战而胜，心态极其懈弛，甚至并未立哨设谍，仓促无备，一触即溃，大部分人在溃逃中溺死于洛水，只有主将杨义带着少数残部仓皇逃入洛阳城。

蒙古骑兵当然不是神兵天降，他们对宋军的缺粮与分兵了如指掌，在入洛的必经之路龙门设伏已久，故意放宋军第一梯队入城，再突袭第二梯队，以各个击破，分割包围。

南宋誓师北伐后，蒙古军队虽主动撤往黄河以北，却在三京一带密布哨骑，时刻监视宋军的一举一动，不战自退在很大程度上也是主动示弱、诱敌深入之举。当宋军挟新胜于汴京与洛阳额手称庆时，蒙古人正秘密南渡黄河，张网设伏，只待宋军自投罗网，再作雷霆一击。

龙门之战后，宋军第二梯队几乎全军尽没，只剩下洛阳城中徐敏子一支孤军。

蒙古军兵临城下，徐敏子所部外无援、内无粮，困守洛阳等于坐以待毙，遂于八月初一弃城突围。宋军东渡洛水，起初尚能背水列阵，与蒙军相持，屡次击退对方的小规模进攻。次日，宋军大阵虽在蒙军的攻势下岿然不动，但这支断粮四日的孤军已无心恋战，徐敏子带领全军向南突围。蒙军见久攻不下的宋军大阵自我瓦解，果断下令追击。蒙古骑兵对密集结阵的宋军步兵固然无可奈何，但追杀行军中的步兵却是游刃有余，宋军起先的有序撤退很快演变为土崩瓦解。蒙军追亡逐北百余里，宋军竞相驰逃，死伤十之八九。

徐敏子中流矢差点丧命，战马死于乱军。他徒步从小路侥幸逃出生天，南逃沿途收溃兵三百余人，吃了两天桑叶、七天梨蕨，于八月十一日才狼狈退至南宋境内。

此时，赵葵和全子才仍身在汴京，当洛阳兵溃的败讯传来，两位中兴名帅当即定计“班师”，当晚下令士卒整理行装，次日凌晨全军撤出汴京。宋军在逃亡中丢魂丧胆，连蒙古人的影子都没见到，后军竟在风声鹤唳中溃散，将全部辎重遗弃在了中原。

至此，为期两个月的端平入洛以阵亡三万之众的沉重代价惨淡收场。此时，临安还沉浸于光复三京的迷梦之中，忙于论功行赏，委任官员，殊不知收复失地已成黄粱一梦。

宋人周密在《齐东野语》中对此役持论较为公允：

> 是役也，乘亡金丧乱之余，中原俶扰之际，乘机而进，直抵旧京，气势翕合，未为全失。所失在于主帅成功之心太急，入洛之师无援，粮道不继，以致败亡，此殆天意。后世以成败论功名，遂以贪功冒进罪之，恐亦非至公之论也。

不过，端平入洛几乎没有任何成功的可能性。赵葵和全子才固然狂妄轻敌、贪功冒进，京湖军和川军固然未及参战，军神孟珙固然不在场，但“宋军于洛阳所遇之敌，并非蒙军主力，人数也不多，只是蒙军的偏师游骑而已，但宋军已不能抵御了”[1]。对此，时人其实也了然于胸，诗人刘克庄说宋军是“重兵溃于游骑”。大臣李鸣复说得更为沉郁：“偏师相遇，小小交战，而我军已不支矣。然其国酋将佐，犹深居草地，未尝出也。”[2]

蒙古人就是凭借这支可能主要由金末北方汉族人武装构成的偏师，先于蔡州灭金，继而于洛阳重创南宋北伐之师。在蒙古军主力不在场的情况下，大谈什么宋军的战术之失，进而渲染所谓的失去的胜利，无疑是自欺欺人了。

究其根柢，端平入洛之败源于宋理宗好大喜功，主战派逢君之恶，在“收复三京”这样洋溢着政治正确的热血口号面前，轻启战端，军事乃至财政的考量都在决策中被选择性忽略了。虽说“战争是政治的延续”，但战争也有其自身的独立运行规律，再正确的仗，终究还是得过实力这一关。

不过，哪怕端平入洛一无是处，它也不应承担与其无关的历史责任。一种很流行的说法是，端平入洛导致了长达四十余年的宋蒙战争，甚至被视为南宋亡国的罪魁祸首，仿佛没有端平入洛，宋蒙就可以在长期和平中相安无事。

时人王埜的一番话颇具代表性：

---

① 顾宏义：《天平：十三世纪宋蒙（元）和战实录》，第112页。

② 〔明〕黄淮、杨士奇编：《历代名臣奏议》，卷九十九。

> 国家与蒙古本无深仇，而兵连祸结，皆原于入洛之师，轻启兵端。[①]

清代大学者钱大昕在《十驾斋养新录》中的阐发则更进一步：

> 全子才、赵葵首倡收复三京之议，宰相郑清之力主其说，横挑强敌，两京卒不可复。而元兵分道来侵，蜀土失其大半，并襄阳亦弃之。宋之失计误国，未有如清之者也。

端平入洛的确是宋蒙战争的序幕，将其视作导火索大概也没错。但是，从当时的地缘局势来看，宋蒙“必有一战”，有没有入洛，蒙古大军迟早都会大举南侵。将战祸甚至宋亡的原因推给端平入洛，并不公允。

这并不是推测。端平元年（1234年）七月，宋军尚在北进途中，蒙古大汗窝阔台正在草原上召开诸王大会，首次明确提出了灭宋的战略目标，并有御驾亲征之意。《元史·塔思传》记载：“先皇帝肇开大业，垂四十年。今中原、西夏、高丽、回鹘诸国皆已臣附，惟东南一隅，尚阻声教。朕欲躬行天讨，卿等以为何如？”木华黎之孙塔思主动请缨：“臣虽驽钝，愿仗天威，扫清淮、浙，何劳大驾亲临不测之地哉！”可见，攻宋本就是蒙古的既定国策，或早或晚而已。

在蒙古骤然崛起，成为人类历史上最强大的征服帝国的时代，南宋对蒙政策其实从来都不存在所谓的最优解。在蒙古冠绝古今的绝

---

① ［清］毕沅：《续资治通鉴》，卷一百七十四。

对实力面前，南宋的军政转圜空间其实相当有限，和、战、守三策各有利弊，但都无法从根本上解决南宋的存亡大计。

只能说，端平入洛很可能是南宋的最差解，在连起码的军事和财政准备都付之阙如的情况下，将收复希望全然寄托于蒙古人主动放弃三京。这哪里是什么北伐？分明是一场十赌九输的军事投机。

退一万步说，即使蒙古人真的如宋理宗君臣所愿，不战而弃河南，再坐视宋军师法金军，从容重建关河防线，那南宋就真的山河无虞了吗？

答案自然是可疑的。端平入洛前，大臣吴潜就曾诘问主战派："自潼关至清河三千余里，须用十五万兵，又须百战坚忍如金人，乃可持久岁月。"南宋或有十五万兵，但战斗力岂能"百战坚忍如金人"，因而也就谈不上据关守河的"持久岁月"。更何况，当年金人的关河防线拦住的也只是蒙古偏师，拖雷率蒙军主力一个"假道宋境"，关河防线就和马奇诺防线一样形同虚设。

以历史的后见之明来看，南宋的相对最优解应该是闭境自守，趁蒙军北撤之机整军经武，增强财力、军力，而不是像端平入洛那样轻于一掷，自损国力。

但是，这一稳健政略却因最需要耐心、坚忍和长期主义，而往往在政治实践中异化为士大夫的空谈义理、凌空蹈虚，继而沦为因循苟且，逸豫而无为。

入洛丧师后，主战派自然失势于朝堂，主守派推出了真德秀与魏了翁，希冀这两位举国交推的理学大师能够挽狂澜于既倒。真德秀入朝时，带来的救世良方竟是他亲撰的《大学衍义》；而魏了翁一见到宋理宗不是大谈"明君子小人之辨"，就是"修身齐家"。对于如何处理社会危机、寻找救亡之道，理学家们束手无策。[①]这就是所谓“平日袖手谈心性，临危一死报君王”吧。

而曾经壮志凌云的宋理宗，经此一役已是心灰意懒、萎靡不振，对蒙政策来了一个180度的大转弯，由锐意进取转为畏敌苟和。

但时至今日，蒙古人还愿意和吗？蒙古宰辅耶律楚材斥责宋使的一段话给未来四十余年的宋蒙关系定了主基调：

> 你们只恃大江，我朝马蹄所至，天上天上去，海里海里去。

在川蜀山城钓鱼城，也听得见蒙古人嗒嗒的马蹄声。

---

① 顾宏义：《天平：十三世纪宋蒙（元）和战实录》，第115页。

【第一章】

钓鱼城：蒙哥之死

军神

端平入洛新败后，宋廷再无求战之志，一心求和。

宋理宗破例在御后殿接见了连国书都没有的蒙古使节，又遣缔结联蒙灭金之约的使节邹伸之再赴蒙古，打算让其代宋当面向窝阔台谢罪，甚至愿纳岁币以求和。

就战和之辩，宋理宗特意咨询孟珙的意见。《宋史·孟珙传》记载，孟珙严守军人本分，所言直击人心：

> 臣介胄之士，当言战，不当言和。

宋使刚到蒙古不久，蒙古大军就做好了大举南下的一切准备。

说“大举南下”可能不尽准确，窝阔台要同时打两场仗。

端平入洛次年（1235年），窝阔台召开兼有推举大汗及定策重大军事行动的忽里勒台大会，同期启动了浩浩汤汤的西征与南征。

为与成吉思汗时代的那次西征相区别，此次西征也称“第二次西征”，因为各支宗室多以长子统军，又称“长子西征”。在忽里勒台大会上，窝阔台决定派遣拔都（术赤次子）、贵由（窝阔台长子）、蒙哥（拖雷长子）及名将速不台，于是年春率蒙古大军主力西征，总兵力在十二万人左右。

第二次西征长达七载，先后攻掠钦察、斡罗思、波兰（孛烈儿）、匈牙利（马札儿）。武功最盛莫过于1241年4月上旬，三天时间内，蒙古人先是在利格尼茨战役中击败波兰军队，击毙西里西亚公爵亨利二世；继而在赛约河之战中歼灭匈牙利军队七万余人，匈牙利国王贝拉四世仅以身免。直到1242年初，大汗窝阔台死讯传来，蒙古西征大军才徐徐东返。拔都以伏尔加河下游为统治核心，建立了地跨欧亚的钦察汗国（又称金帐汗国），是为蒙古四大汗国之滥觞。

与西征相比，蒙古南征的规模要小一些。蒙古骑兵大多参与西征，跟随南征的并不多，但南征还动员了大批汉军，因此终究比往日所谓的偏师声势更大，足以震慑南宋。

蒙古南征一开始，便摆出了全面进攻的态势，在由西向东延绵三千里的蒙宋边界上，蒙军分三路南侵，分别对应南宋三大战区：四川、京湖（荆襄）、两淮。宋军为保卫临安，于两淮集中了大量军队，且两淮地区水网纵横，不利于骑兵奔袭，因此蒙古人的攻击重点落在了四川和荆襄。

至端平三年（1236年），宋军在四川和荆襄迭遭惨败，防线趋于瓦解。在荆襄战场上，鄂北重镇襄阳于三月陷落，京湖制置使赵范弃城而逃，仓皇中连官印都丢了。襄阳自岳飞于绍兴四年（1134年）收复后，累经百年经营，一朝毁于兵燹，荆襄防线遂门户洞开。在四川战场上，名将曹友闻统领的四川边军精锐于九月底全军覆没，成都于十月底失守，四川大半沦丧，《宋季三朝政要》载："五十四州俱陷破，独夔州一路及泸、果、合数州仅存。"

在襄阳，窝阔台三子阔出突发重病身亡，为蒙古此次南征最意外、最惨痛之损失。阔出之死将深刻改变大蒙古国的政治走势。

蒙军虽掌握了战略主动权，但此次南征究竟兵力有限，且两淮战事胶着，一举灭宋并不现实，蒙古因此接受了谋臣的劝谏，决定改战略为“撒花（即讲和）自撒花，厮杀自厮杀”，也就是边打边和。

从南宋嘉熙元年（1237年）到南宋淳祐元年（1241年），宋蒙一直处于“且战且和”的奇特状态。在这一阶段的战争中，孟珙临危受命，全面掌握荆襄军权，投笔从戎的余玠和之前的虞允文一样在两淮横空出世，南宋在各大战线堪堪稳住阵脚。

在两淮战场上，出身白鹿洞书院的余玠攻破宿州，重挫蒙古水师，而后全师从容南撤。这也是自宋蒙开战以来，宋军首次深入敌后，攻破蒙古占据的城池。

在荆襄战场上，孟珙先于嘉熙元年（1237年）至二年的黄州保卫战中挫败蒙军围攻，蒙军死伤“十之七八”，继而于嘉熙三年（1239年）六月收复襄阳。

孟珙在南宋军中威望之高，可能仅次于宋高宗朝的“中兴四将”（岳飞、韩世忠、张俊、刘光世）。孟珙入援黄州时，守军竟齐声高呼：“吾父来矣。”

嘉熙四年（1240年）二月，孟珙奉命西调川东，全面主持四川、荆襄两大战区军务，南宋川东战事遂转危为安。

宋蒙战争中，宋军难得的胜绩多为守城，能够在攻势作战中连续挫败蒙军主力的唯有孟珙。江陵危急，宋理宗诏诸军救援，众将一致认为无人比孟珙更合适。孟珙不负众望，亲自带兵连破蒙军二十四座营寨。

孟珙带兵朴实无华，合乎人情天理：皇上赏赐财货，孟珙尽数转赠众将，甚至还自己掏钱加码；军队连日苦战后伤病满营，孟珙增派医生赴军营现场治疗；士大夫、老军官和退役兵卒前来拜见，孟珙一视同仁，热情接待；孟珙不讲排场，军中仪仗只设鼓旗，自奉甚俭，《宋史·孟珙传》记载他“远货色，绝滋味”；孟珙军中与部下议事，言人人殊，集采众长，让每个人都感觉自己的意见被充分尊重。

在宋军整体颓丧、军纪败坏，乃至彻底丧失进取心的大环境之下，孟珙的横空出世虽无力回天，但他是宋军军队最后的荣耀，是为“军神”。

蒙古此次南征一直持续到南宋淳祐元年（1241年），长达六年多。与西征的戛然而止一样，当大汗窝阔台崩逝的噩讯于岁末传至军前，南征蒙军随即北撤。

血色

淳祐元年（1241年）十一月，在位十三年的蒙古大汗窝阔台于狩猎途中薨逝，时年五十六岁，死因可能与长年酗酒导致的突发中风有关。

对于继承者，窝阔台生前本属意三子阔出，但谁料阔出意外病死于襄阳；窝阔台又欲立阔出长子失烈门，但未及安排妥当，便暴死于行猎途中。

窝阔台死后，皇后乃马真欲立长子贵由为汗。但一来，众人皆知贵由不为窝阔台所喜；二来，贵由尚在西征途中，强行立其为大汗难度太大，更何况蒙古大汗之确立，必须经过忽里勒台大会这个程序。乃马真退而求其次，以“皇孙年幼，贵由西征未归”为由，自己临朝亲政。

乃马真摄政达五年之久，一直到淳祐六年（1246年），她自忖时机成熟，蒙古宗王贵族被收买笼络得差不多了，才于七月召开了忽里勒台大会。基本没有悬念，贵由顺利被推举为第三任蒙古大汗。但他隐忧犹存，作为蒙古宗王之首的拔都以腿疾为借口拒绝赴会，其真实原因并非秘密：以大汗之子自居的贵由在西征途中不甘居于拔都之下，两人关系失和，拔都以缺席表达自己的不合作态度。

淳祐八年（1248年）春，贵由决定西征讨伐拔都，出师未久，便在当年三月死于途中。

贵由在位不足两年，《元史》将短暂的贵由时代定性为“法度不一，内外离心”。

日本蒙古史大家杉山正明则说得更为刻薄：

> 贵由则体弱多病，过于细腻且神经质，待人接物也不甚和善，缺少作为可汗的能力和可靠性，并不适合做蒙古帝国的领导人。冒犯地说，贵由做事爱虚张声势，这就是他悲剧的地方。[①]

贵由驾崩，令蒙古帝国顷刻陷入了下一任大汗之争。

---

① ［日］杉山正明：《蒙古帝国的兴亡（上）——军事扩张的时代》，孙越译，社会科学文献出版社，2015年12月版，第83页。

此时，乃马真后已经去世，但又有一位蒙古奇女子扭转了大汗之争的走向。

拖雷死后，其妻子唆鲁禾帖尼独力承担了统御部众、抚养诸子及团结黄金家族宗亲等内外事务。窝阔台家族得势时，唆鲁禾帖尼一方面尽可能对窝阔台、乃马真和贵由三任统治者表现得俯首帖耳，防止他们对拖雷家族下手；另一方面竭力示好拔都所代表的术赤家族，贵由计划出兵征讨拔都时，她特意派遣密使向拔都通风报信。

贵由驾崩后，拔都便以宗王之首的身份，邀请全体宗王前往钦察汗国，共同商议大汗的选举问题。众多察合台系和窝阔台系宗王以忽里勒台大会未在斡难河旧地召开为借口缺席，以至到场之人寥寥。而唆鲁禾帖尼则令长子蒙哥及其诸弟西行，以示拖雷家族对术赤系和拔都本人的敬重与尊崇。

拔都的政治能量不仅在于其宗王之首的地位，也在于其主动退出大汗之争的超脱，掌控钦察汗国已令他知足，退出汗位之争反而更增强了他在选汗中的公信力与话语权。在这场小型忽里勒台大会上，拔都力主推举蒙哥为大汗，称赞他能力出众，兼有西征军功。

《元史·宪宗本纪》记载，贵由的皇后海迷失的使者发难称："大汗窝阔台昔日有意立皇孙失烈门为嗣，现在失烈门还活着，你们却想立其他人为大汗，这将窝阔台的遗命置于何地？"蒙哥庶弟木哥当场反唇相讥："窝阔台汗生前有命，谁敢违之？但当年没立失烈门为大汗，而是让贵由即汗位，违反窝阔台遗命的正是你们这些人，你们还能归罪于谁呢？"抵制蒙哥的声音就此被压了下去。

会后，拔都欲正式召开忽里勒台大会，确立蒙哥的大汗之位，却因察合台系和窝阔台系宗王的抵制，大会迟迟未能召开，但拔都力排众议，强行召开大会。淳祐十一年（1251年）六月，蒙哥在忽里勒台大会上被推选为第四任大汗。

在蒙哥的即位庆典中，窝阔台系宗王不甘坐视权力转移，还策划了一次匪夷所思的军事政变。参与者不仅有贵由的长子忽察、次子脑忽，还有当年窝阔台所属意的继承人失烈门。

兵变失败后，蒙哥趁机大开杀戒，诛杀了失烈门等宗王，重要臣僚中多达七十七人被诛灭。蒙哥甚至没有放过贵由的皇后海迷失，他以巫术谋害大汗为由，将她剥去衣服审问，然后缝入口袋，投入水中溺死。据法国历史学家格鲁塞的《蒙古帝国史》一书所述，蒙哥对海迷失积恨极深，曾对外国传教士说："她比一条母狗还卑贱。"

由此，蒙古汗位由窝阔台系转移至拖雷系。拔都的一力支持，唆鲁禾帖尼的连横合纵，与拖雷家族因蒙古"幼子守灶"传统直接继承于成吉思汗的强大军力、财力，共同促成了这一权力大迁徙。

还有一种说法是，蒙古帝国的精英厌倦了乃马真后与贵由母子的"停滞时代"，在此期间，"由于政局不稳定，蒙古人未能组织任何大规模的征服活动"[①]。而南宋自然也直接受益于此，在窝阔台的大规模进攻之后，迎来了一段"苟安"时光，直至雄心万丈的蒙哥再次驱马南向。

此次权力迁徙，影响的远非拖雷系与窝阔台系，整个黄金家族乃至蒙古帝国的历史在此发生了血色转折，"黄金氏族内部，第一次为争夺汗位而互相残杀"[②]。

---

① ［美］梅天穆：《世界历史上的蒙古征服》，马晓林、求芝蓉译，民主与建设出版社，2017年10月版，第62页。

② 周良霄、顾菊英：《元史》，上海人民出版社，2003年4月版，第227页。

此前，虽有所谓窝阔台毒杀拖雷的恶例，但一来，此传言未经证实；二来，即使传言为真，也是密室政治范畴内的暗杀，对外包装为拖雷代兄窝阔台而亡，双方还在尽力维系黄金家族敦睦同欢之虚象，与蒙哥明火执仗、肆无忌惮地大清洗岂可混为一谈？

杉山正明认为："像蒙哥一样生来便被寄予厚望，具有成为帝王的宿命，同时又有跨越欧亚大陆东西实战经验的这般真正有实力的人物，无论是作为个人还是统治者，都是前无古人后无来者的。"但这位"亲蒙哥"的日本学者也承认："他过于果断和极端的做法反而激化了蒙古帝国的不稳定因素，为以后的分裂埋下了种子。"①

在某种意义上，蒙哥的胜利实际上是拖雷系与术赤系联盟的结果。②但这场胜利不仅令蒙哥与参与政变的察合台系、窝阔台系结下了深仇大恨，也令有拥立之功的拔都与术赤系获得了更多自主权，同样在实质上加大了大蒙古国的内部离心力。

与窝阔台系、察合台系决裂之后，蒙哥真正可以依靠的只有三名一母同胞的兄弟：四弟忽必烈、六弟旭烈兀、七弟阿里不哥。

幕府

忽必烈生于南宋嘉定八年（1215年），也就是成吉思汗攻陷金中都的那一年。

---

① ［日］杉山正明：《蒙古帝国的兴亡（上）——军事扩张的时代》，第83—84页。
② 毕奥南：《蒙古汗国与元朝关系的考察》，载《中国边疆史地研究》2004年第4期。

《元史·世祖本纪》记录忽必烈的编年史事，最早从1244年开始：

帝在潜邸，思大有为于天下，延藩府旧臣及四方文学之士，问以治道。

这一年，忽必烈三十岁。

《元朝名臣事略》记录得更为翔实：

上之在潜邸也，好访问前代帝王事迹，闻唐文皇为秦王时，广延四方文学之士，讲论治道，终致太平，喜而慕焉。

忽必烈得以了解唐太宗，乃至有意识地取法于唐太宗，很可能也是受到身边文学之士的影响。在这一由儒家士大夫参与营建的“潜邸叙事”中，一方面忽必烈在政治生涯之初就被刻上了“重儒”的底色，另一方面也暗示着忽必烈有秦王李世民一样的帝王之志。

1244年还是乃马真皇后摄政时期，贵由尚未称汗，连蒙哥都不是汗位角逐者，说作为皇室旁支的忽必烈就“思大有为于天下”，甚至有了天命之思，恐有后见之明式的夸诞之嫌。但对于忽必烈集结幕府一念乃受到唐太宗招致十八学士的启发，这一说法应无异议。

忽必烈最早在漠北藩邸召见的“四方文学之士”倒不是儒生，而是当时的北方佛教领袖海云法师。时间约在淳祐二年（1242年），早于公认的“幕府元年”——1244年。

有一种说法是，忽必烈日后大举延揽人才可能是受到海云的影响，海云曾建议“宜求天下大贤硕儒，问以古今治乱兴亡之事”[①]。

1244年，海云南返，法名子聪的佛门弟子刘秉忠仍留忽必烈藩邸，由此成为首位入幕之人。

据《元史·刘秉忠传》记载：

> 秉忠于书无所不读，尤邃于《易》及邵氏《经世书》，至于天文、地理、律历、三式六壬遁甲之属，无不精通。论天下事如指诸掌。

也因此，刘秉忠深得忽必烈信任，“世祖大爱之”。在很早的时候，刘秉忠就开始给忽必烈灌输“以马上取天下，不可以马上治”的中原价值观。

作为“幕府第一人”，刘秉忠不仅“论天下事如指诸掌”，且有荐人之能。在他的举荐招揽下，忽必烈幕府如日方升。

淳祐七年（1247年），曾在金朝为官的张德辉加入幕府。《元史·张德辉传》记载，张德辉入幕后，与忽必烈曾有一次非常著名的问答。

忽必烈问：“有人说，辽因为信佛而亡，金因为好儒而亡，是这样吗？”张德辉应答：“辽人的事臣未能详尽知晓，但金国末年之事可是亲眼所见。宰臣中虽有一两个儒臣，但其余的都是世袭的武将，军国大计也不让儒臣参与。儒臣在金国官吏中大略只占三十分之一，

---

① 萧启庆：《内北国而外中国：蒙元史研究》（全二册），中华书局，2007年10月版，第119页。

大多干的还是一些整理文书、断案理财的边缘事务。”

张德辉最后扔出一句极有分量的话：“金国灭亡，自当有人承担罪责，儒臣有什么过错？”

作为幕僚，张德辉通过了忽必烈的大考。但这又何尝不是忽必烈对儒生、儒学、汉法的一次大考？一次对话的意义固然不能过分拔高，但忽必烈就是在这样与士大夫儒生不断地争持与论辩中，逐渐建立起对汉法的认同感的。

但作为一个远离统治核心的藩王，忽必烈对汉法有无好感，至多只会影响他的一小块封地，又能对大蒙古国产生什么影响？

恐怕连忽必烈自己都没想到，他“大有为于天下”的时机来得这么快。

淳祐十一年（1251年）六月，忽必烈的长兄蒙哥即大汗位，拖雷家族一荣俱荣。没多久，蒙哥便令忽必烈总领“漠南汉地军国庶事”。

权柄一朝在手，忽必烈及幕府诸谋臣忘乎所以、举手相庆，唯有理学家姚枢独坐席中，心事重重，不置一词。

据《元史·姚枢传》记载，忽必烈觉得事有蹊跷，席散后单独问姚枢：“众人在席间皆作贺词，你独默然而坐是何缘故？”姚枢回答：“今天下土地之广，人民之殷，财赋之阜，有超过汉地的吗？军政大权全都归了我们，大汗还管什么？他日若有廷臣借题发挥，离间你们兄弟，大汗必定生疑后悔，进而回收权力。大王不若只接手兵权，将政务让出去，派他人掌管，这样才势顺理安。”

姚枢一语惊醒梦中人，忽必烈连忙表示“虑所不及者”，依计向蒙哥上奏，蒙哥“从之”。

姚枢献上的是所谓韬光养晦之计，延后了忽必烈与蒙哥的权力冲突，给忽必烈提供了在中原苦心经营、羽翼渐丰的关键时间窗口。

不过，蒙哥重用忽必烈也不是孤立事件，几乎在同时，忽必烈六弟旭烈兀也被蒙哥任命为西征大军统帅。忽必烈在东，旭烈兀在西，分别承担起蒙古本部东西两侧的统辖及征服重任。

总领漠南军务后，忽必烈干了两件大事。

第一件大事是开府金莲川。正是在总领漠南前后，忽必烈在广延四方文学之士的基础上，创建了历史上赫赫有名的金莲川幕府。

金莲川幕府得名于忽必烈的驻牧开府地——金莲川。此地在原金国境内的桓州附近，原名曷里浒东川，因夏季河谷草原盛开金莲花，金世宗在此避暑时易名为金莲川。在蒙古语中，金莲川被称作“Shira Tala”（黄色的原野），汉语音译浪漫得无可救药——“沙拉塔拉”，传说元顺帝妥欢帖睦尔北遁后也曾在一首沉痛的长诗中怀念金莲川：“我的美丽的沙拉塔拉。”

开府金莲川的关键人物是木华黎之孙霸突鲁，他不仅与忽必烈同为蒙古内部的汉法派，还娶了忽必烈妻子察必的妹妹为妻。《元史·霸突鲁传》中霸突鲁劝忽必烈：

> 幽燕之地，龙蟠虎踞，形势雄伟，南控江淮，北连朔漠。且天子必居中以受四方朝觐。大王果欲经营天下，驻驆之所，非燕不可。

从全权指挥攻金开始，木华黎家族经略中原已近四十年，其权力根柢系于中原，霸突鲁这段话不仅是基于忽必烈利益的谏言，也是基于家族利益的政治游说。

在强化中原政治地位这个问题上，木华黎家族与忽必烈利益一致，正可以此为纽带，结为天然的政治盟友。

忽必烈接受了霸突鲁的谏言，从而深刻改变了蒙古帝国的历史走向。

但忽必烈并不打算如霸突鲁所言那样直接开府燕京，他之所以选择金莲川，可能还是想在草原（喀拉和林）与中原（燕京）之间寻找一个中间地带，这个“中间”不仅是地理意义上的，也是价值观意义上的。

蒙哥汗六年（南宋宝祐四年，1256年），忽必烈又令刘秉忠于桓州以东、滦水以北，也就是金莲川附近兴筑开平城，以兼具汉式宫殿楼阁和草原毡帐双重风格的建筑作为藩邸。

金莲川开府的意义，固然是忽必烈在幕府招揽培养了一大批英才，其中可考的就有六十多人，这一点为忽必烈日后的政治崛起提供了必要的人才储备，但更重要的是，忽必烈由此开始与中原士大夫缔结某种政治联盟，成为刘秉忠所说的“以汉法治汉地”的先行者，元朝之最初缘起，实始于金莲川。

金莲川幕府中甚至还有位金哀宗时代的状元王鹗，他曾受到金哀宗重用，蔡州城破时被汉军世侯张柔所救。《元史·王鹗传》记载他进入幕府后，给忽必烈讲授《孝经》《尚书》《周易》等儒家经典，“及齐家治国之道，古今事物之变”，经常讲至深夜才结束。忽必烈感佩之余，甚至还说了一句在当时有悖逆之嫌的名言：

> 我虽未能即行汝言，安知异日不能行之耶！

第二件大事是南平大理，这是忽必烈总领漠南后承担的第一项重大军事任务。蒙军进军大理的主要目的是：从西南包抄，夹攻南宋腹地。

蒙哥汗二年（南宋淳祐十二年，1252年）七月，忽必烈在漠北祭旗远征，大军人数据说达十万人。出征前，姚枢给忽必烈讲了一个宋太祖遣曹彬取南唐未杀一人的故事，忽必烈闻之意动，大呼“吾能为之”。可见在金莲川幕府诸臣的影响下，他此时在某些非核心的价值观念（如蒙古的屠城军事传统）上，已与蒙古式传统渐行渐远。

蒙哥汗三年（南宋宝祐元年，1253年）十二月，忽必烈率军攻陷大理城，并效法曹彬颁布“止杀令”，其后很快平定云南全境。

攻略大理的成功，对忽必烈可能意味着双重收获：一方面在黄金家族内部显示了自身的军事才能，这对一个有中原色彩的首领而言尤其重要，为他日后的汗位之争赢得了蒙古王公贵族的拥戴；另一方面也向蒙古政权中的汉人政治精英晓示了他的不嗜杀与守诺，这同样为其日后在汗位之争中得到汉人世侯等“汉法势力”的鼎力支持埋下伏笔。

钩考

从1251年到1257年，忽必烈与蒙哥的政治蜜月期持续了六年。

蒙哥汗七年（南宋宝祐五年，1257年）春，蒙哥派遣亲信阿蓝答儿和刘太平等人，南下钩考忽必烈领地财赋，这也就是大蒙古国史上著名的“阿蓝答儿钩考”。所谓钩考，本是一个财政审计的中性概念，但此次蒙哥及其势力借此发难，却更像是一个借口。对此，《元史·姚枢传》用了八个字解释：“或谗王府得中土心。”

所谓“得中土心”，按照国内历史学界的主流看法，持蒙古本位主义的“保守派”与倾向汉化的忽必烈势力积怨已久，“阿蓝答儿钩考”是保守派对以忽必烈为首的“汉法派”进行的一次彻底整肃，“实际上是要否定忽必烈用汉人治汉地的成绩，并彻底瓦解他的势力”①。

蒙哥于价值观上是站在保守派一边的。据《元史·宪宗本纪》，蒙哥“性喜畋猎，自谓遵祖宗之法，不蹈袭他国所为”，是一个蒙古本位主义者。

但蒙哥与忽必烈的矛盾很可能不仅仅局限于价值观层面，也附有鲜明的权力斗争色彩。《元史·赵良弼传》就是这样解释事件起因的：“阿蓝答儿当国，惮世祖（忽必烈）英武，谗于宪宗。”

“阿蓝答儿钩考”的考量可能大于所谓的“汉法派”与“保守派”之争，未必是蒙哥特别针对忽必烈之举。有西方学者指出，蒙哥即位后推行“集权化”改革，将诸王在封地的部分行政权力收归中央，“旨在确保对外战争必需的资源以及中央—地方机构的效率和忠诚。对忽必烈漠南势力的清算，也可以算作其中的一环，意在打压后

① 周思成：《究竟是yārghū还是“钩考”？——阿蓝答儿钩考的制度渊源探微》，载《北京师范大学学报》（社会科学版）2021年第1期。

者愈来愈强烈的‘自治’倾向”[①]。

对于权力斗争的诉求，保守派一方似乎也没有过多掩饰。阿蓝答儿找出了忽必烈的两条罪状：一是“中土诸侯民庶翕然归心”，二是“王府诸臣擅权为奸利事”。

两条罪状指向一致：忽必烈在中原的威望与势力已然对蒙哥造成了实质性威胁。

价值观分歧与权力之争相互缠绕，彼此牵拽，不必也无法分得太清楚。

阿蓝答儿钩考严重打击了忽必烈势力，元人苏天爵所撰《元朝名臣事略》中描写得极有现场感：“虐焰熏天，多迫人于死。”据说被折磨而死的，就多达二十余人。

阿蓝答儿非但没有对忽必烈的近臣侍从网开一面，金莲川幕府中人还成为钩考的重点追查对象。忽必烈甚至亲自掏钱，补上了一些欲加之罪的亏空。

正当忽必烈窘迫无计之时，曾献韬晦之计和止杀之计的姚枢站了出来。姚枢劝解忽必烈：“大汗既是君主，也是哥哥；大王既是臣子，也是弟弟。这事没办法计较是非曲直，远离大汗本就容易遭受祸端。当务之急，是主动将王妃和世子送到喀拉和林，作久居的打算，如此大汗对您的猜疑也就烟消云散了。”

---

① Thomas T. Allsen，Mongol Imperialism：The Policies of the Grand Qan Möngke in China，Russia，and the Islamic Lands，1251-1259［M］.Oakland，CA：University of California Press，1987.转引自周思成：《究竟是yārghū还是“钩考”？——阿蓝答儿钩考的制度渊源探微》，载《北京师范大学学报》（社会科学版）2021年第1期。

依姚枢之谋，忽必烈两次向蒙哥请求觐见。蒙哥汗七年（南宋宝祐五年，1257年）十二月，在得到蒙哥的允准后，忽必烈即飞驰而至蒙哥身边。

兄弟二人的见面场景极为温情脉脉，大概是先开怀畅饮，继而抱头痛哭，依《元史·姚枢传》的说法是“皆泣下”。据说忽必烈还未及辩白，蒙哥就下令停止钩考，撤销钩考局。

乍一看，这似乎是一个略显俗套的大团圆结局：蒙哥中了奸人的离间计，兄弟阋墙，但与弟弟忽必烈相见后，血脉亲情瞬间压倒了权谋计算，兄弟和好如初。

但现实政治远非如此单纯，蒙哥也远非感情用事之人。真实的情形是，蒙哥的确撤销了钩考局，但也罢去了忽必烈总领漠南的军政大权。忽必烈羁留漠北，实际上沦为丧失实权的闲散王爷。

蒙哥念及兄弟之情自然是真情流露，但实际作用也就止于不加罪。至于阿蓝答儿钩考的主要目标，即彻底消除忽必烈对汗权的威胁，蒙哥的政治理性又岂会为一次见面所动摇？

阿蓝答儿钩考是忽必烈政治生涯中的第一次重大挫折，看起来，他将永久闲散下去，再也回不到金莲川。

命运或许存在某种限定，但自由意志向死而生。

山城

蒙哥汗六年（南宋宝祐四年，1256年）春，也就是阿蓝答儿钩考前一年，蒙哥在蒙古腹地召开了忽里勒台大会，决意亲征南宋。蒙哥在会上发愿，希望像父兄们一样，建立伟大的战争功业。

除了提升自己在蒙古世界中的地位，蒙哥亲征的另一动因，是以战功压倒忽必烈在中原积累的巨大威望。①

在某种程度上，阿蓝答儿钩考也可以视作蒙哥亲征南宋的“前期准备工作”：只有解除了忽必烈总领漠南的军政大权，转由中枢直辖，蒙哥才能够更加自如地掌控对宋战争。

蒙哥汗七年（南宋宝祐五年，1257年）正月，蒙哥正式下诏亲征南宋，大蒙古国历史上第一次大规模对宋战争拉开帷幕。

蒙哥此次亲征的规模远超蒙古此前任何一次对宋军事行动：这不仅是蒙古帝国首次动用主力军团攻宋，还是首次明确将灭宋定为战略目标。

蒙古大军兵分东、西、南三路。蒙哥亲领西路军，攻略川蜀，对上了南宋的川陕战区；成吉思汗幼弟嫡孙、蒙古东道诸王之首塔察儿（与攻破蔡州的蒙军主帅塔察儿同名）统率东路军，直趋荆襄，对峙南宋京湖战区；南路军主帅为留守云南大理国故地的兀良合台，目标直指南宋“柔软的下腹部”广西。

据波斯大史学家拉施特在《史集》中的说法，蒙军总数有近百万之多（西路军六十万，东路军三十万），这自然不能当真，三路蒙古军加起来也就十余万人。其中还不光是蒙古人，也有曾在忽必烈麾下的汉人世侯，如张柔和史天泽。

按照战前拟订的计划，三路大军将于南宋景定元年（1260年）

---

① 邹重华：《略论蒙哥、忽必烈的攻宋战略》，载胡昭曦、邹重华主编《宋蒙（元）关系研究》，四川大学出版社，1989年8月版，第355页。

正月会师潭州（今湖南长沙），而后顺江东下，直取临安。

首先行动的是东路军和南路军。

蒙哥汗六年（1256年）秋，塔察儿率东路军南下，次年秋进抵荆襄一线。但塔察儿的表现却不孚众望，军纪甚差，全军上下忙于掳掠财物，再加上阴雨连绵，围攻多日而未取一城，只得被迫北撤。蒙哥闻讯后大怒，遣人痛斥塔察儿。

蒙哥汗八年（1258年）春，为配合西路军入蜀，蒙哥又令塔察儿佯攻两淮，以牵制宋军主力援蜀。但到了十一月，塔察儿不仅进攻庐州（今安徽合肥）不克，反倒让宋军有机可乘，将塔察儿后方袭扰得风声鹤唳。

这次，蒙哥彻底失去了耐心，罢掉了塔察儿东路军主帅之职，召他赴四川从驾。

赋闲一年的忽必烈意外成为受益者，被蒙哥任命为新任东路军主帅。

按照蒙哥的初衷，别说让忽必烈统率一路大军了，他就连随军出征的资格都没有。个中缘由，无论是《元史·宪宗本纪》还是《元史·世祖本纪》都没有提及。拉施特在《史集》中只是提到，蒙哥以忽必烈"脚痛"（痛风）为由，令其静休。有日本学者断定，在这一诡异的事件背后，"蒙哥与忽必烈之间有《元史》和《史集》都不能明说的秘密"①。

一个合理的猜测是，在那次所谓的重归旧好之后，蒙哥仍极为忌惮忽必烈在中原的影响力，尽力扼杀他再立战功的机会。但塔察儿

① [日]杉山正明:《蒙古帝国的兴亡（上）——军事扩张的时代》，第118页。

东路军的灾难性表现改变了本来的历史轨迹。

《史集》也在尽力说圆忽必烈先被撇开又统军出征的叙事，给出的解释是：忽必烈的腿伤好了，主动请缨为大汗分忧。

南路军的表现也低于预期。兀良合台甚至一开始都未直接攻宋，而是于蒙哥汗七年（1257年）岁末将其兵锋直指安南。当时统治安南的为陈朝，蒙古人在安南虽然只待了不到一个月便主动撤军，却令陈朝军队闻风丧胆。

身处蒙古和南宋两大强权夹缝中的安南陈朝，一面遣使向蒙古求和，一面遣使向南宋求援。当陈朝发现南宋自顾不暇、无力救援之后，便下决心归附蒙古。

蒙哥汗八年（南宋宝祐六年，1258年）夏，陈朝使臣赴四川面见蒙哥，正式向蒙古称臣。当时最令宋理宗寝食难安的是，有传言称陈朝将联蒙攻宋，所幸这并未成为现实。

陈朝臣服后，兀良合台方率南路军由广西方向攻宋。十一月中旬，正当南宋的广西防线濒临崩溃时，兀良合台突然率军撤回云南。据《元史·兀良合台传》，由于不习惯广西当地气候，当时大批蒙古军士染病，其中也包括兀良合台，故被迫撤军。可以明确的是，兀良合台的撤军与南宋的抵抗干系甚微。

蒙古此次攻宋，战况最激烈的是蒙哥亲征的四川战场。

蒙哥汗八年（南宋宝祐六年，1258年）夏，蒙哥驻跸六盘山，“聚天下兵”攻蜀。虽然拉施特的《史集》称蒙哥西路军有六十万人，实则只有四万人，算上已在四川境内的三万蒙古军，也不过七万人。

蒙哥自汉中入蜀，虽然宋军一路抵抗，数度依城苦守，堪称英勇，但蒙军的攻势总体上还是势如破竹。至1258年底，蒙军西路军仅用了两个多月时间，便已兵临南宋在四川的军政中心——重庆。

距离重庆以北七十千米，矗立着一座被称作“钓鱼城”的山城堡垒。山城规模虽不大，却不仅是重庆的屏障，更是南宋守御巴蜀的第一防御要塞。

钓鱼城得名自建城地钓鱼山，北、西、南三面临江，矗立在嘉陵江、渠江、涪江交汇的半岛之上。钓鱼山是典型的“方山”地貌，即四周峭壁，山顶平坦，是天然的军事壁垒。

南宋淳祐二年（1242年），余玠从两淮任上转四川制置使兼知重庆府，也就是所谓的蜀帅。在四川，余玠征辟了两位军事工程奇才——来自播州（今贵州遵义）的冉琎、冉璞兄弟。

《宋史·余玠传》记载，冉氏兄弟终日对坐不言，观察了余玠很久，为其气度所动，才向他献上了第一条建议：“今日西蜀的当务之急，就在于给合州找一座新的治所。”余玠喜不自胜，一跃而起，抓住冉氏兄弟的手：“这也是我的想法，但可惜一直没找到合适的地方。”

冉氏兄弟随即提出筑城于钓鱼山，将合州治所迁至钓鱼城：

> 蜀口形胜之地莫若钓鱼山，请徙诸此，若任得其人，积粟以守之，贤于十万师远矣，巴蜀不足守也。

对于“山城”这种军政创新，当时反对者甚多，喧然同辞，以为不可。余玠力排众议，坚称：

> 城成则蜀赖以安，不成，玠独坐之，诸君无预也。

以钓鱼城为始，作为蜀帅的余玠又依托方山地貌，接连修筑了十余座山城，其中以苍溪大获城、通江得汉城、金堂云顶城、果州青居城、蓬安运山城、泸州神臂城、合州钓鱼城、夔州白帝城等所谓“川中八柱”最为著名，“皆因山为垒，棋布星分，为诸郡治所，屯兵聚粮为必守计”。

可以说，南宋四川防线的主体便是余玠开创的“山城防御体系”，而钓鱼城则为该体系之枢纽。

此时的南宋军界双星并峙：余玠作为蜀帅主持四川战区；一度暂摄四川与京湖（荆襄）两大战区的孟珙腾出手来，专力京湖战区，并受命随时接应增援余玠。

余玠任蜀帅十年，功盖海内，引发了宋理宗与宰相谢方叔的疑忌与防备。宝祐元年（1253年）五月，宋理宗在没有任何征兆的情况下，突然以金牌密令召余玠还朝。五十六岁的余玠闻讯后，自度已失去宋理宗的信任，愤懑成疾，愈不自安，于同年七月暴卒。《宋史·余玠传》还记录了一条所谓的传闻：余玠可能是服毒自尽，“或谓仰药死”。

余玠亡故后，“蜀之人莫不悲慕如失父母”。起初宋理宗为安抚民心，又是罢朝，又是追封，颇有极尽哀荣的意思。但到了第二年，宋理宗君臣便罗织七大罪状，污蔑余玠聚敛罔利、劳军困民，追夺余玠生前的官职称号，并抄没家产。他们安给余玠最荒唐的一条罪状是：给儿子取名“如孙”，为的是“生子当如孙仲谋”——有不臣之心。

直到宝祐六年（1258年）十一月，迫于抗蒙局势与民间舆论，宋理宗方下诏追复余玠官职。

同样枉死于朝廷猜忌的还有孟珙。

淳祐六年（1246年），先降宋继而叛宋降蒙的前金军将领范用吉暗中联络孟珙，有意反正。孟珙喜出望外，即刻奏报朝廷。谁料宋理宗驳回，除了忧虑招降纳叛会引发蒙古方面不满，以及猜疑金人来归的传统考量，提防孟珙势力膨胀可能也是重要原因之一。

“珙忠君体国之念，可贯金石”，这是《宋史》给孟珙的评价。

被拒后，素有收复中原之志的孟珙心灰意冷，长叹称：“三十年收拾中原人，今志不克伸矣。”自此悒郁成疾，于淳祐六年（1246年）九月病逝于江陵，时年五十一岁。据《宋史·孟珙传》记载，当时“大星陨于境内，声如雷”。

一代将星，就此陨落。

世无秦桧，但孟珙和余玠都遭遇了与岳飞类似的“莫须有”。可见，防范武将在南宋仍是一条须臾不可忘的祖宗家法，所谓“自毁长城”，更像是一种求仁得仁的制度惯性。

王夫之在《宋论》中曾作惊世之语：

> 宋本不孤，而孤之者，猜疑之家法也。

晚明复社领袖张溥读史时，痛心疾首于孟珙、余玠之死：

> 孟珙卒，则宋无京湖。余玠卒，则宋无巴蜀。淳（祐）、宝（祐）之际，亡形已成，何必伯颜入临安，而后痛哭哉！

蒙哥入蜀时，孟珙与余玠已先后含恨去世。但蒙哥无须感到庆幸，此时伫立在钓鱼城头的孤勇者，是先后追随过两位将星的王坚。

王坚原为孟珙部将，跟随其入蜀。余玠出任蜀帅时，王坚留在四川，被任命为钓鱼城守将。

余玠去世后，王坚莅任兴元府都统兼知合州，全权主持钓鱼城防务。从某种意义上，就巴蜀的对蒙防务而言，王坚是继孟珙和余玠之后的第三位薪尽火传者。

王坚在余玠筑城的基础上进一步加固了钓鱼城城防：南北面各建一条“一字城”至江边，凭恃“江险”以拒敌；在江边修筑水师码头，布置战船数百艘；在城内广凿水池深井，控井九十二眼，蓄水养鱼，确保城内无断水之虞；聚汉中巴蜀难民十数万之众，练兵屯田。王坚的底气在于：钓鱼城高度虽只有三百多米，但山势突兀，三面江水环绕，四周峭壁萦回；而山顶又平旷开阔，方圆四平方千米，据说有良田上千亩，恃垦田积粟之地利。至此，钓鱼城防线大功告成。

钓鱼城防线有两大极为突出的特点：其一，累经余玠与王坚两代经营，城池形成了“山城加江险”的交叉立体防线，而山地防御与水军都是宋军的比较优势；其二，钓鱼城无缺水断粮之忧，具备了长期坚守的作战能力。

这是蒙哥与蒙古铁骑从未遇见的坚固城防。

蒙哥汗九年（南宋开庆元年，1259年）初，蒙哥亲临钓鱼城下。他本想不战而取，曾遣使节入城招降，谁料王坚拒降也就罢了，还当众斩杀使者以示死战之决心。

蒙哥震怒，决意强攻钓鱼城。

此次入蜀以来，蒙古人沿途已攻克了数十座山城，它们的坚固险要程度或许与钓鱼城差距不大，但最关键的是，这些山城的守军或接战不利后归降，或不战而降，蒙古人并没有碰上真正意义上的攻坚硬仗。

从二月初到六月，蒙军围攻钓鱼城五个月而不克。可能是因为蒙哥坐镇，蒙古人此役各项准备做得极为充分，远不是指望什么单靠骑兵拔城，但不管是“凡攻城之具无不精备”，还是调来山地战专家史天泽及所部，蒙军还是顿足于坚城之下，反倒被王坚所部夜袭得手了几次。

事实上，蒙哥也犹豫过，据《元史·宪宗本纪》记载，他曾在军前召集御前会议问计诸王众将是否继续：“酷暑将至，蒙军是否还应该坚持在四川作战？”

《元史·来阿八赤传》记载，争执不下时，有一名叫术速忽里的大臣进言，在四川留下五万人“命宿将守之”，蒙古大军主力“乘新集之锐，用降人为乡导，水陆东下”，下三峡，出荆楚，“与鄂州渡江诸军合势，如此则东南之事一举可定”。至于钓鱼城，“孤危无援，不降即走矣”。

术速忽里的战略说白了就是，不必强攻钓鱼城，派偏师继续牵制，主力从四川顺江而下直捣临安就得了。

术速忽里的建言，与麦克阿瑟在二战太平洋战场的“跳岛战术”（不与日军逐岛争夺，跳过防守坚固的岛屿）有异曲同工之处。这一战略未必完全契合蒙宋战争的实际状况，所谓“东南之事一举可定”的妄语，可能也低估了南宋军队特别是水师的战斗力，但御前会议上的反对声音并未从军事逻辑出发，而是更多基于政治考量，坚持认为“攻城则功在顷刻”。

蒙哥本来就对劳师强攻钓鱼城有些动摇了，但大汗亲征无功而返将是大蒙古国开国以来头一遭，在政治上的确难以交代，再加上众将的怂恿和煽惑，所谓的战略转变也就不了了之。还有一种说法认为，忽必烈在两淮战场上的进展也给蒙哥造成了竞争压力，使得蒙哥有进无退。

蒙哥此时当然不知道，他已丧失了最后一次扭转个人命运的机会。

《元史·郝经传》记载，在忽必烈的幕府中，有一位大儒叫郝经，他一贯主张不要立即伐宋，应将精力放在“修德布惠，敦族简贤，绥怀远人……顺时而动，宋不足图也”，看起来似乎是有点儿迂腐。郝经得知蒙哥在四川“师久无功”，便写了一篇极有预见性的《东师议》呈送忽必烈，直指蒙哥将四川作为主攻方向是个战略黑洞，“以有限之力，冒无限之险”，忽必烈应当遣使劝说蒙哥尽快班师，“以全吾力，而图后举”；即使大汗不听，忽必烈也尽了臣弟的义务，“禀命不从，殿下之义尽”。

对于郝经的建议，忽必烈没有明确表态，更未出面劝谏蒙哥，原因很可能是，忽必烈刚刚侥幸复出，唯恐再次触怒汗兄。

蒙军攻蜀时，临安方面如坐针毡，以倾国之力大举援蜀。

此时的四川制置使，即所谓的蜀帅，是蜀地世家大族子弟蒲择之，传说其先祖为诸葛亮的幕僚蒲元。为牵制蒙军攻略钓鱼城，蒲择之率军反攻成都，先胜后败，几乎全军尽没。

宋廷见蒲择之不堪大用，也清楚单凭四川本地的宋军已无力扭转战局，便果断大幅调整了军事部署。

宋廷任命时任两淮制置大使的贾似道为援蜀主帅，给了他一堆令人眼花缭乱的官职，全权负责长江中上游各战区的军队、物资统筹与调遣。一个大臣兼任如此之多的职务，有宋一代绝无仅有，可见贾似道的军政才干得到了宋理宗和南宋中枢的集体认可，绝非后世渲染的无能之辈。①

不过，作为主帅的贾似道并未亲赴四川，真正率军援蜀的是被任命为四川制置副使的吕文德，这可能是两人定交之始。

吕文德的援蜀方式是率舟师万艘溯江而上。尽管此前击败蒲择之的蒙军将领纽璘在长江中布置了两道水上防线，以浮桥层层堵截南宋水师，但吕文德的开局极为顺利，仅用了半个月左右的时间便冲破堵截，于蒙哥汗九年（南宋开庆元年，1259年）六月初率军进入重庆。

初战不利，蒙哥换掉了纽璘，令史天泽主持堵截南宋援军。在爆发于川江的水战中，史天泽在蒙哥的亲自督战下，以七十余艘战船对抗南宋之三百余艘，在数量的绝对劣势下却三战三捷，俘获战船百余艘，逼得离钓鱼城已近在咫尺的吕文德水师退守重庆，望江兴叹。

史天泽之所以能够以弱胜强，挫败在技术与数量上均强于己方的南宋水师，与他在此役中的战术创新有极大关系。据《元史·史天泽传》，史天泽"乃分军为两翼，跨江注射，亲率舟师顺流纵击"。战史专家李天鸣先生将蒙军这一新战术称作"水陆协同的三面夹击水战战法"，也就是"正面由战舰攻击敌方战舰，左右两岸的军队使

---

① 何忠礼：《贾似道与鄂州之战》，《科举与宋代社会》，商务印书馆，2006年12月版，第499页。

用弩炮向敌方射击，并由骑兵予以掩护，以防宋军上岸攻击蒙军的弩炮步队”[①]。

吕文德功败垂成，但也以此役证明了自己的军事才华，一跃成为南宋军界一颗冉冉升起的将星。

蒙古人虽力挫南宋援军，但对于钓鱼城仍一筹莫展。

见久攻不下，蒙哥爱将汪德臣颇有些主辱臣死的意思，发狠说："今乘舆所至，诸城风靡，独此旅拒，捐躯图报，正其时也。"[②]

于是，这位名字酷似汉人但实则出自蒙古汪古部的骁将，便亲自率兵夜袭钓鱼城。双方相持不下时，汪德臣单骑进逼城下，大呼："王坚，我来欲活汝一城军民，宜早降！"话还没说完，城上飞石击来，汪德臣负伤退兵。

六月二十一日，汪德臣伤重不治。噩耗传来，蒙哥"拊髀叹腕，如失左右手"。

汪德臣伤重时，水土不服、不耐酷暑的蒙古人也遭遇"军中大疫"。据拉施特《史集》记载，蒙古军中出现了霍乱，随军的畏兀儿医生束手无策，蒙哥甚至下令"用酒来对付霍乱"。

而此时的钓鱼城，虽被围攻近半年，但饮食充裕，士气正盛。为湮灭蒙古人速胜之妄念，南宋守军将两条各重三十斤的鲜鱼和百余张蒸面饼抛出城外，并在面饼中夹上纸条，上面戏谑写道："尔北兵可烹鲜食饼，再守十年，亦不可得也。"

可能连宋人也没想到，钓鱼城保卫战很快便戛然而止。

---

① 李天鸣：《宋元战史》，食货出版社，1988年版，第569页。

② 胡昭曦、唐唯目：《宋末四川战争史料选编》，四川人民出版社，1984年9月版，第364页。

七月二十一日，五十岁的蒙古大汗蒙哥驾崩。

关于蒙哥之死，数百年来，传说、谣言、史实互相缠绕，已难有定论。

最主流的说法有两种。

其一是染疫说。据《元史·宪宗本纪》，自六月起，蒙哥即染病“不豫”，但《元史》也并未明确点出“不豫”与暴死的关系。最早提出染疫说的权威信源可能是拉施特的《史集》，认为当时正值盛夏，蒙古军中盛行疟疾，蒙哥亦染上，以致重病身亡。此外，拉施特还暗示蒙哥的病情恶化与其坚持饮酒有关。在《续资治通鉴》中，清人毕沅也持染疫说。

其二是击毙说。据万历《合州志》所引无名氏所著《钓鱼城记》，蒙哥为了解钓鱼城内蓄水情况，亲自登上瞭望楼远眺，“为炮风所震，因成疾”。所谓炮风，可能指蒙哥直接被石弹碎块击中，也可能只是石弹的余波，但还有一种微小的可能性是石弹中混杂有火药。

除了炮风说，中箭说也流传甚广。南宋大诗人刘克庄有《蜀捷》一诗，内有“挞览果歼强弩下”一句，这至少说明中箭说为当时南宋文化精英所认可。据说钓鱼城旧址的石碑碑文中，还发现刻有蒙哥“中飞矢而死”的字样；《马可波罗行纪》中细节更多，称蒙哥是因腿膝中箭，伤重而死。

还有一种较离奇的说法，记载在小亚美尼亚国王海屯一世赴蒙古的《海屯行纪》中，作者表示蒙哥的战船被宋军潜水者凿穿船底，蒙哥落水而死。

最不靠谱的一种说法来自南宋内部。蒙哥汗九年（南宋开庆元年，1259年）二月底，蒙哥刚开始率军围攻钓鱼城，临安方面就收到一个来自前线的“特大喜讯”：蒙哥被南宋降将杨大渊用匕首刺杀，蒙古军队全线溃退，四川失地已收复，河南与山东的蒙古官员纷纷归顺。得此捷报，南宋君臣额手称庆，欢欣鼓舞，即刻发送公文通报各大战区。时任广南制置大使的李曾伯还在奏申中向宋理宗贺喜，以前秦苻坚和金国完颜亮败亡为例，称“此非人力，实天亡此胡也”，中华正朔，运在东南，皇天眷佑①。

这个“捷报”自然荒诞不经，蒙哥并未遇刺，降将杨大渊也继续为蒙古效力，“捷报”乃宋理宗君臣南柯一梦而已。

蒙古人更愿意宣告大汗染疫而死，似乎在尽可能地回避任何易引发“败亡”的联想，这有损大汗的军威与尊严；而宋人更愿意相信敌酋是战死，尽可能地将蒙哥之死与宋军的大捷勾连起来。一种死亡，各自解释而已。

据以上引过的《钓鱼城记》，蒙哥曾留下遗言：

> 我之婴疾，为此城也，不讳之后，若克此城，当赭城剖赤而尽诛之。

这则遗言恐怕也未必可靠，多半也是为了交叉论证蒙哥死于宋军“炮风”。当然，即使蒙哥是间接死于钓鱼城，也够得上屠城了。无论如何，蒙哥驾崩后，蒙古大军随即便从钓鱼城退兵，主力北撤，也无从证明屠城一说了。但据《马可波罗行纪》，蒙古人北撤时，沿

---

① ［宋］李曾伯：《可斋续藁后》，卷九。

途杀掉了两万多宋人。

钓鱼城之战，可能为南宋续命至少十余年。在万历《合州志》中，合州籍明人邹智有恰到好处的后见之明：

> 向使无钓鱼城，则无蜀久矣。无蜀，则无江南久矣。宋之宗社，岂待崖山而后亡哉。

但钓鱼城英雄王坚并未得到宋廷善待。据《宋史·王安节传》，景定元年（1260年），王坚为贾似道所忌，被调离四川，于景定五年（1264年）郁郁而死，获谥“忠壮”。合州军民听闻王坚身故，立庙祀之，并建碑记其功，“坚以鱼台一柱支半壁”迄今犹存。

钓鱼城之战的最大意义并不在于重挫了蒙军，而在于间接（或直接）造成了蒙哥之死。如若蒙哥不死，以当时蒙古人压倒性的军事优势，即使钓鱼城短期内拿不下来，顺江而下直取江南，也只是时间问题。

不过，蒙哥之死不仅仅是蒙宋战争范畴内的大事件，也是蒙古帝国的转折点，就全球而言，也是当时最重大的地缘政治事件。

而受影响最大的人，恐怕就是身在鄂州前线的大汗亲弟忽必烈了。

【第二章】

鄂州：贾似道的神话

狭路

蒙哥汗九年（南宋开庆元年，1259年）九月一日，距离鄂州（今武汉武昌）不远的忽必烈听说了哥哥蒙哥驾崩的消息。

在前一年年底，忽必烈取代攻宋不利的塔察儿，成为新任东路军主帅。忽必烈一掌军，便又回到了他之前总领漠南时的政治风格，四处访求汉人名士，咨谋攻宋方略。

问计中，忽必烈逐步形成了自己的战略思路：占据荆襄，顺流直下。

鄂州成为忽必烈在荆襄一带选择的战略突破口。八月底，忽必烈率军抵达长江北岸，江对面就是鄂州。

就在此时，蒙哥的死讯传来，忽必烈必须立刻做出一个重大抉择：是率军北还，还是继续进攻鄂州。

北返的好处显而易见，尽快带兵回去争夺大汗之位。但《元史·世祖本纪》记载，忽必烈说了一句颇有些英雄气的话：

> 吾奉命南来，岂可无功遽还？

此时没有任何事比争夺汗位更重要，但忽必烈也并非意气用事。

在这句漂亮话背后，可能有着更深的算计。据《史集》记载，忽必烈的亲信及连襟霸突鲁也说过相似的话："我们率领了（多得）像蚂蚁和蝗虫般的（大）军来到这里，怎能因为谣传便无所作为地回去呢？"

蒙哥之死自然不是"谣传"，但"无所作为"却干系重大。有一种解释是，在合法性上占下风的忽必烈若在此时匆忙北还，在忽里勒台大会上当选为大汗的可能性微乎其微，所以不如按照大汗蒙哥制订的作战计划，包围鄂州。如此不仅可以表明忽必烈继承前任大汗遗志的兄弟同心，也可以展现忽必烈勇于任事，为散布于中原各地的蒙古各军充当后卫屏藩之担当，扭转他在蒙古世界因行汉法及与大汗蒙哥不睦的舆论劣势。[①]

同时，忽必烈大军距离编组成军还不到一年，"若是此时北上，好不容易编成的军队可能又会四散各地，尤其汉人部队更可谓一把'双刃剑'，一旦回到黄河北岸，谁都不能保证他们不会同各自根据地的留守部队联合起来背叛忽必烈"，"因此，为了即将到来的汗位之争，也为了当下的稳定，将大部队控制在自己手中继续南下反而是更好的选择"。[②]

忽必烈进一步的算计可能是：尽快拿下鄂州乃至荆襄，确立对南宋的军事优势，再引兵北还也为时不晚。

毕竟，争夺大汗之位固然需要军事实力，但程序上仍是由忽里勒台大会推举而定。如果一举击败南宋，为大汗蒙哥完成了遗志，大仇得报，凯旋的忽必烈便众望所归，可威服忽里勒台大会。

---

① ［日］杉山正明：《蒙古帝国的兴亡（上）——军事扩张的时代》，第123页。

② 同上书，第124—125页。

但以上这些无比顺滑的逻辑有赖于一个先决条件：尽快拿下鄂州。没有这个大前提，一切宏图都是镜花水月。

如果忽必烈此次攻宋要打上三五年，那么他不仅没有所谓的战功，军事成就反倒是其减分项。事实上，一旦打成持久战，哪怕占据了战场优势，忽必烈也会很尴尬，忽里勒台大会可不会无止期地等他，竞争者也会抓住这个两面夹攻的机会。

说得更直白点：如果能拿下鄂州，那么继续打对忽必烈争位就是有帮助的；如果拿不下鄂州，就有大麻烦了。

利弊很清晰，关键在鄂州。这是一场赌博。

但忽必烈似乎胜券在握，并没有把鄂州放在眼里。只要尽快拿下鄂州，他离大汗之位就又近了一大步。

在鄂州，忽必烈与贾似道狭路相逢。

贾似道的父亲是做过淮东制置使的儒帅贾涉，姐姐是集三千宠爱于一身的贾贵妃，他年轻时以纨绔浪荡闻名临安，是典型的衙内。

贾似道二十多岁时，宋理宗看在贾贵妃的面子上破例召见了他。廷对时，贾贵妃特意从后宫送上羹汤以给弟弟造势站台，宋理宗不忍拂爱妃之意，擢升了贾似道。当然，这可能更多是后世的渲染贬抑，未必全然真实。

贾似道甚至有机会成为皇后亲弟。《宋史》说贾涉之女"有殊色"，宋理宗曾有意立她为皇后，但杨太后属意于已有"援立"之功的前丞相谢深甫的孙女。宋理宗左右也私下议论："不立真皇后，竟立假（贾）皇后吗？"宋理宗无奈，只得遵从母意立谢家之女谢道清为皇后，但还是专宠贾涉之女，直至册封其为贵妃。不过，谢皇后对此也安之若素，不以为意。

《宋史·贾似道传》似乎特别偏爱塑造贾似道不学无术、醉生梦死的纨绔子弟形象，一开篇就是"少落魄，为游博，不事操行"。在贾似道那则最有名的传闻中，宋理宗夜里登高望见西湖中灯火异常，便对左右侍从说："此必似道也。"第二天问询后果不其然，便将京兆尹史岩之派去劝诫内弟。但通常的历史叙述就此打住，有意无意地遗漏了一个小细节：史岩之其实也夸了贾似道，"似道虽有少年气习，然其材可大用也"。

贾似道入仕靠的是父亲，即所谓的门荫；前期升职靠的是姐姐，即所谓的裙带。这些都没错，但他中年得以真正在政治上发迹崛起却与父亲和姐姐干系不深，彼时两人已先后去世。

自淳祐五年（1245年）始，年仅三十二岁的贾似道被朝廷委以边防重任，仕途由阃帅步入高峰，京湖制置使任上五年，两淮制置使任上十年，南宋三大战区他一人执掌过两个。

可见，贾似道发迹之初是以军事之才称道于世，而不是什么纨绔子或阴谋家，若非如此，朝廷又怎会连续将如此重要的战区统帅之职托付予他？

最早识别出贾似道军事才具的是孟珙。这位南宋末期最杰出的将领卒于淳祐六年（1246年）九月，临终前郑重向朝廷举荐贾似道作为自己的接班人，接任京湖制置使。

人们可以质疑贾似道的所谓才华，但无须怀疑"军神"孟珙的治军经验与识人之明。

除了贾似道，李庭芝、王坚、刘整这些宋军名将均出自孟珙门下，孟珙就是那个时代的"黄埔军校"。

贾似道果然也没有辜负孟珙的推重，"在阃帅之位上成就斐然，政绩和能力得到时人的肯定”[1]。当三十多岁的贾似道从荆襄移镇两淮时，甚至得到了这首《水调歌头·握虎符》的赞誉：

握虎符，持玉节，佩金鱼。
三十正当方面，此事世间无。
寄语东淮父老，夺我诗书元帅，于汝抑安乎。
早早归廊庙，天下尽欢娱。

不过，此时贾似道的军事才华更多表现于治军与调配军事资源，荆襄屯田，两淮筑城，无不举重若轻。尤其亮眼的是，贾似道在阃帅之位上展现了惊人的理财天赋，“贾似道筑扬州宝祐城期间，自筹粮草经费，番更将士，民不知役，赏罚必信，半年告成。从荆阃调至淮阃，贾似道随行银数十万两，黄金数万两，皆其所蓄……筑海州、通州、宝应等城，朝廷科降不足，便时常自己出资捐助”[2]。

但“军事天才”贾似道究竟有无临阵指挥才具，这将于鄂州城下，由忽必烈亲自下场检验。

围鄂

蒙哥汗九年（南宋开庆元年，1259年）九月初四黎明，蒙古军

① 张春晓：《贾似道及其文学交游研究》，崇文书局，2017年11月版，第21页。

② 同上书，第20页。

集结于长江北岸准备渡江时，风雨大作，天昏地暗，“诸将皆以为不可渡”。除了天气原因，蒙军将领可能对在长江天堑遭遇南宋水军仍有畏惧心理。

忽必烈不以为然。此时，曾追随忽必烈南征大理的董文炳主动站出来请战：“长江天险，宋所恃以为国，势必死守，不夺其气不可，臣请尝之。”忽必烈闻之大喜，便命诸将扬旗伐鼓，强令全军冒风雨抢渡长江，三道并进，相约先达南岸者，举烽火为应。

据《元史·世祖本纪》，蒙军渡江时，“天为开霁”，这或许是个巧合，但军队士气却往往因此类“神迹”而为之一振。据《史集》记载，为了让迷信的蒙古将士安心渡江，军中还特意给士兵配备了“护身符”。

蒙军先锋正是董文炳，他亲率两个弟弟，及近百名“敢死士”，“载艨艟鼓棹疾趋，叫呼毕奋”。

对岸的南宋军队据说有十万之多，舰船两千艘。但在这场鄂州之战的前哨水战中，南宋水军似乎是一触即溃，三战三败，被缴获的大型舰船就有二十艘，吕文德的弟弟吕文信也当场战死。

在很多人的固有印象中，蒙古水军似乎直到襄阳之战时才具备了与南宋水军分庭抗礼的实力。但从鄂州水战可以看出，南宋水军的总体实力相对蒙古水军尽管还占据着甚或明显的优势，但在一些局部战场上，蒙古水军已有制胜之能，鄂州渡江如此，此前史天泽指挥的川江水战也如此。

被寄予厚望的南宋长江防线就这么轻而易举地被突破了。

战局如此顺利，可能连坚持渡江的忽必烈都没有想到。听闻捷报，忽必烈扶鞍起立，竖鞭仰指，大呼“天也！”而后踌躇满志地下令：兵不解甲，乘胜围城。

可以理解忽必烈的意气扬扬，连长江防线和南宋水军都不堪一击，鄂州孤城又怎能挡得住蒙古大军的雷霆一击？要知道，此时的蒙古军队，不但有横扫天下的铁骑，而且正日趋成为一支步炮骑皆备的复合军队。

九月初八，忽必烈进抵鄂州，次日即完成了对鄂州城的围困。

九月十一日，贾似道上表朝廷，报告了长江防线崩溃的败报，朝野一片哗然。

九月十九日，宋理宗下“罪己诏”，但这更多是故作姿态，又怎可能真的让皇帝担责？

真正被抛出来担责的是传说中有“蓝色鬼貌”的右相丁大全。在奸相频出的南宋时代，丁大全声明不显，也算不上由秦桧领衔的所谓四大奸相之一，但从他在政治上的所作所为来看，他被指摘为奸臣倒也没有冤枉他。

丁大全得势时，曾遭以陈宜中为首的六名血气方刚的太学生联名上书攻讦，六人虽遭发配流放，却被士林称赞为“宝祐六君子”。

十月初一，宋理宗罢去丁大全相位。此时，这位权相也就当政一年多而已。

但丁大全奸佞也好，无能也罢，他真的有资格对兵败负全责吗？

丁大全罢相前后，朝中对他的弹劾基本都是道德指向的，诸如“鬼蜮之资，穿窬之行”，“奸回险狡，狠毒贪残”，要么就是夸大其词地批判他“绝言路，坏人才，竭民力，误边防”，但丁大全在长江防线的崩溃中究竟有什么具体的决策失误，却无人说得出，至多也就是有争议的隐匿败报。

当然，右相丁大全作为首席丞相（南宋与唐一样，右相实权通常高于左相），对兵败要负领导责任，但“击毙”蒙哥的泼天之功，是否也应如此？

这些都不重要，因为没有比丁大全更适合背负兵败罪责的人了，难不成还真要问责宋理宗？

现在的问题是，谁来接替丁大全？

宋理宗相中了主持援蜀的贾似道，拜其为右相的同时，将抗蒙兵事尽付于他，令其督师援鄂。可以说，此时南宋国运已尽系于贾似道一人。

贾似道集南宋军政大权于一身，却受任于危急存亡之秋。蒙哥之死对蒙古帝国的负面影响还未及展现，作为宗王的忽必烈似乎是更危险的敌人，忽必烈攻占鄂州顺江直下对南宋而言是亡国级的风险。

更棘手的是，此前进军受阻被迫撤军的蒙古南路军也有了大动作。八月初，也就是忽必烈挥师南下的同时，兀良合台率南路军自云南再度攻入广西，十月再经由广西成功突入湖南境内。为呼应兀良合台，忽必烈遣偏师攻入江西，意图实现两军会师。

战火绵延湖北、湖南、广西、江西四省，作为行在的临安不仅要面临忽必烈率水军顺江东下的威胁，且蒙古骑兵自湖南、江西一线这个“柔软的下腹部”突入浙江，兵临城下，似乎也为时不远。

无怪乎，此时宋朝中枢甚至出现了“迁都”之议。

宋理宗的亲信内侍董宋臣鼓吹迁都四明（今浙江宁海），多数大臣都不敢非议。素有忠直之名的左丞相吴潜也支持迁都之议，自请为宋理宗死守临安。

此时，一名年仅二十三岁的中低层文官挺身而出。《宋史·文天祥传》写年轻的文天祥“体貌丰伟，美皙如玉，秀眉而长目，顾盼烨然”，三年前，二十岁的他被宋理宗钦点为状元，主考官王应麟恭贺宋理宗“是卷古谊若龟鉴，忠肝如铁石，臣敢为得人贺”。节度判官是文天祥仕途的第一站，但他此时就已展现出日后的耿直与锋芒，慨言上疏“乞斩宋臣，以一人心”，以安社稷。

宋理宗当然没有理会文天祥的建议，但还是搁置了迁都之议。除了皇后谢道清“以安人心”的劝谏，还有一个原因多少有些荒诞：吴潜自请死守引发了内廷的猜忌，宋理宗怀疑吴潜正走上北宋末年丞相张邦昌之路，留守时被蒙古人扶植为傀儡皇帝。

宋理宗以一个荒唐的理由，做了一个正确的决策。

对于迁都，贾似道似乎没有明确态度，但贾似道此时的政治形象无疑是一名主战派。

对于南宋当前危机四伏的军事困局，有可能破局的只有贾似道：只要在鄂州城下挫败了忽必烈的兵锋，则满盘皆活。但这又谈何容易。

据《元史·世祖本纪》，围鄂之初，忽必烈对宋军和贾似道都颇为轻视，轻信“贾似道率兵救鄂，事起仓卒，皆非精锐”，认定拿下鄂州不过旬日之间。

但出乎忽必烈意料的是，鄂州守军智勇皆备，又是坚壁清野，又是以缓兵之计骗得蒙军撤围数日；蒙军主力撤出四川令援蜀的吕文德腾出手来，率军于九月中旬突入鄂州，之后勇将高达也率援军入鄂。

贾似道以其权位之重，调遣起各路援军如臂使指。仅从这个层面出发，宋廷用贾似道已然用对了。

十月，贾似道进入鄂州，总领援鄂各军。

关于贾似道在鄂州的表现，时人曾有“公自荆疾驰，拒守汉鄂，身当百万师，昼夜死战百余日”[①]的评价；贾似道本人战后也自曝在鄂随时预备舍身殉国，“命之短长直在屈伸时间”[②]。

这些都是一味道德拔高的溢美虚词，并无太大参考意义，对贾似道援鄂最客观的褒奖来自敌人——忽必烈。

为加强城防，防止蒙军突入城内，贾似道下令建木栅环绕城墙内壁，形成夹城。据《元史·廉希宪传》，当忽必烈听闻贾似道“作木栅环城，一夕而成”时，对左右近臣给出了一句无法更高的评价：

> 吾安得如似道者用之。

另有一则在《元史·郝经传》中的记载是，蒙军久攻鄂州不下，军中将领推诿于忽必烈爱重的汉族士大夫，说就是因为听了士人少杀人的胡扯，宋人才没有出于恐惧而开城投降。忽必烈以贾似道为标杆驳斥：

> 曰彼守城者只一士人贾制置，汝十万众不能胜，杀人数月不能拔，汝辈之罪也，岂士人之罪乎！

---

① 〔宋〕潜说友:《咸淳临安志》，卷十。

② 〔宋〕潜说友:《咸淳临安志》，卷八十。

从以上两则忽必烈逸事来看，大有将贾似道视为儒帅，与其惺惺相惜之感。回想围城之初他对贾似道援鄂的不屑，可见贾似道在短短一个月内，便以其表现令忽必烈刮目相看。

时至十一月，鄂州被围已近三月，蒙军使出浑身解数，杀伤宋军一万三千余人，一度还攻破鄂州城东南角，但最终功败垂成，疫病流行军中，破城之望益发缥缈。

忽必烈进退维谷，原本预期的速决战已被拖成了旷日持久的攻坚战，鄂州不破，所谓顺江东下直取临安更是妄念了。

再不下一个决断，忽必烈的大业就危险了。

此时，又是郝经，他在十一月初呈上那篇与《东师议》齐名的《班师议》，力劝忽必烈与宋议和，班师北归。

《元史·郝经传》是这样说的，郝经主和的理由有两条。

其一，短期灭宋已无可能，宋人已知蒙哥驾崩一事，军气大振，“举天下兵力不能取一城，则我竭彼盈”，如果再不趁冬天果断撤军，来年开春“疫必大作”，蒙军“恐欲还不能”，甚至可能重蹈当年金兀术被韩世忠困于黄天荡之覆辙。

其二，忽必烈弟弟阿里不哥正留守蒙古本部，在汗位之争中已占得先机，如忽必烈不果断议和北归，则有腹背受敌之忧，“若彼果决，称受遗诏，便正位号，下诏中原，行赦江上，欲归得乎”？

郝经还以完颜亮当年南征时众叛亲离为前车之鉴，警告忽必烈要防范阿里不哥先下手为强，“虽大王素有人望，且握重兵，独不见金世宗、海陵之事乎”！

郝经给忽必烈的最终建议是：“断然班师，亟定大计，销祸于未然。”

从《东师议》到《班师议》，郝经以其惊人的预见性，向忽必烈证明了儒生的价值。

不仅是郝经，出身金莲川幕府的汉臣基本力主班师：渡江先锋董文炳的弟弟董文用，一日三谏，以为神器不可久旷，待忽必烈登基之后，再遣一支偏师，即可了结江南事；最早加入幕府的刘秉忠则以卜筮之术为忽必烈打气，“龙飞之时已至，可速回辕”。

汉臣的这一共同立场并不难理解。一方面，他们深受正统观念影响，认为忽必烈必须正名为先，尽快北返登基；另一方面，他们对中国历史上的宫廷政变了如指掌，对兄弟争位的步步惊心与攻守套路烂熟于胸。

郝经等人的苦谏中，最能打动忽必烈的想必还是“争位”这个点。

按照忽必烈本来的计划，打鄂州不过是探囊取物，而后可以有两个选择。

其一，携新胜之师北返，以军功压服阿里不哥等争位者，毕竟，蒙古社会最认可的就是军功。

其二，乘胜自鄂州顺江直下，速战速决，攻陷临安，基本完成灭宋大业。这并非痴人说梦：十五年后，蒙古人拿下鄂州，继而仅用了十三个月就入主临安。届时，无论是奄有江南的雄厚财力，还是一举灭宋这泼天军功，举世间又有谁能与忽必烈一争？

也就是说，鄂州之战的主线仍然是争位。忽必烈战前的选项也无非两个：直接北归争位，有时间之利；先取鄂后争位，有军功之利。

忽必烈选择了先取鄂后争位，但这并不算是一个决策失误，而更像是一场赌局。既然鄂州没拿下，赌局输了，忽必烈的理性选择不是将错就错，越陷越深，而是认赌服输，尽早止损。也就如郝经所言：断然班师，亟定大计，销祸于未然。

正在此时，忽必烈之妻察必来了一封信，向忽必烈密报了阿里不哥阵营的一些可疑动向，特别是对方正调兵遣将，威胁忽必烈的大本营开平。

郝经的劝谏，察必的情报，最终让忽必烈下了决断。

议和

蒙哥汗九年（南宋开庆元年，1259年）十一月二十八日，忽必烈启程北归，为稳定军心及防止宋军尾随追击，一边对外佯称直取临安，一边留下部分军队继续围攻鄂州。

数日后，蒙军从容撤出鄂州，鄂州之围遂解。

围攻潭州（今湖南长沙）一月有余的蒙古南路军，也在同期奉命北撤，与忽必烈留下的接应部队会师。南路军主帅兀良合台当年曾追随忽必烈远征大理，是时候在汗位之争中明确选边站了。

对忽必烈撤军最缺乏心理准备的可能是南宋。

站在南宋的角度，说蒙古人会撤军是有些不可思议的。虽然蒙哥暴毙，蒙军在鄂州和潭州双双陷入僵持，但蒙古人毕竟还处于攻势，掌握着战略主动权，湖北、湖南、广西和江西四省兵连祸结。

只要蒙古人有足够的韧性与耐心，就与后来苦守六年仍难逃失陷的襄阳一样，鄂州、潭州被破恐怕也是迟早的事。毕竟，宋军守城有余，但反击能力严重欠缺。

但南宋情报机关没有在第一时间获取的关键信息是，一场由蒙哥之死引发的蒙古内战正山雨欲来，忽必烈要紧急北返争位。

正是在此种巨大的信息差之下，贾似道做出了一个在后世争议极大，至今仍聚讼纷纭的举动：遣使者与蒙古人接触。在正史中，贾似道被塑造为签订城下之盟的请和者，而忽必烈撤军甚至主要不是为了北上争位，而是答应了贾似道的求和条件。

据《宋史·贾似道传》，贾似道为了求和，竟主动提出了“称臣”与“岁币”两大让步条件：

> 十一月，攻城急，城中死伤者至万三千人。似道乃密遣宋京诣军中请称臣，输岁币，不从……似道再遣京议岁币，遂许之。

《元史·赵璧传》倒是没提“称臣”，但多了一条“割地”，岁币的数额也明确了：

> 宋贾似道遣使来，愿请行人以和，璧请行……璧登城，宋将宋京曰：“北兵若旋师，愿割江为界，且岁奉银、绢匹两各二十万。”

称臣、岁币、划江而治，这“鄂州和议”的条件甚至比绍兴十一年秦桧签的“绍兴和议”更为苛刻。

此种叙事同时满足了蒙宋双方的历史需求。

对蒙方来说，蒙古大军在鄂州并没有受挫，更没有被迫撤围，退兵是应宋人求和所请，日后兴兵灭宋是因为宋人毁约在先。

而在宋方看来，贾似道守鄂不仅无功，反倒有祸国之过，奸相之奸是一以贯之的。

前者契合了元朝对“无敌之师”“正义之师”的自我塑造，后者照应了儒家忠奸观对权奸误国的历史想象，各得其所，各安其位，这往往是主流历史叙事的盛大之路。

其集大成者就是赵翼在《廿二史札记》中的所述，将南宋亡国责任尽数推诿于先议和后毁约的贾似道：

> 元世祖以皇弟统兵在鄂，贾似道已密遣宋京求和，世祖遂撤兵去，似道归，又以援鄂为己功，深讳议和，不复践夙约，世祖犹遣郝经来修好，更锢之真州，不答一书，不遣一使，于是遂至亡国。

但这大概率曲解了历史真相。

20世纪80年代，国内开始有学者质疑“鄂州和议”的存在，认为这是称帝后的忽必烈亲自编造的神话，一是为攻鄂失利开脱，二是为灭宋制造口实。[1]

较公允的说法是，贾似道因未掌握忽必烈将北上争位的情报，的确主动遣使节与蒙古人接洽谈和，“请罢兵息民”，但并未提出“屈辱的议和条件”，也就是所谓的“请称臣”和“割江为界，且岁

---

① 屈超立：《简析宋蒙鄂州之战与“鄂州和议”》，载胡昭曦、邹重华主编《宋蒙（元）关系研究》，第58—71页。

奉银、绢匹两各二十万”。[①]

简明扼要地说，“有鄂州议和，但并无‘鄂州和议’”，此次宋蒙议和既未达成具有实质性内容的协议，更未形成书面文字，仅仅是一个意向。[②]

当然，贾似道有可能在口头上向蒙古人承诺了一些让步条件，但几无可能是称臣割地，岁币就顶天了。忽必烈日后颁布征宋诏书（《兴师征江南谕行省官军诏》），当谈及南宋背盟，也仅提到了“愿奉岁币于我”，如果确有称臣割地，忽必烈没有理由不昭告天下。

顺着推理的话，精于算计的贾似道大概率一开始就不打算遵守这些口头约定，仅仅将其当作诱使蒙古退兵的权宜之计，毕竟，贾似道的私下谈和并未得到临安方面的授权，并无履约能力。

鄂州议和整件事的真相很可能是，贾似道瞒着南宋中枢，擅自与蒙古人接洽，希望通过一些没有约束性的口头好处，劝服攻城已陷入僵局的蒙军撤围退兵。如果没有忽必烈争位一事，贾似道出于敬畏蒙古的军力，可能事后还会通过一些秘密途径给点钱安抚蒙古人，但既然蒙军主力北调，贾似道出于无赖习性与侥幸心理，决定当作一切都没发生，连和蒙古人虚与委蛇都付之阙如了，钱也不打算给了，以达到对临安方面隐瞒谈和秘密，打造一个贾似道鄂州完胜蒙军而迫使忽必烈败退的战争神话。

在鄂州议和中，贾似道和忽必烈都制造了各自版本的政治神话。

神话归神话，贾似道仍然是鄂州之战的胜利者。战术上，蒙宋两

---

① 胡昭曦主编：《宋蒙（元）关系史》，第245—249页。

② 何忠礼：《南宋政治史》，人民出版社，2008年10月版，第386页。

军难言胜负；但在战略上，贾似道的确挫败了忽必烈战前快速攻陷鄂州，进而直下临安的计划。

鄂州解围后，贾似道却险些殒命疆场。当时贾似道受命移师黄州，随行只有七百骑兵，却在途中意外与蒙军遭遇。《宋季三朝政要》绘声绘色地描写了当时的场景：

> 黄在鄂下流，中间乃鞑骑往来之冲。孙虎臣将精骑七百，护送至青草坪。候骑曰："前有兵。"似道愕曰："奈何？"虎臣匿似道出战。似道叹曰："死矣，惜不光明俊伟尔。"既而鞑兵乃老弱部，止掠金帛子女而回。

这段记录中的贾似道无英雄气可言，在生死关头竟还虚荣无谓地在乎什么"光明俊伟"。但是，贾似道怕归怕，毕竟也没打算临阵脱逃，有点决绝赴死的意思。

鄂州之战的尾声，贾似道仍然没有缺席。兀良合台的蒙古南路军北撤时，贾似道命骁将夏贵率水师在长江堵截，最终斩杀蒙军殿后部队一百七十人。这一战规模并不大，但可能因为是"最后一战"，且是喜守惧攻的宋军的罕见攻势胜绩，贾似道极为看重，将其视作个人政治生涯十件盛事之一。

《宋史·贾似道传》也记录了宋军这次胜绩，翔实程度为鄂州之战之最，大有杀伤区区"百七十人"就是贾似道守鄂最大战功的意思，其中也不无刻意贬低贾似道鄂州战功的言外之意。

从这一收尾战也可以部分地看出，贾似道并未在谈判后与蒙古人形成某种默契，进而放任蒙军北撤，反倒趁对方无心恋战之时，在主动进攻中小有斩获。

数月后，也就是景定元年（1260年）四月，贾似道奉命入朝，宋理宗诏令百官出城列班迎接，给予他北宋中后期“四朝元老”文彦博一般的政治待遇，即所谓“依文彦博故事”。这正是宋廷礼遇重臣的最高政治象征。

宋理宗早年依仗史弥远，晚年寄重贾似道，对权相似乎有天然的依傍耽溺，宽宏优容，不是那么在乎所谓的皇权旁落，但他对武将却又总无端猜忌，刻薄寡恩，以致孟珙和余玠这两位盖世英雄都含恨忍屈，郁郁而终。其中的天差地别，正是宋理宗对重文而抑武的祖宗家法的遵守。

宋理宗将贾似道之功盛赞为“再造王室”，“贾似道为吾股肱之臣，任此旬宣之寄，隐然殄敌，奋不顾身，吾民赖之而更生，王室有同于再造”①，“自卿建此不世之殊勋，民赖之而保其居，朕赖之而保其国”②。

四十七岁的贾似道至此置身元老重臣与股肱之臣之列。

这并不是宋理宗个人的偏幸，“此时举国对贾似道鄂渚蒙宋之战的活国之力都深信不疑，并无异辞”③，至于对贾似道的攻讦，那都是十余年后丁家洲之败的后话了，不无落井下石之嫌。

七十四岁的诗人刘克庄，将鄂州解围视作“不世之功”，“以衮衣黄钺之贵，俯同士卒甘苦卧起者数月。讫能全累卵之孤城，扫如山

① 〔清〕毕沅：《续资治通鉴》，卷一百七十六。

② 〔宋〕潜说友：《咸淳临安志》，卷十。

③ 张春晓：《贾似道及其文学交游研究》，第25页。

之铁骑，不世之功也”[①]；文天祥日后在诗中指斥丁家洲兵败时，也怅然于贾似道曾经的雄姿英发，“己未鄂渚之战，何勇也”。

当然，这一切的前提是，朝野内外无人知晓贾似道鄂州议和的隐秘，《宋史·贾似道传》所谓“通国皆不知所谓和也”。贾似道上表宋理宗时只字不提议和，将蒙古北撤尽数归因为自己主导的“大捷”，“诸路大捷，鄂围始解，江汉肃清。宗社危而复安，实万世无疆之休”[②]！

为将鄂州军事神话盖棺论定，贾似道还指示门客廖莹中等人撰写了一本歌功颂德的奇书——《福华编》。有论者认为，书里书外，贾似道梦想缔造一个虚幻的“福华”时代，天下士人尽情渲染“福华”时代，君臣朝野醉生梦死于“福华”时代。[③]

书成后，廖莹中还得意扬扬地作词《木兰花慢》，又是自吹自擂，“请诸君著眼，来看我，福华编”；又是献谄贾相，“一时多人物，只我公，只手护山川”，“知重开宇宙，活人万万，合寿千千”。

贾似道回朝当月，与他有隙，同时也为宋理宗不喜的左丞相吴潜遭罢相，挟不世之功归来的贾似道被进封为少师、卫国公，更就此成为真正意义上的独相，从此独揽朝政达十五年之久，跨越了宋理宗、宋度宗和宋恭宗三朝。

对于贾似道事功的“真”与“假”，有一种看法似为持平之论：

---

① 〔宋〕刘克庄：《后村先生大全集》，卷一百三十二。

② 〔清〕毕沅：《续资治通鉴》，卷一百六十七。

③ 肖崇林、廖寅：《“福华编”：南宋末年贾似道执政时代述论》，载姜锡东主编《宋史研究论丛》（第十四辑），河北大学出版社，2013年12月版，第83页。

> 贾似道的显赫事功虽有虚假的一面，但真实的一面更多，他以一定的实际事功加上巧妙的欺骗，赢得了个人威望的顶峰，加之他与理宗的特殊关系，其入相自是水到渠成。①

无论如何，贾似道的相权独尊在当时似乎是众望所归，天下士人寄望于这位中兴名臣“早早归廊庙，天下尽欢娱”已久，似乎只要贾相在位，从此天下无事，西湖歌舞绵绵无绝期。

对此，忽必烈恐怕也无暇破坏，他正在开平，也就是未来的上都，进行着一场登基大战。

---

① 肖崇林、廖寅：《“福华编”：南宋末年贾似道执政时代述论》，载姜锡东主编《宋史研究论丛》（第十四辑），第87页。

【第三章】

上都：两个大汗

兄弟

开庆元年（1259年）闰十一月二十日，忽必烈自鄂州前线回师至燕京。这一路疾驰，只用了不到一个月的时间。

自窝阔台灭金以来，燕京就是蒙古统治中原的中心，在此设置了以中州断事官为长官的燕京行中书省。

忽必烈崛起于漠南之后，燕京行中书省与他的关系颇为微妙。相比他一手营建的根据地开平，忽必烈从未彻底掌控燕京的局势。

果不其然，蒙哥驾崩之后，阿里不哥一度控制了燕京。阿里不哥将亲信脱里赤任命为中州断事官，据燕京，按图籍，号令中原各州，同时在幽燕一带征集了大批“民兵”。

阿里不哥这一着颇有高手气象，若占得先机据有燕京，不仅忽必烈在夺位之争中最顾盼自雄的中原势力将折损大半，连其北返开平之路都将被截断。

但让阿里不哥集团始料未及的是，在他们的燕京布局还未完成时，忽必烈就突然出现在了城中。

忽必烈一到，就解除了脱里赤的职务，解散了他征集的军队。燕京瞬时回到了忽必烈的手中。

这也完全印证了郝经北返前的谋划，《元史·郝经传》记载：

> 置辎重，以轻骑归，渡淮乘驿，直造燕都，则从天而下，彼之奸谋僭志，冰释瓦解。

忽必烈返燕，标志着他与阿里不哥的汗位之争正式展开。

但忽必烈和阿里不哥此刻都不打算兵戎相见。阿里不哥派使者携带五只珍禽海东青送给忽必烈，以示歉意；忽必烈则释放了脱里赤，以防止冲突升级，引发战争。

这是大战前的短暂寂静。暗地里，双方都在紧锣密鼓地积极备战。

阿里不哥是拖雷第七子，也是拖雷正妻唆鲁禾帖尼四个儿子（蒙哥、忽必烈、旭烈兀、阿里不哥）中的幼子。作为长兄，蒙哥对这个幼弟的亲近程度要明显超过对忽必烈的，亲征南宋时，阿里不哥被委以重任，留守国都喀拉和林，主持国政。当时，忽必烈还只是个被解除实权的闲散王爷。

蒙哥厚此薄彼的原因，至少有两条。

其一，忽必烈开府漠南时势力膨胀过快，威胁了蒙哥的大权，而阿里不哥尚无尺寸之功。

其二，阿里不哥长期生活于蒙古本部，与蒙哥一样，都是蒙古本位主义者，敌视汉化，两人在价值观上有天然的亲近感。

因此，当蒙哥遽然驾崩时，阿里不哥理所当然地接收了蒙哥遗留下来的大部分政治资产：蒙哥家族、蒙哥的亲信大臣、蒙古本位主义势力、跟随蒙哥亲征巴蜀的军队主力。

令人不解的是，蒙哥有多位已成年的儿子，但他们并未主动或被动地成为汗位竞争者，而几乎都成为阿里不哥的支持者。

在蒙古亲贵中，忽必烈与阿里不哥的支持者背景不一，本难一概而论。但相对来说，蒙古西道诸王更支持阿里不哥，而东道诸王更多地站在忽必烈一边。原因之一是东道诸王主要活动于汉人以及汉化程度较深的契丹、女真居住之地，受到汉族经济、文化之影响较深，故忽必烈的“汉化”政策以及重视、鼓励农业生产的经济政策，较易为他们所接受。[①]

就蒙古世界内部而言，无论是麾下的蒙古军队还是诸王的支持，忽必烈很可能还稍逊于阿里不哥。作为拖雷家族的“灶主”，阿里不哥实际控制着漠北大部分蒙古千户军队，跟随蒙哥南征的蒙军主力在北还后大部分也听命于阿里不哥。而忽必烈真正能掌控的也就是进攻鄂州所率的蒙古东路军。

但在蒙古世界之外，忽必烈有一项阿里不哥无法企及的优势——对中原的掌控力。

总领漠南时，忽必烈就在中原初步奠定了政治基础，再加上统率东路军纵横江淮这一年多的经营，忽必烈在中原一带相对阿里不哥的政治优势是碾压性的。

除了利益层面的政治结盟及人身依附关系，在价值观上，忽必烈以其汉化倾向更易获得汉人政治精英的认可，而作为蒙古本位主义者的阿里不哥则与该群体双向排斥。

除了“汉法派”的标识，忽必烈还有一个意外的价值观优势是，与蒙古人的“幼子守灶”传统相比，汉人士大夫在夺位之争中偏好长幼有序。

---

① 顾宏义：《天平：十三世纪宋蒙（元）和战实录》，第230页。

阿里不哥并非不知道中原之重要性，他本指望通过占据燕京扭转乾坤，谁料忽必烈对燕京尽在掌握。这也可见忽必烈在中原的布局并不是可以靠奇谋轻易撼动的，在绝对实力的面前，所谓的心机与权谋都不堪一击。

谁掌控了中原，谁就掌控了丰沛的人力资源和财政实力。汉军的战斗力固然不如蒙古人，也天然不适配漠北战事的骑兵高端局，但作为辅助兵力，特别在守城上，仍然有其重要性；在财政上，中原之财力雄厚与漠北之资源匮乏更是高下立见，这在速决战中或许并不明显，但在长期战事中将展示出决定性的优势。忽必烈实际上驾驭着这个时代的最强战争组合：蒙古骑兵加中原财力。

在中原，忽必烈还有两个相对隐秘的依傍。一方面，忽必烈建立了金莲川幕府，赢得了汉人士大夫的归顺；另一方面，他通过灭大理和攻鄂州两次重大军事行动，也获得了汉人世侯集团的撑持。

蒙金战争爆发之后，地方残破，河朔、山东豪杰蜂起，纷纷聚众自保，形成了地方自卫武力，时人称作“有金南渡，河北群雄如牛毛”[①]。这些地方武装，一开始只是为了在乱世中捍卫家族以及地方乡老的安全，但势力坐大之后，逐渐成为金朝和蒙古竞相争夺的摇摆势力。

蒙古军主力西征后，迫于兵力不足，为了争取这些降附的地方武装，木华黎赋予他们管理地方的军事、民政、赋税及设置僚属的世袭权力，也就是所谓的汉人世侯，可以部分理解为藩镇。为了与蒙古竞争，金人当时则针锋相对地推出了“九公封建”，为蒙金战争增

---

① 〔元〕魏初：《重修北岳露台记》。

添了代理人战争的意蕴。

金亡后，汉人世侯跃升为蒙古人统治中国北方的代理人，这一方面是功利意义上的以汉制汉，但另一方面，“封建”本就是蒙古人自身的政治传统，编户齐民和大一统此时尚未进入蒙古人的政治视野，大蒙古国只是将分封的对象扩大至汉人而已，对汉人的这个分封缺乏制度保障。

在汉人世侯中，势力最盛者为真定史氏、东平严氏、益都李氏、巩昌汪氏、顺天张氏等。忽必烈开府漠南时，相交最契者为顺天张柔与真定史天泽，这两人也将成为他夺位大战的马前卒。

劝进

阿里不哥远非庸才，他很明了自身的政治优势。他的计划是，尽快在漠北召开忽里勒台大会。

这既是阳谋，也是阴谋。

所谓阳谋，是指阿里不哥身在国都喀拉和林，身兼蒙哥亲任监国、蒙古本位主义者与拖雷家族守灶者三重身份，因此得到了大部分黄金家族宗室特别是蒙哥家族的支持，按照忽里勒台大会的正常程序，阿里不哥大概率会被推举为大汗。更何况，作为忽里勒台大会合法召开地的漠北，还在阿里不哥的控制下。

所谓阴谋，则是说在漠北召开忽里勒台大会，忽必烈必须出席，如果忽必烈拒绝接受落选结果，抑或万一当选，阿里不哥都可以利用主场优势逮捕忽必烈，所谓“人为刀俎，我为鱼肉”。有一种说法是，阿里不哥集团的确事先制订了相应的计划，只待忽必烈入彀。

而如果忽必烈不去漠北参会呢？那就等同于坐视阿里不哥当选大汗，一旦木已成舟，忽必烈再想掀桌子动刀兵，就形同反叛，毫无合法性可言。这一可能性也在阿里不哥的阳谋算计之中。

那么，忽必烈实际上只剩下一种选择了，那就是抢先一步，在己方控制区自行宣布登位，先下手为强。

对忽必烈集团而言，最好的即位地无疑是大本营开平。景定元年（1260年）三月，忽必烈从燕京来到了开平，筹划召开忽里勒台大会。

在某种意义上，抢先登位也是铤而走险之举。毕竟，按照成吉思汗所定之制，忽里勒台大会一是必须在漠北蒙古本部召开，二是必须经由蒙古宗王全体合议。这两个条件忽必烈都不具备，也就是说，忽必烈于开平召开忽里勒台大会宣布即位大汗，在根本上就缺乏合法性，违反了成吉思汗祖制与基本的程序正义，说得不客气点，就是僭主。

但忽必烈集团此时已没有最优解，抢先登位已是唯一的选择。忽必烈的近臣自然也看到了这一点。

当年三月二十三日，廉希宪进言忽必烈，鼓动“早定大计”：

> 今阿里不哥虽殿下母弟，彼以前尝居守，专制有年。设有奸人，俾正位号，以玺书见征，我为后时。今若早承大统，颁告德音，彼虽迁延宿留，便名叛逆。安危逆顺，间不容发，宜早定大计。[①]

---

① 〔元〕苏天爵：《元朝名臣事略》，卷七。

商挺也在同日“劝进”，他的说法极具政治鼓动性：

> 先发制人，后发人制。天命不敢辞，人情不敢违。事机一失，万巧莫追。[①]

据《元朝名臣事略》，忽必烈当时的反应是，长考良久，方才决断：“汝等能叶心辅翼，吾意已决。”[②]第二天，也就是三月二十四日，忽必烈“登宝位”，众皆称贺。

但可以看出，在这个更像是汉人视角的叙事中，忽必烈即汗位被诠释为一个中原王朝式的标准程序，也就是臣子劝进，主上几番推辞后顺应天心民意，连即位理由都是中原价值观式的“以贤以长，当有天下”。

在汉人视角的历史叙事中，忽里勒台大会似乎就这么被选择性地漠视了。但在真实的历史世界中，忽里勒台大会还是要开的，这就像中原王朝的“劝进”一样，是蒙古世界合法性的必经流程。

尽管，这个忽里勒台大会充满了山寨色彩，一是未在漠北召开，二是只有那些亲忽必烈的宗室贵族到场。但大会再山寨，合法性再阙如，也得开，就好比魏晋时代的禅让再作伪也得走完全部流程。

当然，忽必烈这个“伪忽里勒台大会”也是来了一些人的，最重磅的人物可能是东道诸王之首塔察儿，也就是蒙哥最初委任的征宋东路军主帅。塔察儿虽然在大会中带头拥立忽必烈，但实际上他此

---

① 〔元〕苏天爵：《元朝名臣事略》，卷十一。

② 同上书，卷七。

前也游移暧昧，不想在忽必烈与阿里不哥之间过早站队，之后迫于“二选一”的时势才决定押宝忽必烈。

总之，就是在三月二十四日这天，忽必烈宣称得到了开平版忽里勒台大会的拥戴，抢先登上蒙古大汗之位，时年四十五岁。

此时，忽必烈得以践行他当年对“潜邸旧侣”的豪言：

> 我虽未能即行汝言，安知异日不能行之耶！

这里有一个疑问：阿里不哥集团为何要坐视忽必烈先发制人？毕竟，抢先即位又没有什么门槛。

还真有。阿里不哥受制于自身的合法性叙事，无法像忽必烈那样无所顾忌。就合法性之争而言，阿里不哥最大的优势就是他可以依照祖制，在漠北召开正牌忽里勒台大会，并大概率能够被推举为大汗。

但问题是，阿里不哥既然主打合法性，就要依照祖制等待诸王贵族聚集到漠北，方能召开忽里勒台大会。而西部诸王遥遥千里，术赤系的钦察汗国更是远在伏尔加河一带，来蒙古本土需要时间。

而若不等诸王到齐就先行召开忽里勒台大会，那么，阿里不哥就等同于破坏了合法性，与忽必烈那个山寨大会又有什么不同？

阿里不哥必须等，哪怕明知道忽必烈可能捷足先登。这也是一种路径依赖和求仁得仁吧。

当然，阿里不哥集团可能对忽必烈的孤注一掷缺乏足够预判，按照这个时代蒙古人的认知，自行称汗是冒天下之大不韪，近乎政治自杀。

忽必烈即汗位次月，也就是当年四月，阿里不哥最终在喀拉和林一带召开忽里勒台大会，正式被推选为蒙古大汗。

就这样，大蒙古国前所未有地出现了两位并立的大汗。

在这场汗位之争中，蒙古诸王的态度颇值得玩味。不少家族内部就此产生了分裂，如塔察儿拥立忽必烈，其儿子乃蛮台拥立阿里不哥；窝阔台系的合丹支持忽必烈，其两个儿子忽鲁迷失和纳臣支持阿里不哥；身在波斯的忽必烈六弟旭烈兀前期态度暧昧，后期选定忽必烈，但其长子主木忽儿是阿里不哥的狂热支持者……父子和兄弟间的“政见不合”比比皆然。这当然有可能是一种权力分散下的随机与偶然，但也可能是蒙古宗王家族在政治风向未明时分散风险的“两边下注”，颇得魏晋世家大族乱世求存之真味。

论实力自然是忽必烈更强，但阿里不哥在合法性上的优势几乎是压倒性的。阿里不哥不仅全权操办了蒙哥的葬礼，还在蒙古本土召开了忽里勒台大会。在钦察汗国的术赤家族，其首领别儿哥发行了印有阿里不哥之名的硬币，这无疑表明其对阿里不哥宗主权的认可，“在名分上，任何人都清楚阿里不哥是正统的大汗”①。

既然阿里不哥才是正统大汗，那忽必烈一方不就是叛军了吗？日本蒙古史学者杉山正明就认为，没有“阿里不哥之乱”，只有“忽必烈之乱”，称忽必烈政权是“军事政变政权”。②

但忽必烈在中原找到了合法性。这一年（1260年）四月六日，比阿里不哥即位稍早一些，忽必烈颁布了一道洋溢着中原正统观的

---

① ［日］杉山正明：《疾驰的草原征服者：辽西夏金元》，乌兰、乌日娜译，广西师范大学出版社，2014年1月版，第284页。

② ［日］杉山正明：《忽必烈的挑战：蒙古帝国与世界历史的大转向》，周俊宇译，社会科学文献出版社，2013年6月版，第119页。

即位诏书。

忽必烈这道诏书主要包含两层意思：其一，批判阿里不哥的乱国，宣扬自己继承汗位的过程及合理性，所谓“俯循舆情，勉登大宝”；其二，公开宣称将革新蒙古旧制，所谓“宜新弘远之规。祖述变通，正在今日”，而革新的方向，指向的是“武功迭兴，文治多缺”，谋求建立一种“中外文武，同心协力”的蒙汉二元政治文化秩序。①

这既是忽必烈即位后拿出的第一份施政纲领，也是他第一次如此清晰地表达“效行汉法”的政治意志。

这份文采斐然的诏书不是出自忽必烈之手，而是由金末汉人状元王鹗撰写。忽必烈在政治生涯早期虽以汉化倾向闻名，但他与之前四位蒙古大汗一样，很可能不太通汉语，终其一生都是如此。

虽然汉语不行，但忽必烈对中原统治秩序表现出了极大的热情。

五月十九日，忽必烈又干出了一件大蒙古国立国以来史无前例的大事：建元。

建元，也就是建立正式的汉式年号，忽必烈这是以中原皇帝自居，是再明显不过的“效行汉法”政治宣示了。

这还不止。忽必烈建元“中统”，大概意思是“中原正统”，以承继中原的皇统自命。忽必烈在《中统建元诏》中明确表示：“稽列圣之洪规，讲前代之定制。建元表岁，示人君万世之传；纪时书王，见天下一家之义……惟即位体元之始，必立经陈纪为先。”

此时，忽必烈的自我定位中已包含双重身份：既是蒙古大汗，

① 李治安：《忽必烈传》，人民出版社，2004年10月版，第93页。

也是中原皇帝。

在战争即将爆发之际，忽必烈如此高调地效行汉法，很可能也蕴含着争取儒臣士大夫、汉人世侯乃至中原民心的政治诉求。

毕竟，此时蒙古本位主义势力已为阿里不哥所驱使，忽必烈也不必过于投鼠忌器，中原与汉人才是他争位的最大优势。

内战

中统元年（南宋景定元年，1260年）五月，忽必烈与阿里不哥夺位战争在关陇一带拉开序幕。

与漠北主战场相比，关陇地区只能算是次要战场，因此一开始忽必烈就不打算投入主力，仅仅派了廉希宪、商挺和赵良弼这三位潜邸旧臣奔赴关中，利用他们在当地任职时的人脉，就地招募组织兵马，也就是商挺口中的“西师可军便地”。

忽必烈的意思很清楚，兵马我这里没有，但仗是要打的，给你们点委任状，兵马你们自行解决。

五月三日，廉希宪等三人抵达了京兆府（今陕西西安），在这里，他们遇见了一位故人。

这位故人是刘太平，他当年跟着阿蓝答儿一起到忽必烈这里钩考查账，险些将忽必烈藩邸势力连根拔起。两天前，刘太平就奉阿里不哥之名来到京兆府夺权，和在燕京一样，阿里不哥又抢了一次先手。

但结果也是相似的，廉希宪等三人虽然失了先手，但一到京兆府，就把刘太平及其同党抓了起来，没有请示忽必烈，就将他们绞死狱中。关中的军政大权和蒙古军队尽入忽必烈囊中。

紧接着，廉希宪他们又派人分赴四川几处驻军地，杀掉了效忠阿里不哥的两名主将，就地接管川蜀蒙古军团。杀将夺军这一招，忽必烈集团竟屡试不爽，所谓“西师可军便地”，不仅是就地募兵，原来还包含了这一层意思。

关中与四川，未经一战，就为忽必烈所得。

无论是燕京，还是关中与四川，阿里不哥集团多是先声夺人，料敌于前，筹谋于前，布局于前，然而结局往往是被姗姗来迟的忽必烈集团强横地后发制人。

忽必烈处事中的杀伐决断、放手一搏，尽显草原民族的铁血尚武之风；反倒是阿里不哥集团看似多谋善断，抢尽先机，但一旦正面交锋，往往就暴露出纸上谈兵、优柔寡断的致命缺陷，一次次地被杀将夺军，一次次地被力量降服。

与忽必烈及其他蒙古宗王相比，阿里不哥的最大软肋是没有参加过大蒙古国的历次大规模征伐，不仅缺乏实战经验，更少了独自领兵、独当一面的战争锤炼。

于惊惶中相继丢掉关中与四川之后，阿里不哥集团在漠南的最后军事阵地，只剩下六盘山的浑都海军团，像一枚楔子一样插入忽必烈控制的漠南汉地。

浑都海的两万骑兵是正牌蒙古精锐，蒙哥征蜀时，正是从关中西北方向的六盘山集结大军，浑都海所部被特命为全军后卫，留驻六盘山。蒙哥驾崩后，浑都海起初并未明确站队，廉希宪一度还派使者去六盘山试图招抚，但之后浑都海以杀掉使者而宣告与忽必烈集团决裂。

不过，浑都海本无意与忽必烈所部决战关陇，更不必说乘虚直捣京兆府了，他决意撤回漠北，与阿里不哥军主力会师于喀拉和林。为此，阿里不哥还派了一支部队南下接应浑都海。

这支接应部队的主将也是忽必烈的故人，甚至可以说是其前半生第一大敌，他就是当年钩考事件的主要操盘者阿蓝答儿。

阿蓝答儿本是蒙哥的亲信，蒙哥驾崩后，转而投效阿里不哥。其中可能有价值观趋同的因素，阿蓝答儿与阿里不哥同为蒙古本位主义者，但更有解释力的缘由却是走投无路，阿蓝答儿不可能不知道，他在钩考事件中，作为蒙哥的代理人将忽必烈几近逼到绝境，两人之间再无转圜之处，忽必烈得势，则阿蓝答儿只有死路一条，他唯一的求生之路便是帮助阿里不哥击垮忽必烈。

既然是忽必烈的死敌，阿里不哥没有理由不重用阿蓝答儿。

阿蓝答儿与浑都海会师后，本欲一路北归，但忽必烈与廉希宪可能出于各个击破的战略考量，并不想放这支孤军撤回漠北，便将其堵截在甘州（今甘肃张掖）一带。两军相持两月，未见分晓。

谁来打破僵局?

中统元年（1260年）九月，窝阔台系宗王合丹率精骑参战，被忽必烈任命为关陇战事的主帅。

在众望所归的合丹大王统一号令下，忽必烈大军在甘州附近的耀碑谷几乎全歼敌军，阵前斩杀阿蓝答儿与浑都海。忽必烈与阿蓝答儿在九年前钩考事件中的深仇宿怨，终于了结。

此战中，巩昌汪氏世侯汪良臣麾下的汉军勇冠三军，先后击溃阿里不哥军左右两翼，可见汉军战力不容小觑，亦可见汉军已成忽必烈集团之主力。

还有一种说法是，彼此沾亲带故的蒙古军在内战中通常表现消极，不愿全力以赴，很难彻底贯彻忽必烈的战略意图，而汉军则唯忽必烈马首是瞻，死战不休。一直到忽必烈时代晚期亲征乃颜时，也还会出现两边蒙古军在阵前互相交谈、逡巡不战的奇特景象，这时候忽必烈还是靠汉军出阵打开局面。①

耀碑谷之战是忽必烈与阿里不哥内战中的首次大规模战役。战后，阿里不哥不仅在关陇地区的势力被翦除，丢掉了威胁漠南的前进基地，还由此丧失了战略主动权。

对于忽必烈而言，现在是时候挥师漠北犁庭扫穴了。

只有进军漠北，忽必烈才能在军事上彻底肃清阿里不哥的势力；而对于忽必烈的汗位合法性而言，控制蒙古本部才能令他成为真正意义上的蒙古大汗，正如占据中原之于中原王朝正统性的核心意义。

为了即将到来的漠北之战，忽必烈自中统元年（1260年）夏天便开始调兵遣将，筹措军需。为此，他甚至没有派主力驰援关陇战场，坚守漠北优先战略，但廉希宪三人集团靠着就地募兵和杀将夺军便已席卷关陇。

为集中兵力，忽必烈连鄂州之战后留戍长江北岸的兀良合台所部都撤回了，这条军令充满着哲思：立即从鄂州解围回来，因为人生变化莫测。

---

① ［日］池内功：《忽必烈政权的建立及其麾下的汉军》，载《东洋史研究》1984年第43卷第2号。

就这样，忽必烈几乎动员了一切可动员的兵力，包括直属的蒙古军、塔察儿等诸宗王军队、汉军世侯、新签发的兵丁，尽数集结于长城一线，据称总兵力达到十五万左右。

中统元年（1260年）秋冬之交，忽必烈北上亲征喀拉和林，旭烈兀长子主木忽儿与术赤系宗王合剌察儿奉阿里不哥之命南下阻击忽必烈，一接战即全军溃败，两人仅以身免。

败讯传来，阿里不哥决意放弃喀拉和林。虽迭遭惨败，但阿里不哥麾下主力尚存，与劳师远征的忽必烈本也可堪一战。但在军事之外，长期依靠中原粮食物资供给的喀拉和林早前被忽必烈封锁了运粮通道，正陷入大饥荒之中。阿里不哥外有强敌迫近，内有饥馑之忧，军心浮动，实际上已丧失了决战喀拉和林的前提条件。

弃喀拉和林可能是阿里不哥的理性抉择，但他也因此丧失了最大的政治砝码与合法性来源——据有蒙古本部。

阿里不哥远遁封地吉利吉思后，为求喘息之机，遣使向忽必烈乞怜求和，自承有罪，愿意接受哥哥的审判裁决，待来年秋天天高马肥就来当面领罪。忽必烈闻讯喜不自胜，认定阿里不哥是浪子回头，诚心悔过，便令宗王移相哥领十万大军留守喀拉和林，自己率众南返燕京。

中统二年（1261年）夏秋之交，阿里不哥元气渐复，牛马也贴了秋膘，但他并未遵照承诺拜谒忽必烈请罪，更未一蹶不振，而是在酝酿卷土重来。

阿里不哥以诈降稳住移相哥，待其信以为真放松警惕时，发动了奇袭。移相哥大溃，将喀拉和林拱手让给了阿里不哥。收复喀拉和林令阿里不哥重拾斗志，索性勒兵南下，直趋开平。

半年前还是胜局已定，阿里不哥丧师失地，束手待擒；而今战局却急转直下，阿里不哥死灰复燃，甚至有反客为主之势。

忽必烈固然轻信了弟弟的所谓诺言，也低估了他重整旗鼓的不折不挠。

然而，阿里不哥身上的所有闪光点加在一起，也弥补不了他缺乏战争经验这一致命短板，更何况，他的总体军事实力与忽必烈相形见绌。毕竟，既然是战争，最根本的决定因素还是沙场对决。

面对阿里不哥的进击，忽必烈一点都不敢怠慢，一面紧急征发张柔等七家汉地世侯所部，一面调集塔察儿等蒙古诸宗王的军队。汉军和蒙古骑兵加亲征，忽必烈的终极杀招从来都没有改变。

中统二年（1261年）十一月，亲征的忽必烈在昔木土脑儿与阿里不哥军遭遇，这也是这对兄弟在夺位战争中第一次面对面对决。

果不其然，一上战场，阿里不哥的一切谋划和坚忍，都在绝对武力优势面前化为齑粉。

《史集》记载，阿里不哥军溃败后，忽必烈军追击五十余里。但当阿里不哥率残部北遁后，忽必烈又决定放弟弟一马："不要去追他们，他们都是些不懂事的孩子，（应当）使他们明白过来，后悔自己的行为。"

经此一役，阿里不哥主力元气大伤，再无进攻能力，只剩下招架之功。

忽必烈虽然在军事上并未对阿里不哥斩尽杀绝，但他显然也汲取了去年冬天放虎归山的教训，转而在经济上发动了绞杀战。除了继续切断粮食供给，忽必烈严禁马匹向北流入阿里不哥控制区，不惜以高价应买尽买。

从历史的后见之明来看，忽必烈可能在等待阿里不哥集团的自我瓦解。

中统元年（1260年），阿里不哥以大汗的身份，力推察合台之孙阿鲁忽为察合台汗国新君。作为回报，阿鲁忽向喀拉和林输送了大量物资，极大缓解了阿里不哥政权自失去中原物资供给后出现的经济危机。但阿里不哥以恩主与上位者自居，对察合台汗国索求无度，几至敲骨吸髓，最终令羽翼丰满的阿鲁忽忍无可忍，与阿里不哥反目成仇，东向归附忽必烈。遭到背叛的阿里不哥怒不可遏，发兵征讨阿鲁忽。

阿里不哥对阿鲁忽恨不能食肉寝皮，在察合台汗国烧杀抢掠，甚至对俘虏也杀无赦。蒙古人在战争中虽一贯残暴，但那是对异族而言，阿里不哥的嗜杀破坏了蒙古人的集体想象，宗王为之心寒，叛离之心顿生。

中统四年（1263年）秋，蒙哥的两个儿子——三子玉龙答失与四子昔里吉，本是力挺阿里不哥的政治盟友，但他们也在绝望中倒戈相向，率部归降忽必烈。玉龙答失临行前，竟公然向阿里不哥索回蒙哥的一枚玉玺，无计可施的阿里不哥只得照办，可见大汗权威即使在政权内部也已名存实亡。

至此，众叛亲离的阿里不哥虽仍在苟延残喘，但在政治上已经死亡，所谓的蒙古大汗不过就是流窜于漠北的一股叛军势力。

至元元年（1264年）七月，阿里不哥在内外交困中，南下开平请降于忽必烈，蒙古两位大汗对峙的四年内战正式结束。

拉施特在《史集》中记录了兄弟俩会面的场景：

> 按照通例，在此场合下，罪人的肩上要披上大帐的门帘接见，他也就这样地披盖着去觐见（君主）。过了一个小时，他得到允准进去了……合罕注视了他一段时间，激起了他的家族荣誉感和兄弟之情。阿里不哥哭了起来，合罕的眼里也流下了泪。
>
> 他（忽必烈）擦去（眼泪），问道："我亲爱的兄弟，在这场纷争中谁对了呢，是我们还是你们呢？"他（阿里不哥）回答道："当时是我们，现在是你们。"

很显然，阿里不哥虽然接受了战败的现实，但仍在竭力维护自己当年称汗的合法性。

从蒙古的法统来看，阿里不哥这句话也没说错，在继汗位至兵败的五年时间里，"蒙古帝国上下几乎都将阿里不哥视作现任大汗"[①]。有一种说法就是，阿里不哥才是继承蒙哥之位的第五任大汗，而忽必烈即使赢下了内战，也只能被称为第六任大汗。

这段对话的经典程度堪比吴亡后晋武帝司马炎与孙皓的那次舌战。司马炎在正殿召见孙皓时语带讥讽："朕设此座以待卿久矣。"孙皓当即回击："臣于南方，亦设此座以待陛下。"

对于敌手落败后的些许倔强，忽必烈与司马炎都适时展现出了胜者的宽容。

为了维系黄金家族的表面团结，忽必烈在征求了三大宗王（钦察汗国的别尔哥、伊利汗国的旭烈兀、察合台汗国的阿鲁忽）的意见之

---

① ［日］杉山正明：《蒙古帝国的兴亡（上）——军事扩张的时代》，第133页。

后，正式赦免了阿里不哥。

但忽必烈并不打算放过阿里不哥的党羽，一口气拘捕了一千余人。据《元史·安童传》，起初，忽必烈甚至有除恶务尽的意思，正当迟疑不决时，作为忽必烈的怯薛长（怯薛，蒙古语“番直宿卫”之意，蒙古和元朝的禁卫军），年仅十六岁的霸突鲁之子安童进言称：“这些人也是各为其主罢了，他们又哪里知道天命在陛下。何况陛下刚刚平定大乱，就因私怨大开杀戒，这样又怎能招降那些还未投降的人呢？”

忽必烈惊讶于安童的少年老成之语，最终宽恕了大多数人，只杀了阿里不哥的十名亲信将领。

不过，忽必烈的所谓宽容也是会过期的。两年后的至元三年（1266年），阿里不哥暴毙，有不少人认定，阿里不哥是被毒死的，而忽必烈至少是嫌疑者之一。

为庆祝大蒙古国重新统一，定于一尊，中统五年（1264年）八月十六日，也就是阿里不哥请降次月，忽必烈宣布改元，将中统五年改为至元元年，取自《易经》“至哉坤元”，以示否往泰来、鼎新革故之意。

阿里不哥南下开平时，这座城市不久前刚被升格为大蒙古国的新都城。

内战伊始，忽必烈就动了迁都的念头。从地理位置而言，位于漠北的喀拉和林更适合做一个草原帝国的都城，但并不契合忽必烈深耕汉地的政治现实；从经济上看，对阿里不哥的经济绞杀战，深刻暴露了喀拉和林极易被物资封锁，难以自给自足的脆弱性。[①]

也因此，中统元年（1260年）十二月，忽必烈第一次占领喀拉和林后，未几即率众南返漠南，实质上就宣告了喀拉和林沦为废都。

自窝阔台于1235年正式定都喀拉和林以来，喀拉和林作为大蒙古国首都的历史共二十五年。

中统四年（1263年），内战大局已定，忽必烈于五月九日下令将开平府升为都城，定名上都。但上都在蒙古语中甚至没有专门的词，只有"上都"这个汉语词的音译。[②]

之后的几年间，忽必烈在上都大兴土木，孔庙和城隍庙都一应俱全。最有排面的是，蒙古人将汴梁的熙春阁整体拆迁移建到上都，作为宫城大安阁的主体建筑。

从此，蒙古大汗在上都就不必住在帐篷中，更多时候可以居住在汉式宫殿内，这也是一种生活方式的汉化。

至元十二年（1275年），马可·波罗自称到过上都，甚至还造访过大安阁：

> 上都，现在在位大汗之所建也。内有一大理石宫殿，甚美，其房舍内皆涂金，绘种种鸟兽花木，工巧之极，技术之佳，见之足以娱人心目。
>
> 此宫有墙垣环之，广袤十六哩，内有泉渠川流草原甚多。亦见有种种野兽，惟无猛兽，是盖君主用以供给笼中海

---

① 陈高华、史卫民：《元代大都上都研究》，中国人民大学出版社，2010年8月版，第157页。

② 罗新：《从大都到上都》，新星出版社，2018年1月版，第6—8页。

青、鹰隼之食者也。[①]

上都因忽必烈而降生，因马可·波罗而闻名，因柯勒律治而不朽。1797年，这位湖畔派大诗人写下了英国浪漫主义诗歌巅峰之作《忽必烈汗》(*Kubla Khan*)，顺带创造了"Xanadu"(上都)这个带有古典神秘色彩的英文译名(以下引文出自屠岸译本)：

忽必烈汗在上都曾经
下令造一座堂皇的安乐殿堂：
这地方有圣河亚佛流奔，
穿过深不可测的洞门，
直流入不见阳光的海洋。
有方圆十英里肥沃的土壤，
四周给围上楼塔和城墙：
那里有花园，蜿蜒的溪河在其间闪耀，
园里树枝上鲜花盛开，一片芬芳；
这里有森林，跟山峦同样古老，
围住了洒满阳光的一块块青青草场。
……

① ［意］马可·波罗：《马可波罗行纪》，冯承钧译，上海古籍出版社，2014年3月版，第137页。

【第四章】

益都：忽必烈与汉人

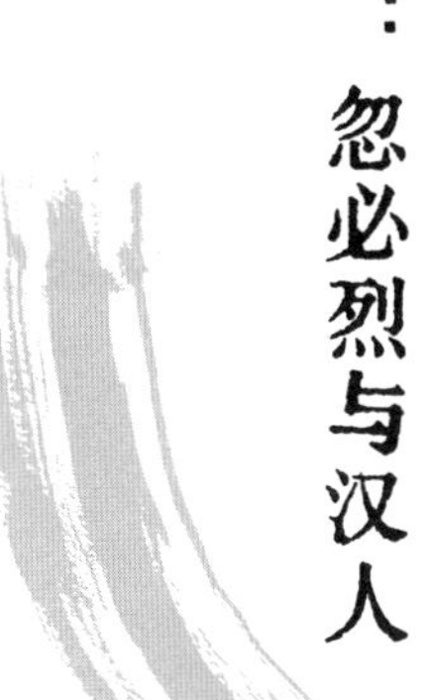

郝经

当蒙古陷入内战兵燹时，南宋似乎正于镀金盛世中，陶然自得。

这是贾似道的盛世，宋理宗赵昀对此不仅不以为忤，还似与有荣焉。这位以厚待文臣、忠于故友而著称的皇帝，对贾似道有着与早年对史弥远相似的仰赖与爱重。宋理宗写给贾似道不少诗，其中一首《赐贾相》更像是礼赞贾似道开创的盛世：

清明朝野遇清明，万国欢心乐太平。
樽俎优贤咨启沃，载赓既醉咏盈成。

当时的文坛领袖刘克庄也深深折服于贾似道的武功，作为辛弃疾的精神传人，他对贾似道寄予了主战派同道的政治想象。

刘克庄晚年与贾似道意气相投，文字往来不断，书笺如《与贾丞相书》三篇、《谢贾丞相饯行诗启》、《与淮阃贾知院书》、《与丞相书》、《又与丞相书》等，启有《回贾制署启》《贺贾丞相启》《贺贾丞相拜太师启》《贺贾太师再相启》《贺太师平章启》《进开国伯谢平章启》等，诗词有《淮捷一首》《凯歌十首呈贾枢使》《贺新郎・傅相生日壬戌》《满江红・傅相生日癸亥》《满江红・傅相生日甲子》《沁园春・傅相生日丁卯》等。[1]

在这些诗词中，刘克庄虚夸地将贾似道比作本朝及历代先贤巨擘，什么寇准、司马光、范仲淹、韩琦、王翦、曹操、诸葛亮、王导、谢安……比附个遍，时有溢美荒诞之语："载籍以来，于宇宙间，有功者谁""问台家山河宇宙，是谁擎托""把晋朝王谢傅同看，谁优劣""孤忠贯日，只手擎天"，仿佛其是古今第一完人。如这首讴功颂德的贺寿词《满江红・傅相生日甲子》：

> 见宰官身，出只手、擎他宇宙。筹边外、招徕名胜，登崇勋旧。不下莱公扶景德，又如涑水开元祐。尽从渠、干赘及吾门，归斯受。
>
> 上林苑，多花柳。祁连塞，稀刁斗。更红旗破贼，黄云栖亩。阿母瑶池枝上实，仙人太华峰头藕。泻铜盘、沆瀣入金卮，为公寿。

刘克庄如此推重贾似道，除了源于主战派的政治想象，可能还跟刘克庄与贾似道之父贾涉乃世交有关，多少有些长辈对子侄的美化滤镜。

但最为后世诟病的是，写点应酬诗词也就罢了，景定元年（中统元年，1260年）六月，七十四岁赋闲在野的刘克庄还接受了贾似道的举荐，再度复出，被拜为秘书监、起居郎，兼中书舍人。

---

① 王述尧：《历史的天空——略论贾似道及其与刘克庄的关系》，载《兰州学刊》2004年第3期。

刘克庄与贾似道原本也就是发表一些溢美之言的关系，但因为托身复出则横生出谄事权奸、奉承求官之嫌，甚至被后世冠以“晚节不终”“失身于贾似道”等评价。或也因此，《宋史》对刘克庄不予立传。

景定五年（1264年）秋，七十八岁的刘克庄因目疾致仕还乡。咸淳五年（1269年）正月，刘克庄病逝于家乡莆田，时年八十三岁。

刘克庄去世时，襄阳之战已开仗一年多，他参与堆砌的贾似道军事神话正在崩塌中。所幸刘克庄没能看到襄阳失守那一幕，否则对于这一位终生不忘收复之念的耄耋老人而言，过于残忍了。

对刘克庄的晚节攻讦是否公允莫衷一是，但更重要的是，在那个时代，不仅刘克庄，吴文英、赵孟坚、周密与方回等知名文人都与贾似道有密切交往，[①]其中自然有贾似道位高权重的因素，但也可见他当时在士大夫中的声望之隆。

最可显现贾似道政治手段与威望的是，他连桀骜不驯的太学生都搞定了。在宋理宗朝，太学生参政议政意识高涨，甚至曾以集体上书推动了史嵩之、谢方叔等两位宰相的黯然下野。但太学生未必就因为年轻而天然具备正义性，据周密《癸辛杂识》所记：

> 三学之横，盛于景定、淳祐之际。凡其所欲出者，虽宰相台谏，亦直攻之，使必去权，乃与人主抗衡。或少见施行，则必借秦为喻，动以坑儒恶声加之，时君时相略不敢

① 王述尧：《历史的天空——略论贾似道及其与刘克庄的关系》，载《兰州学刊》2004年第3期。

过而问焉。其所以招权受赂，豪夺庇奸，动摇国法，作为无名之谤，扣阍上书，经台投卷，人畏之如狼虎。

但到了贾似道这里，对太学生“度其不可以力胜，遂以术笼络”。除了主战光环，贾似道的收服手段不太上得了台面：增加学俸，太学扩招，并优赏低级学官。于是，周密在《癸辛杂识》中写道：“诸生啖其利而畏其威，虽目击似道之罪，而噤不敢发一语。”

不只如此，贾似道还替当年被丁大全发配的“宝祐六君子”平反，下令六人都可免省试直接到京城赴考。在景定三年（1262年）的廷试中，六君子的领头人陈宜中高中第二名。

在贾似道的揽权之路上，除了笼络激昂行事的太学生，他还压制了三派乱政势力。这或许还是贾似道对南宋政局的一大贡献。

其一，宦官。董宋臣是宋理宗最为倚重的权宦，“引荐奔竞之士，交通贿赂”，权倾朝野。贾似道上台后，虽没对董宋臣直接下手，但将他的党羽和所荐大臣逐一清除，“从此，在贾似道执政期间，再也不见有宦官弄权的记载”[①]。

其二，外戚。可能是同为外戚的原因，贾似道对付起外戚来尤为得心应手。《宋史·贾似道传》记载，他利用自己的外戚身份，与宋理宗皇后谢道清家族的谢氏外戚交好，不动声色间完成布局，“勒外戚不得为监司、郡守，子弟门客敛迹，不敢干朝政”。

其三，宗室。当时南宋宗室的代表人物为荣王（后改封为福王）

① 肖崇林、廖寅：《“福华编”：南宋末年贾似道执政时代述论》，载姜锡东主编《宋史研究论丛》（第十四辑），第91页。

赵与芮，他不仅是宋理宗的弟弟，而且是储君赵禥的生父。尽管史料中鲜有贾似道和赵与芮争权的细节，但据《宋史·贾似道传》，“福王与芮素恨似道”，可见两人很可能因为权力之争交恶。日后，贾似道之死也与赵与芮有关。从这里可以看到贾似道对宗室的倾轧，以福王为代表的宗室势力没有被贾似道拉拢，反而是贾似道在与宗室争权乃至分权。

但抛开苦心经营与清除异己，贾似道的权势与威望终究是建立于沙土之上的。忽必烈鄂州撤围成就了贾似道的军事神话，而之后的蒙古内战则让神话的保质期延长了四年多。

贾似道如履薄冰地维护着自己的神话与盛世，一切戳破泡沫的声音都会被消除。

不经意间，忽必烈重臣郝经成为第一个被禁言者。

中统元年（南宋景定元年，1260年）四月，即忽必烈即汗位次月，郝经被任命为翰林侍读学士，赐佩金虎符，作为使节携国书入宋。

郝经此行的使命是“告登宝位，布弭兵息民”。忽必烈此时正针对阿里不哥全力备战，没有余力与南宋周旋，为避免出现南北两线作战的困境，力争以外交手段弭兵息民，签订一份和约。

忽必烈是上一年十一月底自鄂州撤围北归的，撤军前后，蒙宋双方曾进行过秘密议和，虽未达成有约束力的书面协定，但贾似道有可能在口头上承诺了一些让步条件。

这些让步条件是什么？本书上一章曾探讨过，不可能是称臣割地，所谓岁币的可能性也不大，岁币在两宋政治中内含辱国语境，苦心经营军功人设的贾似道若承诺岁币，无异于政治自杀。更何况，岁币兹事体大，又岂是贾似道可以擅专的？

贾似道至多也就是口头承诺了送点钱。《宋史·贾似道传》称郝经使宋是“持书申好息兵，且征岁币”，但郝经声称的岁币未必属实，可能只是谈判前的漫天要价。对此，郝经本人其实也并未想瞒天过海，他在被囚南宋期间的《上宋主陈请归国万言书》中写道，“止是告登宝位，布弭兵息民之意，其余无他蔽匿”，并未提及岁币。①

按照传统的历史叙事，贾似道在鄂州议和中承诺了岁币等让步条件，郝经使宋的诉求之一是让贾似道兑现承诺，因此惹得执意背约的贾似道恼羞成怒。从各种证据看，这个叙事逻辑很是牵强，原本就只有“鄂州议和”，而无“鄂州和议”。

为了达成议和，郝经此行将姿态放得不高，一改开战后蒙古人对宋外交的趾高气扬。在与宋的国书中，郝经甚至将此前的蒙古侵宋责任尽数推诿给前面几任大汗，“且术速门之事、合州之役、武昌之举、江上之师，皆先朝之事，非主上之所欲为”。在这样的“取悦”情境下，即使贾似道真有把柄在蒙古人手上，忽必烈和郝经又怎么可能刻意激怒贾似道，令谈判横生枝节？毕竟，如前所述，忽必烈此时的急务是与宋休兵，以全力与阿里不哥决战。

换言之，是郝经使团有求于贾似道，而不是相反。

尽管并不存在所谓的岁币和背约，但郝经使宋的确引发了贾似道的激烈反应。

中统元年（南宋景定元年，1260年）七月，郝经使团抵达边城宿州，遣副使与南宋方面联系讲和一事。在贾似道的怂恿下，宋理宗下诏告谕“誓不与北和”，并令人毁去接待外国使臣的都亭驿，以示

① 顾宏义：《天平：十三世纪宋蒙（元）和战实录》，第239页。

绝不接待蒙古使者。

吃了闭门羹的郝经不愿就此放弃。八月，心存侥幸的他率从者三十七人南渡淮河，强行进入宋境，意图造成谈判的既成事实。但贾似道没有给对方任何机会，郝经使团刚入境，贾似道便命两淮制置大使李庭芝将其扣留在真州（今江苏仪征），不准入朝，也不予放归，但在生活待遇上却又关怀备至，体贴入微，连郝经也承认“恩礼加厚，坐享饔牢”。

郝经被羁留期间，曾数次上书南宋君臣，仅写给贾似道的就有《与宋国丞相书》《再与宋国丞相书》《复与宋国丞相论本朝兵乱书》《过总管回降与贾丞相书》《与贾丞相书》等数篇，内容基本上都是“极陈战和利害，且请入见及归国”，但贾似道始终置若罔闻。[①]

贾似道究竟为何要囚禁郝经?《宋史·理宗本纪》的解释是:“谋出贾似道，帝（理宗）惑其言不悟。盖似道在鄂时，值我世祖皇帝归正大位撤兵，似道自诡有再造之功，讳言岁币及讲和之事，故不使经入见。”《宋史·贾似道传》解释的版本是:“似道方使廖莹中辈撰《福华编》称颂鄂功，通国皆不知所谓和也。似道乃密令淮东制置司拘经等于真州忠勇军营。”

这两种说法相近，也大致公允，当然，“讳言岁币”除外。

综合这两种说法，并撇去岁币一说，大致就有了答案。

鄂州之战后，贾似道通过授意门客鼓吹等方式，全力打造了一个军事神话：忽必烈之所以仓皇北遁，是因为贾似道亲自率军在鄂州城下大获全胜。至于他曾在鄂州与蒙古人接洽议和一事，则秘而不

① 胡昭曦主编:《宋蒙（元）关系史》，第264—265页。

宣，成了贾似道集团的最高机密，连宋理宗都被蒙在鼓里。

而郝经使宋，势必会让贾似道的弥天大谎大白于朝野，不仅其赖以把持朝堂的军事神话荡然无存，还可能被窥伺在侧的政治对手趁机发难，发动政治清算。

如此说来，贾似道怎么可能让郝经全身而退，其间所涉之事已危及他最深层次的权力根基。

郝经这一关，就是十六年；贾似道的秘密，也被保守了十六年；南宋的命运也在十六年间不断走向毁灭。

从消弭政治风险而言，贾似道无疑功德圆满，在其军事神话的光环下，天下共仰他为救时良相。

但这是因私害公的误国之举，郝经被囚在某种意义上成为南宋灭亡的先声，给蒙古留下了出兵南征的口实，并使宋蒙关系错过了一次即使是短暂的好转机会，正如此后文天祥所浩叹的："似道丧邦之政，不一而足。其羁虏使，开边衅，则兵连祸结之始也。"[①]

当然，无论郝经被囚与否，忽必烈日后都不太可能放过南宋，但贾似道此举至少是加速了宋亡的进程。

这里还有一个问题，无论贾似道多么短视偏私，但作为一名有深厚军事经验的上位者，他不可能不知道，拘郝经意味着宋蒙走向全面交恶；更不可能不知道，蒙古人的军事实力是南宋望尘莫及的。

无论如何，贾似道误国只是一个结果，但就初衷而言，他并没有误国之心。

这里有两个未必严密的解释。

---

① 顾宏义：《天平：十三世纪宋蒙（元）和战实录》，第241页。

其一，鄂州保卫战的胜利的确让贾似道陷入某种飘飘然的状态，对自己的军事统率力与南宋的军力产生了过高的估计，“再造王室”一类的夸张吹捧听多了，会逐步降低一个人对真实世界的体察力。

其二，自大之余，贾似道可能也心存侥幸：蒙古人的内战或许旷日持久，蒙古人对于南下的兴趣可能被耗尽了。特别是，鄂州经验和钓鱼城经验也共同构成了一个可能的路径依赖：只要顶住蒙古人的强攻几个月，他们内部自然会状况百出，从而自行撤退。

说白了，贾似道多少有点赌博的意思，而之后的时势发展似乎也证明他赌对了。

中统二年（南宋景定二年，1261年）五月，忽必烈遣使责问南宋扣留使臣、侵扰疆界之罪，但南宋根本置之不理；两个月后，忍无可忍的忽必烈对南宋发出了军事威胁，甚至颁发了一通咄咄逼人的伐宋诏谕，但南宋还是缄口无言。

此时，忽必烈的主力正忙于与阿里不哥军缠斗，所谓伐宋只是讨个口彩，虚张声势，根本就无落实的可能性。

阿里不哥也就罢了，忽必烈此时还被迫陷入另一场猝不及防的军事危机。

李璮

中统三年（南宋景定三年，1262年）二月三日，蒙古益都（今山东青州）行省长官、江淮大都督李璮遽然发动兵变，将治下各城的蒙古镇戍兵屠戮干净，宣布背蒙降宋。

李璮有一个更明晰的身份是汉人世侯。李璮之父（或养父）为金末山东军阀李全，最初是民间反金武装红袄军首领之一，在金、南宋、蒙古三个政权之间反复叛降，直至金正大四年（1227年），李全降蒙，“得专制山东，而岁献金币”。李全降而复叛于南宋，虽有个人原因，但也与宋廷对归正人的猜忌和防范相关。

南宋绍定四年（1231年），李全在蒙古攻宋时败亡，李璮按照当时蒙古汉人世侯的世袭罔替通例，袭为益都世侯。至中统三年（1262年）李璮发动兵变时，李氏军事集团在益都的经营已逾三十年，根深蒂固，顾盼自雄，势力范围已从益都延伸至整个山东半岛，直逼淮北。

李璮继承了父亲反复无常、投机钻营的政治性格，对蒙古挟敌自重，虚与委蛇，汲汲于扩张势力与独揽兵权，正如《元史·李璮传》所说：

> 盖璮专制山东者三十余年，其前后所奏凡数十事，皆恫疑虚喝，挟敌国以要朝廷，而自为完缮益兵计，其谋亦深矣。

数十年间，蒙古攻宋时，曾数次要求益都出兵从征，但皆被李璮以各种借口搪塞推托过去，所谓“朝廷数征兵，辄诡辞不至”。蒙哥汗七年（1257年），蒙哥亲征南宋前夕，也曾征调李璮所部随驾。李璮跑去觐见大汗，声称“益都乃宋航海要津，分军非便”，竟也说动了蒙哥，许李璮独立作战，连取涟水等南宋四边城。这或许也可以得出两个推论：其一，益都李氏集团的军力不容小觑，这是李璮拥兵自重的最大依凭；其二，李璮并非拒绝攻宋，他更在意的是兵权，唯恐随蒙哥出征会兵权旁落，且远离益都根据地，但若可以独自领兵攻宋，攻城略地，扩展势力范围，李璮有的是积极性。

在正史中，李璮被塑造为一个头生反骨、处心积虑的反叛者，李璮之反似乎也是“必有一叛”，但这些更多是历史的后见之明。在真实的历史情境中，李璮更像是一个大时代的投机者，纤悉不苟地维护着自己的权力结构，却又肆无忌惮地挑战着蒙古的耐心与底线。

李璮想要的，始终都是独霸一方，利用蒙古内部及蒙宋之间的矛盾左右逢源，漫天要价，既无意愿，更无能力染指更大的政治叙事：驱逐蒙古或翦灭南宋。

忽必烈即位后，为全力与阿里不哥周旋，大举征调汉人世侯军队北上。李璮独不遣兵，托词贾似道与吕文德趁蒙古内战，将兴兵夺回涟水，“知朝廷近有内顾之忧，必将肆志于我”。这不仅是避战，也是政治讹诈。

忽必烈愠怒不已，也从多个情报源那里获悉李璮心怀异志，但在解决阿里不哥问题前，他也只能隐忍不发。为了稳住李璮，忽必烈加封他为江淮大都督，命“蒙古、汉军之在边者，咸听节制”。

这已经不是第一次，李璮因为自己的桀骜不驯而得到额外补偿。在蒙哥时代，蒙古为了笼络李璮，将东道诸王之首塔察儿的妹妹下嫁李璮。有无笼络效果很难说，但这反而令李璮借着黄金家族驸马的身份顺风而呼，政治行情见涨，大有揽取汉人世侯领袖之势。

郝经此前于鄂州上书《班师议》时，郑重其事地警告忽必烈“塔察国王与李行省肱髀相依，在于背胁”，这足以证明李璮的政治能量之强，与塔察儿一度结成了某种政治联盟。

蒙古此时在中原执行的是一种半封建制——“投下主”制度，即诸王（投下主）拥有属地（投下）与属民（投下户），却不直接统治，而是与蒙古分享属地财赋，“汉人世侯不仅代朝廷守土，亦为投下主看护私产”[①]。

在李璮与蒙古的权力之争中，作为名义封建领主的塔察儿既有意愿，也有能力为李璮提供一些政治支持，以最大化自身利益。

这一切对李璮而言无异于某种高风险的正反馈：愈是待价而沽、恣意妄为，愈是能从蒙古的绥靖让步中渔利。

但蒙古的忍耐总是有限度的。

这是路径依赖，也是火中取栗。一开始李璮或许还甘之如饴，但当他嗅到危险的气息时，已势成骑虎。

更重要的是，李璮面对的是忽必烈。作为最熟悉、最重视中原的蒙古大汗，忽必烈注定不会给李璮乃至汉人世侯像以往那么大的政治空间：既然中原如此富庶、如此重要，何必让治权旁落于世侯。

李璮走上的是一条不归路。一方面，他经年累月的政治讹诈反复挑战着蒙古的政治底线，双方已无多少政治互信可言，其间积累的龃龉和仇怨正等待一个时机爆发，也就是所谓的秋后算账；另一方面，忽必烈很可能本就不会长期容忍汉人世侯割据一方的现状，更何况是益都式的国中之国，其他世侯或许还会坦然接受削权，但李璮断难坐视。

在这两个大背景下，李璮之反是否蓄谋已久也就没那么重要了，

---

① 萧启庆：《内北国而外中国：蒙元史研究》（全二册），第287页。

李璮只要不接受削权，就已然是“不得不反”。剩下的就只是时间问题了。

时至中统三年（1262年）年初，李璮觉得时机成熟了，或者说，他不能再等下去了。所谓时机成熟，是指忽必烈为彻底扫平阿里不哥，正在汉地大举征兵，中原军力空虚，正是李璮乘虚而起的良机；所谓最后的时间窗口，是指阿里不哥军主力在上年十一月的昔木土脑儿之战中元气大伤，争位战争大局已定，如果等到漠北战事最后息兵，忽必烈腾出手来，等待李璮的就只有束手就擒而已。

在一首据说是李璮起兵前所写的词中，他颇有些顾盼自雄，仿佛大军一出即传檄而定，这首《水龙吟》甚至有些刻意模仿辛弃疾的意思：

> 腰刀首帕从军，戍楼独倚闲凝眺。中原气象，狐居兔穴，暮烟残照。投笔书怀，枕戈待旦，陇西年少。叹光阴掣电，易生髀肉，不如易腔改调。
>
> 世变沧海成田，奈群生、几番惊扰。干戈烂漫，无时休息，凭谁驱扫？眼底山河，胸中事业，一声长啸。太平时、相将近也，稳稳百年燕赵。

二月初三，李璮发动兵变，短时间内先后控制了益都和济南两座重镇。

李璮首先需要解决的是境内的蒙古镇戍部队。为监视汉人世侯，蒙古在各战略要地镇戍着探马赤军。所谓“探马赤军”，有别于狭义上的“蒙古军”，是由蒙古人征服的诸部族组成的，成吉思汗时代曾作为先锋攻城克坚，到窝阔台时代则主要承担着镇戍监控职能。探马赤军还未弄清楚状况，便被李璮全歼。

李璮所部大概在五六万人，因为未参与蒙古历次出征，且经由李璮多年厉兵秣马，实力保存完好，兵精粮足，至少从表面实力上看，堪称汉人世侯第一强军。

但李璮也并非妄人，没有自大到以为凭益都这一支孤军便可以割据山东，甚至挑战蒙古在北方的霸权。兵变前，他也自以为得计地制订了合纵连横的计划。

第一手是联宋抗蒙。兵变前两天，即二月初一，李璮遣使请降于南宋，为表诚意，献上涟水、海州和东海三城。

由于南宋与李璮作战多年，且于他有杀父之仇，当宋廷获知其请降消息时，第一反应是半信半疑。宋理宗一边表示“李璮纳款，情伪难凭”，一边又舍不得放弃这次机会，指示中枢“切须谨慎处置”。

贾似道拿出了一个老成谋国的稳妥方案，《宋史·理宗本纪》记载他要求李璮先献城，“当与之要约，如能归涟、海之地，始足取信”。

李璮倒也爽快，很快与南宋边将完成了三城的交接。临安方面确认了收复失地的消息后，喜出望外，由宋理宗亲笔赐诏，不仅给了李璮保信宁武军节度使等官职，还慷慨地加封了齐郡王。

两宋虽封过不少异姓王，但大多是外戚和死后追赠，权倾朝野如秦桧和史弥远也不过在临终一刻才被加恩为郡王。如李璮这般，作为敌国降将直接被封郡王，在两宋历史上几乎绝无仅有。一个可以作为对照对象的是北宋末年的辽国降将郭药师，后者也未获得封王待遇，更可见宋廷对李璮的恩宠有加。当然，宋理宗、贾似道君臣这般考虑，多少也有“封爵竞争”的意思，毕竟李璮在蒙古那边已贵为汉人世侯。

宋理宗诗兴大发，又做起了中兴幻梦，写下《李璮归国》一诗：

九扶汉鼎赖元动，泰道宏开万象新。
声壁南郊方慕义，恩渐东海悉来臣。
凯书已奏三边捷，庙算全消万里尘。
坐致太平今日事，中兴宝运喜环循。

南宋也没有真的光说不练，宋理宗令夏贵率军北渡淮河，在淮东阃帅李庭芝的配合下，向北出击，攻取了数个城池。

但隐忧已然冒出。李璮与夏贵两军似乎都没有会师的意图：李璮忙着攻打济南，在山东境内攻城略地；夏贵则趁着蒙古人全力应付李璮的战略窗口期，汲汲于收复失地，唯恐过度北上会遭遇蒙古人的主力。

李璮在意的是割据山东，夏贵热衷的是浑水摸鱼，两军的状态更像各行其是，同床异梦，并没有形成真正意义上的战略呼应。当然，双方很可能都对对方的真实意图心知肚明，所谓的请降与纳降都不过是权宜之计。但有一点是肯定的，蒙古人是他们共同的敌人。

在向南宋靠拢的同时，李璮传檄于山东、河北，号召各地汉人世侯及汉将举兵响应。站在李璮的立场上，忽必烈“削藩”势所必至，世侯虽平日抵牾不断，但在反削藩这一核心利益上休戚与共、唇亡齿寒，可说是共命运。

但问题是，李璮在这里至少存在两点误判。其一，李璮高估了自己在世侯内部的号召力，他可能因为长年避战，实力居世侯之首，但其威望与顺天（今河北保定）张氏、真定史氏和东平严氏这些老牌世侯比起来，仍相形见绌；其二，各地世侯对蒙古削藩确有不满，平日里或许也是牢骚满腹，与李璮声气相投，私下里也少不了串联勾兑，但抱怨归抱怨，一旦真到了选边站、动干戈之时，他们中的大多数还是会押宝蒙古人，他们对蒙古铁骑的畏惧是深入骨髓的，没有充分的把握，绝不会铤而走险。

当然，此刻的李璮正踌躇满志，“眼底山河，胸中事业，一声长啸”，以世侯领袖自居，哪里想得到自己不久后沦为孤家寡人的窘境。

忽必烈听闻李璮反讯，如临深渊。李璮起兵对忽必烈不仅是一个军事挑战，也是一次严重的政治冲击。毕竟，此时忽必烈建元中统刚刚一年多，致力营造的“中原正统”就遭到了汉人世侯的兵戎相见，对忽必烈作为中原皇帝的合法性而言是一次公开而莫大的羞辱。

忽必烈即刻叫停了对阿里不哥的追歼，回军南向。运气也站在了忽必烈的一边，恰巧此时察合台汗国的阿鲁忽扣留了阿里不哥征集的粮饷，激得阿里不哥含愤西征，令忽必烈可以心无旁骛地专力解决李璮问题。

忽必烈召来姚枢，问计于这位预见力惊人的战略大师。姚枢推测，李璮下一步有上中下三策可供取舍：

> 使璮乘吾北征之衅，濒海捣燕，闭关居庸，惶骇人心，为上策。与宋连和，负固持久，数扰边，使吾罢于奔救，为

中策。如出兵济南，待山东诸侯应援，此成擒耳。

忽必烈追问："今贼将安出？"姚枢断言："出下策。"

果不其然，李璮选来选去，偏偏就选了"下策"。但这倒也不能完全归咎于他的颟顸短视，甚至可以说，李璮只是做出了他认知范围内与现实环境双重制约下的理性选择。

所谓上策，趁忽必烈不在直捣燕京，李璮在《水龙吟》中也抒发了类似的志向（"稳稳百年燕赵"），但这颇有纸上谈兵之嫌。就凭他这五六万人，长途奔袭燕京，且不说战马够不够，野战能力足不足，他就不怕被蒙古铁骑全歼于燕云旷野之中吗？更何况，忽必烈大军正全师南返，李璮北进不是自投虎口吗？当然，突袭燕京也不是没有机会，但其中酝酿的高风险几乎就意味着孤注一掷了。

所谓中策，彻底依托南宋抗蒙，可能还意味着放弃益都退入南宋控制区。这单纯就军事而言是最优选，对南宋而言也是平添一支劲旅。但问题是，李璮起兵本就是为了割据自雄，独霸益都，如果选择了中策，连益都都要放弃，那么李璮冒了这么大的风险起事又是为何？

那么，也只有下策了。就人们的选择而言，最悲哀的并不是选错，而是本来就没得选。所谓自由选择，很多时候只是自欺欺人的幻象而已。

再说，李璮的计划也未必全无道理，如果各地世侯应声而起，李璮的困局摇身变为满盘皆活，火中取栗也未可知。这当然是赌博，但直捣燕京的上策也是赌，既然都是赌，也就难言孰高孰低了。

很遗憾，李璮的确赌输了。

为了翦灭李璮，忽必烈动员了庞大的军事力量，但“还是把主力的蒙古骑兵军团安排到了对阿里不哥的战斗中去，只将尽可能少的蒙古骑兵派往对李璮的战斗前线”[①]。作为替代的是，汉人世侯精锐尽出，据说仅在济南一带便集结了“十七路人马”，其中甚至还有奉诏而至的高丽军。忽必烈一面会攻李璮，一面还调顺天世侯张柔、张弘范父子率部入卫燕京，根本没有给李璮任何奇袭的机会。

面对围攻，李璮寄予厚望的各地应援并未风靡云涌，仅寥寥数人响应，且举兵之初即事泄而败，如太原路总管李毅奴哥和达鲁花赤（地方军政长官）戴曲薛，未及发难就被拘押。

李璮起兵甚至为山东父老所杯葛，可见其感召力之低下。据《元史·李璮传》，“民闻璮反，皆入保城郭，或奔窜山谷，由是自益都至临淄数百里，寂无人声”。

据说李璮也联络过真定世侯史天泽共同起事，但就是这位大蒙古国右丞相，亲自统率诸路军马将李璮堵于济南城内。史天泽主张围而不攻，打持久战，《元史·史天泽传》记载：“璮多谲而兵精，不宜力角，当以岁月毙之。”在此基础上，部将建议“筑外城围之，深沟高垒”，史天泽无不应允。

打筑垒战，正是汉军最擅长的作战方式。

蒙古汉军起初筑城时，李璮还不以为意，还在做着共命运的春秋大梦，因此也未及时组织兵力袭扰蒙军筑城。五月，当外城合围，李璮悔之已晚。

此前尚且没有多少人响应李璮，而当李璮成瓮中之鳖，败象已

---

① ［日］杉山正明：《蒙古帝国的兴亡（下）——世界经营的时代》，第55页。

露，世侯们不来参与围攻就算是仁至义尽了，哪里还能指望他们赴汤蹈火，定倾扶危。

六月，眼见李璮覆亡在即，此前只顾着收复失地的南宋终于动了起来。宋廷迅速派出了一支援军，但领兵者竟只是一位叫青阳梦炎的新科武进士，或许南宋只是想摆出一个积极救援的姿态，以给李璮和朝野一个体面的交代。

不出所料，青阳梦炎率军刚挺进山东境内，就因惧怕蒙古人，仓皇引兵南撤。所谓救援李璮的最后一次行动，就这么儿戏地收场了。

无论是宋理宗，还是贾似道，可能都严重低估了救援李璮不力的灾难性政治后果。李璮兵败后，北方汉人真正看清了南宋的虚弱及凉薄，也不敢再对南宋报以反正归宋的浪漫政治幻想，此后也再无任何一位接近李璮级别的人物叛蒙降宋。

围城之初，李璮还心存幻想，作困兽之斗。为提振士气，李璮“取城中子女赏将士，以悦其心”；当粮饷日渐不支，又令军士入民家就食，发掘百姓贮藏的粮食。至六月下旬，济南城断粮，甚至出现了人相食的地狱场景。

内无粮草，外无援兵，济南守军在绝望中人心离散，连李璮本人也槁形灰心，“日复昏沉沉”。

七月十三日，李璮决意作最后努力，整军出城决战，但惜乎士卒饥饿已久，根本无一战之力，遭遇蒙古人一个反击，便败退入城。至此，济南城破只是时间问题，李璮也彻底失去了对部队的掌控力，守军由是陆续“各什伯相结，缒城以出”，连李璮的心腹爱将也在其列。

七月二十日清晨，李璮自知大势已去，遂遣散侍从亲兵，而后手刃爱妾，孤身一人乘舟入大明湖，投河自尽，却因水浅未死，为一老兵救起。但老兵并不是什么身怀绝技的扫地僧，也不是什么以死报恩的义士，他根本没有助李璮逃走之意，而是反手将他交给了蒙古人换取赎金。

接着，李璮在蒙古军营中一连见到了三位令他心心念念的汉人世侯。第一位是济南张氏的张宏，正是他接到老兵密报而生俘了李璮。第二位是东平严氏的严忠范。严忠范本想审问李璮，谁料却被反将一军："你每与我相约，却又不来。"严忠范闻之变色，当即刺了李璮肋下一刀。第三位是真定史氏的史天泽。史天泽问道："忽必烈有甚亏你处？"李璮还是那句："你有文书约俺起兵，何故背盟？"史天泽盛怒之下，唯恐泄露什么世侯内部的隐秘，便"唤黄眼回回亲兵砍去（李璮）两臂，次除两足，开食其心肝，割其肉，方斩首"。

至此，李璮之乱不到五个月，就以一次极其残忍的虐杀而终结。

王文统

还有一个身份特殊者，忽必烈决计不会放过。

中统元年（1260年），忽必烈首建中书省以总领全国政务，简拔王文统为首任平章政事，委以更张庶务。

王文统并非金莲川幕府旧人，"少时读权谋书，好以言撼人"，有些乱世纵横家的意思。同为益都人的王文统之后投奔李璮，受到重用，不仅身居首席幕僚，李璮还让儿子拜他为师。更能证明两人关系甚笃的是，王文统当了李璮的岳父。

忽必烈拔擢王文统，主要原因很可能是王文统盛名在外，毕竟，之前李璮的种种奇谋，如虚张敌势、挟宋自重，攻取南宋数州，均出自王文统手笔。但是，忽必烈此举很难说与示好李璮无关，在某种意义上与加封李璮为江淮大都督的性质接近。

据说忽必烈曾有意将王文统直接擢升为百官之首的中书省右丞相（元朝政权一改唐宋旧制，以右为尊），但考虑到王文统资历尚浅，最终还是选择了更孚人望的史天泽，成为左右四相中唯一一位汉人。不过，史天泽等人并不负责具体事务，“他的相业亦仅恃其资历声名调停弥缝，在省署实际负责决策的还是王文统”[1]。

作为中书省的实控人，王文统独揽忽必烈政权的财政大权，深受倚重。在忽必烈与阿里不哥的战争中，王文统提供了不可或缺的财政撑持。

但益都烽火一起，作为李璮岳父与前幕僚的王文统，立时命在旦夕。

中统三年（南宋景定三年，1262年）二月，也就是李璮起兵同月，忽必烈亲自主持了一场针对王文统的御前对质，或者说，审判。

《元史·王文统传》细致入微地记录了当时的“审判实录”，这里不妨全文录之：

---

① ［美］陈学霖：《王文统“谋反”事件与元初政局》，《史林漫识》，中国友谊出版公司，2001年4月版，第78页。

> 世祖召文统问之曰：“汝教璮为逆，积有岁年，举世皆知之。朕今问汝所策云何，其悉以对。”文统对曰：“臣亦忘之，容臣悉书以上。”书毕，世祖命读之，其间有曰：“蝼蚁之命，苟能存全，保为陛下取江南。”世祖曰：“汝今日犹欲缓颊于朕耶？”会璮遣人持文统三书自洺水至，以书示之，文统始错愕骇汗。书中有“期甲子”语，世祖曰：“甲子之期云何？”文统对曰：“李璮久蓄反心，以臣居中，不敢即发，臣欲告陛下缚璮久矣，第缘陛下加兵北方，犹未靖也。比至甲子，犹可数年，臣为是言，姑迟其反期耳。”世祖曰：“无多言。朕拔汝布衣，授之政柄，遇汝不薄，何负而为此？”文统犹枝辞傍说，终不自言“臣罪当死”，乃命左右斥去，始出就缚。

稍微总结一下就是：忽必烈步步紧逼，让王文统承认与李璮勾结谋反，还拿出双方书信作为证据，但王文统就是不认罪。

忽必烈决心将王文统案办成铁案。他召窦默、姚枢、王鹗和张柔等汉人亲信重臣来，展示了王文统的三封书信并问道：“你们看王文统该当何罪？”文臣们都主张处死，只有张柔高呼：“宜剐！”见众臣对诛杀王文统已无异议，忽必烈这才说：“他本人也认罪了。”

二月二十三日，王文统及其子被公开处死，忽必烈为此还诏告天下。在诏书中，王文统被定性为策划谋反多年，“审其有反状者累年，宜加肆市之诛，以著滔天之恶”。

但此案真的是所谓铁案吗？

此案细节破绽百出。

其一，王文统的三封密信是如何暴露的？《元史·王文统传》暗示是李璮主动告发，但动机是什么？“纵使文统真有书信与璮涉及反叛，协议行事，李璮何得于公开反元之后将密函暴露，以置文统于死地？二者即使后来反目失和，亦不应有危害彼此的行动。”[①]

其二，忽必烈指控王文统“汝教璮为逆，积有岁年，举世皆知之”，既然举世皆知，那么忽必烈肯定也知道，但他为何不采取任何行动，反而坐视王文统勾结李璮？这未免过于不合情理。

其三，忽必烈责问王文统为何在信中提及几年后的“甲子年”，王文统的解释至少可以自圆其说，“为了尽量拖延李璮的反期，给忽必烈击败阿里不哥留出时间”。但忽必烈的反应却是“无多言”，拒绝与王文统就这个解释做更多交流，这不免令人怀疑忽必烈对此其实是缺乏确凿证据的。

其四，王文统始终没有认罪，更拒绝自陈“臣罪当死”，忽必烈却告诉重臣他已经认罪了。

陈学霖在《王文统“谋反”事件与元初政局》一文中，多处为王文统“谋逆说”辩诬，认为此案有欲加之罪的重大嫌疑，“忽必烈虽因种种原故必须将文统处死，官方并无列举资料，证明其与李璮同谋反叛”，“似是虚构诬告，借此罗织死罪”。[②]

按照陈学霖的说法，王文统连最基本的谋逆动机都不具备，“以文统当日之地位，得宠于忽必烈，权倾中枢，正可大展鸿图，何致勾结枭雄，作冒险的策谋，自毁难苦建立之基业？是故控词指其勾

---

① ［美］陈学霖：《王文统“谋反”事件与元初政局》，《史林漫识》，第89页。

② 同上书，第90—91页。

结同谋，揆诸情理，并不大可能”[①]。

反而是忽必烈，倒是不缺制造莫须有的动力。其一，事起于仓促，指控王文统谋逆虽然没有确凿证据，但在此种极端状态下，忽必烈不想冒任何内外勾连的倾覆风险，宁杀错不放过，宁株连不慎杀；其二，李璮起兵波及面甚广，有扩大为汉人世侯集体反叛的危险，忽必烈有杀一儆百、震慑群雄的需要；其三，王文统由忽必烈一手提拔，他的谋反势必会损害忽必烈的政治威信，尤其是蒙古本位主义者有可能借机生事，攻讦忽必烈重用汉臣的政策，杀王文统可为忽必烈挽回颜面。

如上所述，决定杀王文统前，忽必烈还咨询了一众近臣的意见。虽说忽必烈心中早有定计，近臣们的意见也未必对其有多大影响力，更无决定性可言，但是，在他们众口一词之下，有的说“必诛”，有的说“宜剐”，也构成了一种王文统必死的舆论压力。

忽必烈的藩邸旧臣为何对王文统欲除之而后快？除了逢君之恶，滔天恨意从何而来？

从某种意义上，王文统算是“孤臣”。王文统是忽必烈力主提拔至中书省的，既非藩邸旧臣，也非世侯，更无蒙古人的血统，无根无柢，他的崛起势必侵害其他政治集团的利益，尤其是同为汉人、生态位重叠的藩邸旧臣。说白了，忽必烈创建汉式行政机构中书省时，那些有藩邸背景的儒臣士大夫满以为舍我其谁，谁料不仅丞相大位落空，实权也到了王文统手里。

当相位悬而未决时，为了阻击王文统，窦默、王鹗和姚枢这三

① ［美］陈学霖：《王文统“谋反”事件与元初政局》，《史林漫识》，第91页。

位金莲川幕府核心人物专门觐见忽必烈，由窦默出面，痛斥王文统。《元史·窦默传》记载，“此人学术不正，久居相位，必祸天下”，举荐同为幕府中人的许衡为相。忽必烈对此不以为然，“不悦而罢”。

不过，这不仅仅是权力之争，也是政见之争，或者说，汉人士大夫往往将权斗与政争掺杂在一起，牵拽之深，可能连他们自己也分不清其中区隔。

窦默指斥王文统“学术不正”，算是将双方的政见之争公开呈于御前。

王文统最擅长的政治实务是理财，因此被金莲川幕府中的传统儒臣士大夫视作“聚敛之臣”，违背了儒家轻徭薄赋、量入为出的经济观念。窦默将王文统与西域（色目人）理财奸臣视同一律，攻讦他“卖利献勤、乞怜取宠”，“以利害惊动人主之意者，无他，意在摈斥诸贤，独执政柄耳”。

从这个意义上来说，王文统和传统儒臣士大夫的政见冲突，与汉武帝时代桑弘羊和儒生的《盐铁论》之争，唐玄宗时代李林甫和张九龄的“吏治”“文学”之争，北宋熙宁变法时的新党、旧党之争，并无本质上的区别。

而在这两派之中，忽必烈却一度偏向没有藩邸渊源的王文统，只能说，忽必烈就像前朝很多所谓雄才大略的君主一样，需要大笔金钱来营建盛世，更需要王文统这样的理财专家来聚敛钱财。当然，其中也有蒙古制度的内在需求，容后再论。

到王文统被杀之时，恐怕窦默、姚枢他们仍然没搞清楚这个道理，这些儒臣士大夫还沉浸在“奸臣惑主终得报应”的传统忠奸观中不能自拔，而不知这一切的背后都是君主的雄心、欲望与妄念，哪怕这位君主与他们曾经多么意气相投、声气相通。

《元史》难得公允了一回，给了王文统这个“叛臣”一个历史结论：

> 然文统虽以反诛，而元之立国，其规模法度，世谓出于文统之功为多云。

带着莫须有罪名而死的王文统，至此或许可以瞑目了。

史天泽

作为平定李璮之乱的首席功臣，史天泽正处于一种不可名状的焦躁中。

史天泽可能不断地回想起，李璮被俘后对他喊出的那句足以诛灭九族的话，“你有文书约俺起兵，何故背盟？”

当时，史天泽既没献俘，更未请旨，以“宜即诛之，以安人心”为由，即刻于军前虐杀了李璮。

这么匆忙地杀掉李璮，很难不让人怀疑这是先斩后奏，甚至是杀人灭口。[①]

这并非空穴来风。据《史天泽家传》，事后史天泽觐见忽必烈时，“乃以擅杀自劾，上察公忠诚，亦不之罪”。

---

① 顾宏义：《天平：十三世纪宋蒙（元）和战实录》，第248页。

杀人灭口多少可能有些阴谋论，但擅杀却无从辩驳。

一句“上察公忠诚”背后，是史天泽家族与蒙古政权长达五十年的“出没风波里”。

1213年，史天泽之父史秉直与长兄史天倪归降木华黎时，史天泽还是个十二岁的稚子。1225年，史天倪为金将武仙设宴诱杀后，史天泽承接过父兄创建的家业，招集流散，存恤穷困，败武仙，围蔡州，真定史氏遂于数年间勃兴为汉人世侯之翘楚。

1251年，忽必烈总理漠南军国重事时，“极知汉地不治，河南尤甚，请以天泽为经略使”，据说史天泽上任后“兴利除害，政无不举”，这极可能是忽必烈与史天泽漫长政治合作的起始点。

所谓忽必烈“察公忠诚”，最早的缘起也在那几年，更准确地说，就是阿蓝答儿钩考。当阿蓝答儿在中原对忽必烈集团发动极尽所能的政治构陷时，史天泽站了出来，他凭借作为勋旧和世侯的政治威望，从阿蓝答儿手中营救出不少金莲川幕府中人。

在此后的阿里不哥与忽必烈之争中，史天泽也坚决与忽必烈站在一起。

在某种程度上，中书右丞相就是忽必烈给史天泽长年尽忠的回报。

史天泽效忠忽必烈，既是一种基于实力计算的政治投机，因为忽必烈掌控了中原的财力与人力；也是一种基于价值观的结合，作为汉人世侯，史天泽天然地支持忽必烈所代表的蒙古汉法派。

但在李璮之乱前后，史天泽等汉人世侯究竟与李璮有无某种政治勾连，甚至私相授受？

说来话长。

汉人世侯多是在蒙古南下攻金时，率领数千数万家族部众归降的地方豪强，他们割据一方，互不隶属，彼此处于某种微妙的政治竞争态势，很难用传统意义上的“政治集团”来定义。

汉人世侯与蒙古的主要分歧，绝非所谓的民族矛盾。各大世侯家族长居北方，对“南宋正统”缺乏认同，他们在蒙金战争中的所谓归降也是“叛金降蒙”，根本就和民族大义扯不上任何关系。特别是那些世居燕云地区的世侯家族，自安史之乱以来就成为中原政权的“化外之地”，历经河朔藩镇、石敬瑭后晋、辽、金和蒙古统治，已有五百年的“去中原王朝化”，哪里还谈得上什么“心向大宋”。

也因此，汉人世侯既然不构成一个政治集团，也就更谈不上“汉人政治利益集团”了。当年的地方豪强之所以可以成为世侯，也是蒙古人的主动选择，可以看作一种间接统治或代理人政权。

那么，汉人世侯与蒙古的矛盾何在呢？

汉人世侯的核心利益就在于长期维持半割据、藩镇化状态。当蒙古人不把中原当回事，或者说不视作核心统治区的时候，自然是倾向于尽量放权，给予世侯更大的自治权，以换取世侯为诸王（投下主）与蒙古收税，为蒙古与南宋作战。但忽必烈的上台改变了这一切，他越重视中原，越将中原当作核心统治区，就越想回收世侯的权力，将间接统治改为直接统治。

也就是说，在蒙哥这样的蒙古本位主义者得势之时，汉人世侯的政治地位固然不高，上升空间也不大，但被忽视也是一种自由，蒙古缺乏甩开世侯直接统治的兴趣与内驱力，他们的唯一政治重心是蒙古草原，蒙古与中亚、东欧一样，都是可以分封、可供间接统治的“次级领地”；而当忽必烈这样的汉法派上台后，汉人世侯在感受到被重视的同时，半割据时代也就接近尾声了。

忽必烈重视汉地，重用汉人，这对汉人世侯而言是政治机遇；但忽必烈立志“削藩”，改间接统治为直接统治，这触动了汉人世侯的核心利益。

正是在“削藩”的威胁下，汉人世侯渐成利益集团之感。也就是说，汉人世侯虽不构成一个紧密的政治集团，但的确形成了某种松散的利益集团。

当然，汉人世侯内部也有分化，比如李璮可以算是激进派，史天泽算是保皇派。但从根本上而言，他们都直面着类似的削藩恐惧，有着唇亡齿寒的自觉，世侯间很可能长期有一些书信往来、信息交换、怨气宣泄，乃至共进退的口头约定，这也在情理之中。

即使是作为忽必烈近臣的史天泽，也很难说与李璮及其他世侯之间就没有任何私下交往，甚至也不排除在书信中一起说些攻讦蒙古人乃至忽必烈的所谓“悖逆之语”。

这不仅仅是基于历史情境的推测。据《元史·张弘略传》：“李璮既诛，追问当时与璮通书者，独弘略书皆劝以忠义，事得释。”

张弘略是顺天世侯张柔的第八子，张弘范的哥哥。李璮与世侯及汉人官僚多有通信，但只有张弘略始终在书信中坚持“忠义”立场，可见其他通信者说了不少有违忠义之语。

不过，没有任何证据证明史天泽也是李璮的通信者之一。只能说，如果史天泽也是通信者，他很可能也对李璮说过某种犯忌之语。

因此，李璮痛斥史天泽那句“你有文书约俺起兵，何故背盟”，自然经由李璮的渲染夸大，毕竟深得忽必烈器重的史天泽没有任何“起兵”的动机；但也未必是无中生有，李璮与史天泽之间可能有文书往来，也可能有过什么同气连枝、和衷共济一类的口头盟约，只是远没有到共同起兵的地步罢了。

李璮为什么要说这句话？一方面，他可能对史天泽等世侯非但没有出兵相助，还反戈一击怀恨在心，临死前构陷一下史天泽也算出了口恶气；另一方面，如上所说，史天泽或许对李璮说过什么牢骚话，或许对李璮的激进态度也表达过声援，虽然可能只是逢场作戏、随声附和，但反志益坚的李璮在志得意满之下，很可能会将史天泽等人的游移暧昧曲解为正式结盟，并深信不疑，这也是一种扭曲了现实的认知。

夸大也好，构陷也罢，史天泽在第一时间就杀掉了李璮，从而沾染了杀人灭口的嫌疑。

参与谋逆是重罪，但忽必烈并不打算追究。不仅是对有嫌疑的史天泽，甚至对子弟牵涉李璮之乱极深的济南张氏，忽必烈也手下留情，不惜“曲法优免”。

究其原因，其一，李璮之乱刚刚平定，与阿里不哥的战争还在进行中，前面又刚刚杀了王文统，忽必烈不想在此时频掀大狱，冤枉忠良也就罢了，万一逼得史天泽及其他世侯铤而走险，反而酿成祸事。这在逻辑上，与曹操在官渡之战后焚烧部下与袁绍往来的书信是相通的。

其二，忽必烈固然想“削藩”，但并不想将汉人世侯连根拔起，毕竟，这些人也是他不可或缺的执政基础之一。忽必烈既需要他们压制内部的蒙古本位主义势力，将统治重心进一步转向中原；也需要在未来依靠他们南征赵宋，以汉制汉。

此时，对于汉人世侯，忽必烈已有了一整套处置方案。忽必烈总的原则类似“大棒加胡萝卜”：硬的一手，迫使汉人世侯交出地方上的实权，尤其是军权，从根本上消弭再次发生类似李璮之乱的政治军事基础；软的一手，不搞扩大化，既往不咎，继续重用世侯等汉人官僚。[①]

李璮之乱成为忽必烈加速削藩的一个契机。一方面，李璮是反削藩激进派的领袖，他的溃灭令削藩阻力立减；另一方面，史天泽这些人虽然原本也不支持削藩，但疑似参与谋逆一事让他们在政治上失去了博弈抵抗能力，没被牵扯进去已然幸甚至哉，对忽必烈唯有俯首听命。

削藩甚至不需要忽必烈亲自发起，《元史·史天泽传》记载，史天泽主动请命："兵民之权，不可并于一门。行之请自臣家始。"很可能，史天泽是想以主动削藩，弥补擅杀李璮之过，修补他与忽必烈初现裂痕的君臣关系。

不过，史天泽此举是出于政治嗅觉敏锐，主动为君王解忧，还是忽必烈需要一个人来承担这一职责，给了史天泽某种暗示，又或许是兼而有之，已不得而知。

史天泽请命削藩后，史氏子弟即日解兵符者便有十七人。真定史氏这一带头，其他世侯深知大势已去，抵制已无意义，索性群起效仿，东平严氏、顺天张氏、济南张氏等在短期内纷纷交出兵权。

接着，忽必烈仿佛是应民意之所请，启动了大规模的内部改革：设枢密院以统兵权；为中书省扩权，加强中央集权；严格执行地方兵民分治；罢世侯世袭；取消汉人官僚封邑；除世侯本人，罢其兄

---

① 周良霄：《李璮之乱与元初政治》，载《元史及北方民族史研究集刊》1980年第4期。

弟子侄为官者……

原本千头万绪、成败未卜的削藩大业，竟这么一蹴而就了。

这么一场对既得利益的颠覆式变革，竟生出些君臣和衷共济的岁月静好感，有了几分杯酒释兵权的意思。

这当然主要归功于蒙古人压倒性的军事优势，特别是世侯慑于蒙古人快速平定李璮之乱的赫赫军威，不敢再作非分之想；但与此同时，忽必烈配套的怀柔政策也给了世侯堪称体面的退出机制。

削藩后，忽必烈对世侯的猜忌之心顿减，反倒给了他们更多的政治上升空间。世侯的政治舞台从地方转至中枢，以实权换高位。比如，史天泽继续做着他的丞相，日后又与张柔之子张弘范一起成为灭宋的盖世功臣。

这也可以看出，所谓解除世侯兵权，更多是私兵意义上的，一旦过了所谓的考察期，忽必烈还是不吝于给予部分世侯统兵权的，只不过，他们从世侯变成了元军的职业将领。

阿合马

削藩本就是大势所趋，相比世侯的有失有得，汉人士大夫意外成了李璮之乱的最大受损者。

汉人士大夫与李璮并无太多勾连，出于大一统的儒家正统观，他们甚至算是忽必烈削藩的思想资源提供者及重要推动者。所谓汉法，其重要组成部分就是以中央集权凌驾于分封制之上，这个分封制既包括蒙古诸王意义上的，也包括汉人世侯层面的。

也就是说，在意识形态层面上，汉人士大夫是汉人世侯的天然反对者。

问题出在王文统事件上。

王文统伏诛后，事件并没就此打住，渐有株连扩大之势。忽必烈的宽宏大量是有选择的，对史天泽这些世侯尽力保全，而对汉族文官集团的内部清洗则持默许态度。

廉希宪、商挺和赵良弼这三位潜邸旧臣首先被牵连了进来，理由是他们与王文统关系不错，有参与谋逆之嫌。

查了几轮之后，忽必烈虽没拿到任何实质证据，却也令他对这几位旧人乃至汉族士大夫心生芥蒂，“始疑书生不可用”。

这也标志着，自1251年以儒臣为主要班底的金莲川幕府成立以来，忽必烈与汉族士大夫的缔盟首次出现重大裂痕。

忽必烈何以一改重用汉族士大夫的政策导向？毕竟，金莲川幕府与汉地是他赖以起家的政治根基。

原因可能有三个。其一，李璮之乱与王文统事件令忽必烈对汉臣的信任大减，文官也好，武将也罢，都纷纷卷入了谋逆风波，这自然是最重要的原因。其二，阿里不哥此时虽残部尚在，但大局已定，蒙古本位主义势力对忽必烈汗位的威胁大减，忽必烈没有必要继续强化自身作为汉法派领袖的政治光环。与汉人、汉法保持一些必要的距离，可以让他作为“所有蒙古人的大汗”的新角色更易在草原被接受。其三，忽必烈已经找到了可以部分替代汉人士大夫的政治势力，这个稍后即详述。

此次政治株连，最早的告发者竟也是一位潜邸旧臣——赵璧，也就是鄂州议和时的蒙方代表。赵璧当时可能也只是以正统儒生的立场，出于对聚敛之臣王文统及其支持者的愤恨而穷追猛打，最多或许还有些政治倾轧的权斗因素。但他很难想到，其引发的滔天巨浪几乎将汉人士大夫一扫而空。

当汉人士大夫陷入内讧之时，一个一度被边缘化的政治集团正坐收渔利。王文统得势前，从窝阔台起至蒙哥时代，来自西域的色目官员一直为蒙古大汗理财，或在中央管理钱谷，或在地方征收赋税。但王文统上位后，起用汉人，以汉法理财获得更大成效，极尽忽必烈之荣宠，色目理财系官员遽然失去地位，就连身为色目人的右丞相祃祃也在政争中不敌王文统，黯然罢相。[①]

王文统东窗事发后，色目理财系官员卷土重来，鸣冤叫屈，所谓"西域之人为所压抑者，伏阙群言"[②]。王文统当年能够击败色目理财系官员，除了个人惊才绝世，可能也与色目人惯于中饱私囊有关，而此次色目人反攻倒算的说辞可称深文周纳：他们的贪墨总胜于汉人之谋逆，"回回虽时盗国钱物，未若秀才敢为反逆"[③]。

忽必烈很可能也在一定程度接受了这一话语体系，由此开始摒弃汉人士大夫，重新起用色目理财系官员。

除了不信任汉人，忽必烈拔擢色目人的另一大原因是：蒙古一日不可缺聚敛之臣，开疆拓土需要钱，笼络诸王需要钱，宫廷消费需要钱，什么都需要钱。与中原王朝极不一样的是，大蒙古国在某种程度上奉行的是草原游牧文明的财产共有制，或者说，军事民主制。蒙古有义务通过赐赉制度，将中原财赋大量分润给黄金家族各宗王

① ［美］陈学霖：《王文统"谋反"事件与元初政局》，《史林漫识》，第97页。
②③ ［元］姚燧：《牧庵集》，卷十五。

和贵族，甚至是普通游牧民，以维持大汗的合法性。

元朝的赐赉形式有岁赐、特赐、宴赐、忽里勒台赏赐、新君即位赏赐等，赏赐物品包括金银、钞币、粮食、丝织品等，几乎无物不赏。赏赐数额大，次数频，名目繁多，客观上给蒙古造成了极大的财政负担，而这在中原本位的儒家士大夫看来，就是挥霍无度，就是赏赐泛滥。

也就是说，忽必烈及前代蒙古大汗的理财需求，除了军费和宫廷挥霍这些中原君主共有的需求，也有草原式家产共有制的内在制度需求，不能仅仅以儒家价值观中充满贬义的“聚敛”和“滥赏”概而论之。

出身金莲川幕府的儒臣士大夫，对理财派汉臣王文统及其支持者欲除之而后快，在他们“二选一”的政治想象中，只要除掉了“学术不正”的聚敛之臣，自然就是国无奸佞、众正盈朝。赵璧们的政治构想，跳脱不出王安石时代的新党与旧党之争，更跳脱不出中国传统政治的小人君子之争。殊不知时移世易，在忽必烈时代的政治结构中，除了所谓的新党与旧党，还有聚敛更为恣肆的色目理财系官员，以及高高在上、俯视一切的蒙古。

更何况，王文统死后，汉臣中也再无如此精于理财且深谙帝王心事之能臣，剩下的都是耻于谈利的儒家士大夫，忽必烈不重用色目人又能找谁？

恐怕直到丧钟响起，赵璧等执迷于内斗的人才明白，君王固然念及金莲川幕府的旧情，固然亲近汉法，但权力的不可侵犯性和聚敛钱财的政治需求压倒一切。

后王文统时代，色目人阿合马应运而起。

在《元史》中，阿合马似乎是横空出世，“阿合马，回回人也，不知其所由进”。但根据《史集》所述，阿合马出身于中亚费纳喀忒（今乌兹别克斯坦境内），是察必皇后的陪嫁奴隶，与皇后家族“过从甚密”，很早就随察必进王府侍从于忽必烈左右，某种程度上也算是潜邸旧臣。

因为有了这层主奴关系，阿合马深受忽必烈信任，凭借着色目人的理财天赋扶摇直上。中统二年（1261年），他已是上都留守同知兼太仓使，代忽必烈掌管宫廷仓廪钱粮。王文统在朝中针对色目理财系官员发动政争时，连右丞相祃祃都相位不保，阿合马却屹立不倒。

也因此，当王文统事败身死，忽必烈能想到的第一个接替者就是阿合马。中统三年（1262年），阿合马领中书左右部，兼诸路都转运使，“专以财赋之任委之”。

至此，大蒙古国的财政大权转了一圈，重新回到了色目人手中。

无论是作为在中原无根无柢的色目人，还是作为大汗家奴，阿合马至少在谋反问题上，丝毫不用忽必烈忧虑。

家奴般的忠诚，以及群体性的理财天赋，这就是色目人能够在蒙古屡蹶屡起的奥秘。而这两点，都是儒家士大夫在价值观上疾首蹙额，断难竞争的。

至元元年（1264年）八月，阿合马升任中书省平章政事，也就是当年王文统曾任之职。

阿合马的财政政策，看起来眼花缭乱：缉私盐、增盐税、增酒税、官办矿冶、茶叶专卖、农具专卖、铜器专卖、清查户口……实则无非就是加税和与民争利，并没有什么色目人的理财不传之秘。

阿合马的思想资源并没有逾越王文统与王安石的范畴，据说他有一句理财箴言，“民力不屈，而国用充”，与王安石那句“善理财者，民不加赋而国用饶”一般无二。

忽必烈与阿合马的关系很奇妙，互为镜鉴，互相规劝。阿合马某次查税过苛，将陕西赋税从一年一万九千锭增至五万四千锭，忽必烈出面制止，还语带讥讽地说：“阿合马知道什么？”而忽必烈开支无度时，阿合马也会出面劝谏：“国家费用浩繁，今年大汗回京后，已支出四千锭，恐怕明年会不够开支，宜量节经用。”

出于儒家的价值观偏见，阿合马在历史中的形象似乎只是一名逢迎君主的聚敛之臣，舍此一无是处。

但事实上，阿合马能言善辩，与史天泽等重臣辩论时，常常说得对方理屈词穷，令忽必烈刮目相看；阿合马为政也进退有度，颇有章法，还曾多次主持减免课税，但《元史·阿合马传》中“竟未提此事，显见作传史臣对之怀有偏见”①。

而阿合马与色目理财官员的贪腐成风，虽有据可查，但可能也别有隐情。在窝阔台时代，色目商人就曾提出以一百四十万两“扑买”天下课税的方案，耶律楚材虽激烈反对，直至声泪俱下，但窝阔台还是强行予以通过。所谓扑买，就是一种“包税制”，包税人以一笔固定钱财从统治者那里取得征税权，少收赔补，多收留成。

在忽必烈时代，尽管财政业已改革，并非纯粹的包税制，但在阿合马与色目官员的实践中，仍然可见包税制的遗存。“扑买”或“包税制”当然是一种恶政，如《元史·耶律楚材传》中耶律楚材所言，“此贪利之徒，罔上虐下，为害甚大”，但与真正意义上的贪腐

① 杨志玖：《元代回族史稿》，中华书局，2015年8月版，第187页。

可能还不是一回事，同样可能存在某种源于儒家价值观的历史偏见。

阿合马的政治才具渐而征服了忽必烈，“授以权柄，言无不从”。《元史·阿合马传》记载，忽必烈某次论政时甚至称赞他有经天纬地之才：

> 夫宰相者，明天道，察地理，尽人事，兼此三者，乃为称职……回回人中，阿合马才任宰相。

阿合马为忽必烈宠信之深，曾给马可·波罗留下了深刻印象，所言不无渲染之处：

> （阿合马）为人较狡黠而有才能，权任甚重，颇得大汗宠任。大汗宠之甚切，任其为所欲为……
>
> 此人管理政府一切官司，任命一切官吏，宣布一切裁判，其所厌恶之人而彼欲除之者，不问事之曲直，辄进谗言于大汗曰：“某人对于陛下不敬，罪应处死。”大汗则答之曰：“汝意所乐，为之可也。”于是阿合马立杀其人，其权力由是无限，大汗宠眷亦无限，无人敢与之抗言。是以官位权力无论大小，莫不畏之。[①]

阿合马的上位，给汉人士大夫带来了灭顶之灾。至元二年（1265年）八月，甚至出现了“诸宰臣皆罢”的情况，解职者包括廉希宪、

① ［意］马可·波罗：《马可波罗行纪》，第170—171页。

张文谦、姚枢、商挺等力主汉法的重臣。

汉法还有明天吗？

当此危急存亡之秋，又是姚枢率先上疏，力陈汉法不可废，《元史·姚枢传》记载："惟恐大本一废，远业难成，为陛下之后忧，国家之重害。"

紧接着，许衡于至元三年（1266年）四月奏陈"时务五事"，大谈北方政权用汉法者久存，不用汉法者速败：

> 考之前代，北方之有中夏者，必行汉法乃可长久。故后魏、辽、金历年最多，他不能者，皆乱亡相继，史册具载，昭然可考。使国家而居朔漠，则无事论此也。今日之治，非此奚宜？夫陆行宜车，水行宜舟，反之则不能行；幽燕食寒，蜀汉食热，反之则必有变。以是论之，国家之当行汉法无疑也。

忽必烈当时并未对这两篇书奏明确表态，但为之动容。不久后，数位潜邸旧臣如姚枢、张文谦、廉希宪、商挺都获复职。

然而，阿合马的权势此时已无可撼动，汉臣的复出无力挽回颓局，更多是忽必烈的某种念旧情绪使然，给这些汉人勋旧一些闲职养老，如姚枢担任的就是有职无权的同议中书省事；再或者，不过是权力制衡的帝王心术。

据《元史·王鹗传》，阿合马甚至曾有机会登上宰执之位，"时阿合马巧佞，欲乘隙取相位，大臣复助之，众知其非，莫敢言"。此时，作为金莲川幕府最年长者，年近八十的王鹗奋然掷笔说："吾以衰老之年，无以报国，即欲举任此人为相，吾不能插驴尾矣。”阿合马拜相的“奸计为之中止”。

无论阿合马拜相与否，金莲川幕府的时代都就此落幕了，“在李璮、王文统事件之后，汉人的政治力量已一蹶不振，汉法的实质功能难以伸展，足见这场叛乱影响的巨大广远”[①]。

阿合马的扶摇直上固然与其擅权谋有关，但究其根本可能还在于忽必烈。阿合马死后，忽必烈再用卢世荣；卢世荣被诛后，又用桑哥。赵翼在《廿二史札记》中讥刺忽必烈嗜利：“统计帝在位三十余年，几与此三人者相为终始，此其嗜利贪得，牢固而不可破也。”

但有一点是肯定的，正是在阿合马聚敛之财的襄助下，忽必烈紧锣密鼓地做好了对南宋大举用兵的准备。

打仗需要用钱，这是硬道理。这硬道理不单忽必烈懂，贾似道也懂。

---

① ［美］陈学霖：《王文统“谋反”事件与元初政局》，《史林漫识》，第110页。

【第五章】

泸州：归正人刘整

新政

趁着忽必烈政权困于漠北战事与李璮之乱，贾似道在南宋推行规模浩大的新政。

尽管南宋在历史上有富庶之称，商业、城市经济和海洋贸易臻于极盛。但到了贾似道时代，历经二十余年的蒙宋战争，南宋“国计有将败之虞”，当时有大臣忧心如焚地上奏称：

> 国家版图日蹙，财力日耗……闻之主计之臣，岁入之数不过一万二千余万，而其所出，乃至二万五千余万……财用空竭犹之气血凋耗，亦足以毙人之国……国家用度日以不给，盖有如贾谊所谓“大命将泛，莫之振救”者。[①]

上述奏对有一句极痛切之语，“财用空竭犹之气血凋耗，亦足以毙人之国”，南宋财政到了此等境地，不改已有亡国之忧。对此，急于捞取政绩的贾似道又岂能置若罔闻，他希冀以新政澄清自己于天下。

① 〔明〕黄淮、杨士奇编:《历代名臣奏议》，卷六十三。

相比包罗万象的王安石变法，贾似道新政基本局限于财政领域，目标也未必有“富国强兵”这么高远，也就是为了缓解南宋末年“国库空虚，州县罄竭”的困境，说白了就是筹集军费。汲汲于仕途的贾似道远不是一个理想主义者，很可能并没有王安石那么强烈的价值观诉求，他发动新政更多只是一个宰执在战争年代别无选择的救世之举。

但这至少可以说明两点：其一，贾似道执政之初，未必如传说中那样苟安无为，无论其才具如何，他是有锐意改革之志的，为此不惜将自己拖入政治旋涡；其二，蒙古与南宋在财政上几乎同时陷入了捉襟见肘的战时经济窘境，继而直面各自的聚敛政争，那边的主角先后是王文统与阿合马，这边的主角是贾似道。

贾似道新政的核心，是景定四年（1263年）二月施行的公田法。所谓公田法，就是国家强制性从拥田逾限的官户那里回购田地，作为长期的军饷来源。

按照周密《齐东野语》所述：

> 回买官田，可得一千万亩，则每岁六七百万之入，其于军饷沛然有余。

公田法出台前，宋理宗举棋不定，担心其牵涉面过广，便以春耕在即为借口，欲推延至秋后再议。贾似道对皇帝的优柔寡断心存不满，就以辞官归田相要挟。宋理宗见状，只得同意先在浙西进行试点，继而推行全国。

为平息物议，贾似道率先将自家在浙西的万亩良田献出，作为官田首倡，宋理宗之弟荣王赵与芮随后跟进，令反对派一度噤声。赵与芮素来与贾似道不和，参与献田应为宋理宗授意。

尽管贾似道的初衷是为了筹集军费，但公田法只要推行下去，自然有抑制兼并之功能。土地归国家所有在中国历史上有着充沛的思想资源，尽管王莽附会《周礼》的王田制改革以一种极荒诞的方式破灭，但类似的变革冲动始终存在于历代。

贾似道未必有这样的情怀，就当时的情势来看，公田法可能也是不得不发。南宋的军粮此前高度依赖和籴制，也就是官方强制从民间统购粮食。但随着南宋财政状况的恶化，和籴的价格越压越低，严重脱离真实市场价格，民间苦不堪言，难以为继。

同样是聚敛，从理念而言，公田法至少是着眼长期的，只要国家回购田地的出价公道，倒也未必算得上恶政，或者说，相比和籴，两害取其轻。

但问题还是出在了执行上。公田法的原始版本是国家强制买回超过官户限定的田亩数，之后一路升级，先是凡拥田两百亩以上的官户，由国家买回三分之一田产，再后来连一百亩甚至更少，都要买回。

为了邀宠于贾似道，地方官在公田法改革中恣意妄为地扩大化，除了大地主，稍宽裕点的普通人家也被强制卖田，有异议便以刑罚逼迫，致使民间骚动。

打击面过广也就罢了，因为购田数过于庞大，南宋朝廷付不出购田银钱，就用纸币等充数，甚至连发给僧尼的免税度牒也被拿来抵值，被周密讥讽为“几近白没矣”。官府给的购田价甚至不到真实价格的一成，价值一千贯一亩的良田，仅给四十贯，且一半是无用的官诰、度牒，另一半是日益贬值的纸币“会子”。[①]

为了推进公田法，贾似道又启动了推排法，也就是重新核检土地面积，查实赋税，与阿合马在北方的清查户口遥相呼应。时人作诗讥刺云：

> 三分天下二分亡，犹把山川寸寸量。
> 纵使一丘添一亩，也应不似旧封疆。

针对南宋楮币（楮皮纸制成的纸币）一再贬值的困局，贾似道不惜赌上政治威望，贸然启动了风险极高的货币改革，实则就是再发行一版纸币。果不其然，货币改革不但收效甚微，反而加重了南宋的财政危机与民生困苦，如周密《齐东野语》所说：

> 物价自此腾涌，民生自此憔悴矣。

无论南宋财政体制的变革必要性如何蹙迫，也无论贾似道的救世之心如何真切，强制买田、查税、物价飞涨……新政全面铺开之后，朝野内外之众怒如水火，阻力之大甚至超越了宋理宗、贾似道君臣的联手威势。

没错，虽然宋理宗平日对政事不甚关心，新政之初也一度畏葸不前，但他实际上是贾似道新政的幕后支持者。说白了，南宋财政危机之严重昭然若揭，颟顸如宋理宗也无法视而不见。甚至有理由怀

① 顾宏义：《天平：十三世纪宋蒙（元）和战实录》，第261页。

疑，新政就是宋理宗本人的想法，贾似道更多的是扮演具体执行者的角色。

总得有人为君父分忧，作为独相的贾似道责无旁贷，这或许就是集权的反噬吧。除了相才不足，贾似道可能是高估了自己援鄂归来的威望，更可能是低估了本朝政制的疾不可为，总之，贾似道新政在一两年间便败象已露。

景定五年（1264年）七月初，也就是新政发端的一年半后，一颗突如其来的彗星划过大宋的天空。依照天人感应的“天变”惯例，宋理宗“诏求直言”，却在不期然间引发了一场突如其来的政治风暴。

风暴的中心正是贾似道。以彗星为契机，朝野各方人士对新政特别是公田法群起而攻之，朝中甚至有人直指贾似道擅权，抨击他入相以来朝政败坏，“忠厚之泽已尽矣”。这与王安石变法期间彗星出现时的朝野舆情如出一辙。

《元史·叶李传》记载，八十三名太学生伏阙上书，攻讦新政“三光舛错，宰执之愆。似道缪司台鼎，变乱纪纲，毒害生灵，神人共怒，以干天谴”。上书由太学生叶李起草，贾似道听闻后盛怒，派左右诬告叶李，将其贬至漳州。

此时的贾似道当然无法预料，十余年后，他临死前与叶李会有一次主客易位的会面。

《宋史·高斯得传》也记载了大臣高斯得上书宋理宗：

陛下专任一相，虚心委之，果得其人，宜天心克享，灾害不生。而庚申、己未之岁，大水为灾，浙西之民死者数百千万。连年旱暵，田野萧条，物价翔跃，民命如线。今妖星突出，其变不小。若非大失人心，何以致天怒如此之烈。

贾似道的政治形象由此步入下行线，他在后世的奸相定案多半肇始于此。

黄仁宇以他一贯的重数目字而轻儒家道德叙事的价值观指出：

> 贾似道之犯众怒，并不是单独的由于他合计敌情错误，也不是因为他骄奢淫佚，而大部是由于他在理宗赵昀的最后两年，倡议“买公田”，等于没收一部分富人的资产去充军食。并且又由他主持发行最后一次的信用货币，引起物价再度上涨。[①]

旋涡中的贾似道退意萌生，彗星争议发酵后便向宋理宗乞辞相位。在熙宁时代的彗星风波中，王安石也曾自请罢相。

贾似道的辞相，自然有其心灰意冷的一面，但其中可能也有以退为进的权谋。

宋理宗的优容权相人设一以贯之，面对朝野对贾似道的如潮指斥，他在诏书中难得展露出了君王的担当：

> 言事易，任事难，自古然也。使公田之策不可行，则卿建议之始，朕已沮之矣。惟其上可以免朝廷造楮币之费，

① ［美］黄仁宇：《赫逊河畔谈中国历史》，生活 · 读书 · 新知三联书店，1992年2月版，第180页。

> 下可以免浙右和籴之扰，公私兼济，所以命卿决意举行之。今业已成矣，一岁之军饷皆仰给于此。君遽因人言而罢之，虽可以快一时之异议，其如国计何？如军饷何？卿既任事，亦当任怨，礼义不愆，何恤人言？卿宜安心奉职，毋孤朕倚毗之意。[①]

“不知祖宗三百年间，曾有士人上书而去宰相者乎！”宋理宗一锤定音，“由是公论顿沮”，“自是中外结舌焉”，彗星政治风暴终了于此。贾似道保住了相位，公田法也未废止，但新政已然再衰三竭，日暮途远。

无论后续影响如何，单纯就政治操守而言，宋理宗对贾似道新政始终如一的支持令人称道，君臣相契甚于宋神宗之于王安石。这或许也算是一种“得君行道”，但贾似道新政是否算是“行道”，却在当时和后世都充满争议。

彗星政治风暴，连带辞相风波，深刻影响了贾似道政治人格的蜕变。

其一，援鄂归来后，贾似道一时众望攸归，大有“安石不出，如苍生何”的声势，与士人的关系也称得上融洽，被视作士大夫的一分子。彗星政治风暴后，贾似道与士大夫集团的结盟关系趋向破裂，士人视贾似道为聚敛之臣与误国权臣，大肆抨击；而贾似道则在风波平息后大举报复太学生等批评者，“所谓陷害忠良、排除异

① 〔宋〕周密:《齐东野语》，卷十七。

己、实施专政，成为其公田不便之外更大的罪名”[①]。

其二，辞相成为贾似道一而再再而三的政治闹剧。在第一次辞相中，贾似道得到宋理宗的慰留，不仅安然渡过政治风波，而且权位愈固。这自然是一个正反馈，贾似道其后很多年间又屡次请辞，被时人讽为“要君”，也就是以辞职与皇帝博弈，甚至要挟皇帝。将请辞定义为“要君”或政治表演，多少有些诛心，贾似道或有真心求退之意，但累辞不得反被许以更多恩遇，却也是一个不争的事实。

其三，贾似道政治生涯的前半程以奋发有为、勇于任事著称，军事上破釜沉舟，政治上锐意革新，但彗星风暴后，因循苟且成为他全新的政治标签，他主动融入了南宋的苟安政风：

> 可知景定年间贾似道初入相之际，对自己的立身尚具有清廉奉献的自律意识，锐意改革，志在解决南宋积弊，其以失败告终，直接导致了他在咸淳年间的消极无为。[②]

力保贾似道过关，几乎算是宋理宗的政治遗作了。

要君

在《剑桥中国宋代史》中，宋理宗末年的南宋政局宛如末世：

---

① 张春晓：《贾似道及其文学交游研究》，第44页。

② 同上书，第40页。

> 到13世纪60年代，某些幻灭感及宿命论笼罩着临安。理宗皇帝（1224—1264年在位）似乎以纵欲来逃避绝望，高官们则忙于政治斗争而逃避其失职责任，靠官府措施试图重振经济繁荣之举，在若干灾难性失败后已丧失吸引力，主动求和也遭放弃，况且还有赵氏皇室无法产生名正言顺的合适后嗣这一隐忧。[①]

立储之争乃至更广义的宫廷政治，在时下往往被窄化为以后宫争宠为主的所谓宫斗，也因此被视为于南宋政局无关宏旨。但至少从宋季的立储困局来看，无论是没有皇嗣而导致的继承危机，继承人缺乏必要的储君政治训练，还是国无长君，都对南宋政局产生了深刻的影响，或者说得更直接点，令深陷外患的宋廷雪上加霜，政局不稳，难以专力战和。

宋理宗朝末年正是如此。

景定五年（1264年）十月二十六日，六十岁的宋理宗赵昀驾崩，其在位四十余年，时长居南宋诸帝之首，算上两宋时代，也仅次于宋仁宗的四十二年。

《宋史·理宗本纪》总括了赵昀在位时的三大错失：史弥远、丁大全、贾似道窃弄威福，与相始终；贪地弃盟，入洛之师，事衅随起，兵连祸结，境土日蹙；郝经来使，似道讳言其纳币请和，蒙蔽抑塞，拘留不报，自速灭亡。

---

① ［英］崔瑞德、［美］史乐民编：《剑桥中国宋代史（上卷）：907—1279年》，宋燕鹏等译，中国社会科学出版社，2021年4月版，第821页。

宋理宗膝下无子，二十五岁的侄子赵禥依遗诏即位，次年改元咸淳，是为宋度宗。

赵禥能顺利即位，也有贾似道之助力。赵禥据说七岁才会说话，智力低于正常水平，但为宋理宗所喜，被立为太子时曾遭到诸多朝臣杯葛，《宋史·吴潜传》记载，左丞相吴潜也密奏宋理宗反对，“臣无弥远之材，忠王（赵禥）无陛下之福”。而贾似道则毅然决然地站在了宋理宗一边，为此，宋理宗曾多次下诏褒奖贾似道的定策立储之功，着重点出“与朕同心同德”。

这也可见，宋理宗对贾似道的倚重，并非仅仅因为贾似道的军功，以及自身习惯性的懒政，也在于贾似道对帝王不足为外人道的私人核心利益之鼎力撑持，不似主流士大夫那样动辄拿出“社稷为重君为轻”来劝谏规训。

宋度宗的政治才具逊于业已平庸的宋理宗，对贾似道的依赖也甚于伯父。自入东宫始，赵禥的兴趣点就在醇酒、美人之上，传言“度宗在宫中，尝以壶酒自随，尽日不醉”。据《续资治通鉴·宋纪》，他继位后甚至有一日临幸三十余妃嫔的记录：

> 帝自为太子，以好内闻；既立，耽于酒色。故事，嫔妾进御，晨诣閤门谢恩，主者书其月日。及帝之初，一日谢恩者三十余人。

赵禥的好色盛名甚至传到了马可·波罗耳中：

> 惟此国之人非战士，仅知沉湎于女色之中，而其国

王尤甚。

咸淳元年（1265年）三月，宋理宗刚刚下葬，赵禥登基未满半年，贾似道就上章辞相，径直回到其在绍兴府的私宅。据南宋笔记《咸淳遗事》，赵禥惊慌失措，于一月内多次御笔宣召贾似道回京，好话说尽，连“予夜不安枕，未明求衣，专俟师相归，处分万几之事”这种讨好话都说得出来。最后，皇帝的父亲、已改封福王的赵与芮都亲自上门游说，经数次往还，才最终说动贾相回朝。贾似道这番折腾收获颇丰，回朝时被拜为太师，进封魏国公。

《宋史·贾似道传》的辞相版本更为厚黑，“甫葬理宗，即弃官去，使吕文德报北兵攻下沱急，朝中大骇，帝与太后手为诏起之”，认定贾似道表面辞官，内里挑唆吕文德谎报军情，实为阴谋要君之举。

不到一年，咸淳二年（1266年）正月，贾似道又故技重演，第二次向宋度宗辞相。情急之下，宋度宗竟不顾君臣名分，“涕泣拜留之”。《宋史·江万里传》记载，参知政事江万里见状急忙用身体扶住作拜姿的皇帝，说：“自古无此君臣礼，陛下不可拜，似道不可复言去。”贾似道当时也蒙了，退朝后向江万里道谢：“微公，似道几为千古罪人。”实则对他深为忌恨。

又一年后，咸淳三年（1267年）二月，贾似道第三次向宋度宗请求告老还乡。据《宋史·贾似道传》，在宋度宗的催促下，大臣、侍从每天来贾府挽留四五次，中使更是上门十余回；为了防止贾相不辞而别，他们甚至每天夜里轮流在相府门口守夜。

这次博弈的结果是，贾似道又被特授了一个专属于元老重臣、地位高于丞相的非常设官职：平章军国重事。这还不够，宋度宗为减轻贾似道的工作强度，特别授予了他“一月三赴经筵，三日一朝”的特权。贾似道倒也没推辞，待在西湖葛岭的新别墅里深居简出，将日常政务尽数推给两位门客，但大事都由他遥制。另一位丞相叶梦鼎反而因此被架空，时人讥讽为“朝中无宰相，湖上有平章”。

连续三次的辞相，贾似道不仅没走成，还接连被加封了太师、魏国公和平章军国重事，要君至此，已是登峰造极。无怪乎，《宋史纪事本末》专门开了一卷“贾似道要君”，一桩桩给他记录了下来。

在宋度宗朝的辞相与要君中，贾似道一路抵达了权力巅峰，权势之盛甚至超越了秦桧和史弥远，为南宋权相之首。贾似道被宋度宗尊称为“师臣”，被举国官员敬称为“师相”与“元老”，“今天曰‘师相’，明日曰‘元老’，今日曰‘周公’，明日曰‘魏公’，无一人敢少指其非”[①]。

官员请辞本是南宋官场风行的政治习气，江万里和叶梦鼎等宋度宗朝宰执重臣也不断有辞官的申请，宋度宗也是一样不允。贾似道的累辞求去，“既是宋季官场以处为出的为官之道，且其自有理据”，但为何唯独他引起士人极大反感，被斥为要君？有两点原因，不可不察：“一是时势使然：王朝危机四伏，行政任性不作为与个人生活的穷奢极欲形成极大的反差；二是其请辞的手段过于强烈频繁，由于度宗对其高度依赖，请辞风波动荡，朝野不宁，难免留下要君口实。贾似道或曾真心求退，之后却愈演愈烈，成为一种欲罢不能的政

---

① ［宋］周密：《癸辛杂识·后集》。

治姿态，则求去一事渐失其本身的真实意味。”[①]

贾似道要君背后，既是揽权自重，也是新政挫败后的意气消沉。

无心国事的年轻帝王，搭配心灰意败的权相，苟安之风正是临安君臣士庶的最大公约数，被时人称为“人主好谀，宰相导谀，士大夫习谀，内外遂以成风”[②]。

苟安作为一种政治追求倒也无可厚非，收复失地或兵连祸结更非政治正确，问题从来就是临安君臣并不掌握苟安的主动权和决定权。

当贾似道醉心于请辞与挽留时，苟安的丧钟早已敲响于距离临安三千里的泸州。

叛降

严格说来，广义上的贾似道新政第一项措施并非公田法，而是景定二年（1261年）针对军队推出的打算法。

所谓打算法，即核算将帅的军费开支，与蒙古那边的钩考有近似之处。南宋中期以降，“武将边帅腐败，贪污贿赂公行，克扣士兵粮饷、虚报军额、假公济私等行为在在皆是”[③]，以至有“国家竭民力以养兵，而诸将乃竭兵力以奉己”之说。当时将帅吃空额风气盛行，三大战区几乎都出现了“符额半虚”的状况。

军队贪腐至斯，贾似道的改革算得上对症下药，至少也是师出

① 张春晓：《贾似道及其文学交游研究》，第57页。

② 〔元〕冯福京：《昌国州图志·前序》。

③ 顾宏义：《天平：十三世纪宋蒙（元）和战实录》，第257页。

有名，以打算法节流，以公田法开源。

但贾似道借打算法在军中打击异己的私心也近乎众目昭彰，高达、曹世雄、向士璧与贾似道在鄂州之围时早生嫌隙，而赵葵、杜庶、李曾伯和徐敏之等边帅则可能因竞争关系与贾似道不睦，成为重点“打算”对象，抄家的抄家，下狱的下狱。高达和赵葵虽侥幸过关，但向士璧、曹世雄和杜庶都死于打算之中。

作为贾似道的亲信，吕文德家族在当世也以“宝货充栋，宇产遍江淮，富亦极矣”闻名，但吕文德在打算法风暴中近乎全身而退，这也可见贾似道的内外有别。

不过，贾似道挟私报复的破坏力可能被后世渲染夸大了，或者说，即使贾似道公而忘私，推动打算法也有不测之忧，这与公田法激发了士大夫阶层的杯葛一样，在军队这个特殊的群体内部，重手反贪腐自然更易激发反弹，何况还是在战时。相较而言，贾似道的假公济私只是进一步加大了变生不测的概率。

贾似道的最大失误不在被道德化放大的公私不分——在那时的政治环境中又哪里存在纯粹的公心呢——而在于打算法的出台过于草率。贾似道自恃挟鄂州之胜回朝，不仅高估了自己在军界的威望，而且低估了军内贪腐的盘根错节，未经深思熟虑便轻于一掷，遂至一发不可收。

当然，贾似道可能也有隐衷。连年战争已打空了南宋国库，军费的恶性膨胀已为燃眉之急，作为宰执，他求治心切，又缺乏掌控全局之才具，未免有急功近利之误，企图毕其功于一役，打算法如此，公田法也如此。

无论缘由为何，贾似道终究铸成大错，间接逼反了知泸州军州事兼潼川十五军州安抚使刘整。

刘整原本是金朝邓州人，“沉毅有智谋，善骑射”，蒙金战争爆发后以归正人的身份投宋。

所谓归正人，为南宋朝野对北方“沦陷区”南归者的统称，其中不无蔑视与猜忌之意。朱熹在《朱子语类》中就给了归正人一个不无防范心态的定义：

> 元是中原人，后陷于蕃而复归中原，盖自邪而归于正也。

南宋对归正人，尤其是归正人从军的态度素来游移不定。一方面，归正人骁勇，长于战斗，南宋在军事上对归正人的依赖甚深，大臣张浚感慨颇深：

> 国家自南渡以来，兵势单弱，赖陕西及东北之人不忘本朝，率众归附，以数万计。臣自为御营参赞军事，目所亲见，后之良将精兵，往往当时归正人也。三十余年捍御力战，国势以安。①

另一方面，的确有归正人成为奸细打入南宋内部搜集情报，南宋朝廷与将领对归正人越是防范与歧视，就越增加归正人的怨怒与离心力，互为因果，不知伊于胡底。朱熹对此忧心忡忡：“古今祸乱，必有病根。汉宦官后戚，唐藩镇，皆病根也。今之病根，在归正人忽

① ［明］黄淮、杨士奇编：《历代名臣奏议》，卷八十八。

然放教他来，州县如何奈得他何！”[①]朱熹对归正人虽抱有偏见，但这也正是当时南宋军政精英对归正人的主流态度。[②]

前文提过，王夫之在《宋论》中曾喟叹：“宋本不孤，而孤之者，猜疑之家法也。”这句话更多指向的是两宋防范武将，但归正人的命运又何尝不是如此？

尽管掣肘于归正人的尴尬政治人设，但凭借其勇武英锐，刘整早年在南宋军界的运气尚属顺遂。

入宋后，刘整追随的第一个边帅为“军神”孟珙。《元史·刘整传》中说，孟珙作为宋军主帅联蒙攻金时，刘整曾作为前锋夜袭金人守备的信阳，率骁勇十二人，“渡堑登城，袭擒其守”。得胜归来时，孟珙闻之大惊，“以为唐李存孝率十八骑拔洛阳，今整所将更寡，而取信阳”，于是亲书刘整所部军旗“赛存孝”，刘整遂一战成名。

李存孝虽勇冠三军，但因背叛义父李克用而声名狼藉，最终被车裂而死。冥冥之中，孟珙不意以叛将为名号送给刘整，岂非天数？

岳飞之后，孟珙可能是最善待且最擅用归正人的南宋边帅。孟珙以归正人为班底成立了一支名为“镇北军”的新军，《宋史·孟珙传》中记载：“镇北军者，珙所招中原精锐百战之士万五千余人。”

但孟珙之外，南宋军界对刘整的猜疑之心似乎始终未消。《新元史·刘整传》记载，曾任京湖制置使的边帅赵方嘱咐儿子赵葵：“整才气，汝辈不能用，宜杀之，勿留为异日患。”刘整或许多少有些恃

① ［宋］朱熹：《朱子语类》，卷一百一十。

② 裴淑姬：《试论南宋政府对归正人的政策——以科举、授官为中心》，载《中国史研究》2003年第4期。

才傲物的毛病，与同僚关系也未必和睦，但被军中前辈如此疑忌，其身为归正人所遭受的身份歧视可能才是核心原因。

南宋宝祐二年（1254年），年过四十的刘整随蜀帅李曾伯入川，屡建战功，至景定元年（1260年）四月，刘整被擢任为潼川十五军州安抚使、知泸州军州事，“南方诸将皆出其下”。作为归正人，刘整进入了仕途巅峰。

但刘整在不经意间与吕文德交恶。吕文德不仅贵为京湖制置使，更是贾似道的第一亲信爱将，某种程度上也算贾似道入相后的军中代理人。鄂州之战中，高达等将曾公开表示对贾似道的轻蔑，每见其督战时，就嘲讽说：“巍巾者何能为哉！”而吕文德则“谄似道”，派人呵斥高达：“宣抚（贾似道）在，何敢尔邪！”

交好贾似道，再加上真实的军功，鄂州解围后，吕文德即受到宋廷的嘉奖，《宋史全文》中说：“吕文德援蜀之赏未足酬功，今援鄂之勋尤为显著，特赐百万，良田万顷”，一时间风头无两。

吕文德与刘整的交恶原因，《元史·刘整传》中只有五个字：“吕文德忌之”。刘整与吕文德地位相差甚远，对后者尚不构成什么政治威胁，所谓的“忌之”，更可能是说刘整桀骜不驯，或许还曾拒绝投身吕文德阵营，令专注于军中揽权经营吕氏军事集团的吕文德衔恨。当然，刘整的归正人身份被猜忌可能是更深层的背景。

吕文德对刘整极尽打压之能事，《元史·刘整传》所谓“所画策辄摈沮，有功辄掩而不白”，也就是说，吕文德每逢刘整出谋划策就漠然置之，后者建立功勋也不予上报。而最具杀伤力的一招是：举荐与刘整不和的俞兴为四川制置使。

原本俞兴与刘整之争也就是军中惯常的内斗，但恰逢此时军中推行打算法，遂形势滑向不可收拾。景定二年（1261年）四月，俞兴派人去泸州“打算军前钱粮”，刘整自知情势严峻，主动服软，先以金瓶贿赂俞兴，但未被接受；继而拜诣俞兴之母，请她出面调停，仍未成功；无奈之下，遣使赴临安上诉，却又未能直达中枢。

此时，向士璧和曹世雄死于打算法的噩讯传来，刘整惊惧不已，走投无路之中为求自保，遂密谋降蒙。

刘整的蒙古联络人是汉人世侯、成都路军民经略使刘黑马。《元史・刘元振传》记载，刘黑马派儿子刘元振前往泸州受降。行前，蒙古诸将怀疑刘整为诈降，“刘整无故而降，不可信也”。刘元振力排众议：“宋权臣当国，赏罚无章，有功者往往以计除之，是以将士离心；且整本非南人，而居泸南重地，事势与李全何异，整此举无可疑者。”可见，汉人世侯对南宋的国内形势掌握得很准确，不论是贾似道新政导致的内部倾轧，还是刘整作为归正人的尴尬身份。刘黑马激励刘元振说：“刘整宋之名将，泸乃蜀之冲要，今整遽以泸降，情伪不可知，汝无为一身虑，事成则为国家之利，不成则当效死，乃其分也。”

刘元振至泸州，刘整开门出迎，刘元振为显示信任无疑，弃众而先下马，单骑与刘整相见。次日，刘元振脱去盔甲，与刘整骑马并排入城，参加酒宴时大醉方休，毫无戒心，令刘整折服。

刘整召士人许彪孙起草降文。《宋史・许彪孙传》记载，许彪孙说出了一句壮怀激越的名言：“此腕可断，此笔不可书也。”之后闭门与家人喝药而死。

刘整召集属吏告知降蒙事宜：“为南者立东庑，为北者立西庑。”在武力胁迫下，“官吏皆西立，惟户曹东立”，刘整杀掉了这位在历史上没留下名字的微末小吏，“与西立二十七人归北”。

景定二年（中统二年，1261年）六月，刘整以泸州等十五个州郡共三十万户投降蒙古，被忽必烈任命为行夔府路中书省兼安抚使。泸州失陷，使川蜀地区宋蒙力量对比更加失衡，南宋在川两大重镇重庆府与嘉定府之间的联系几乎被切断，各支宋军陷入孤军作战的困境。①

据《宋史纪事本末》记载，“蒙古既得整，由是尽知国事虚实，南伐之谋益决，而似道自若，不以为虞”。贾似道不仅间接酿成了刘整之降，还严重低估了刘整叛降的摧毁性效应。

但轻视归轻视，讨伐还是要讨伐的。在宋理宗的亲自督导下，贾似道不敢怠慢，即刻调兵遣将，将征讨的责任交给了这场叛乱的生事者——吕文德与俞兴。

俞兴奉命讨伐泸州。泸州治所此时位于在险要程度上堪比钓鱼城的神臂城，俞兴虽心术不正，但治军攻城有条不紊，在昼夜急攻下，神臂城一度危在旦夕。

此时，左右亲信劝刘元振说：“事势如此，宜思变通，整本非吾人，与俱死，无益也。”刘元振拒绝弃城而逃：“人以诚归我，既受其降，岂可以急而弃之！且泸之得失，关国家利害，吾有死而已。”粮食将尽时，刘元振杀马犒劳将士，招募水性好的士兵持蜡书至成都求援，伪造金银牌分赏有功将士。援兵来后，刘元振与刘整联兵出击，大败俞兴，赵景良在《忠义集》记载，宋军“士卒拥溺者十八九，流尸蔽江而下”。

---

① 顾宏义：《天平：十三世纪宋蒙（元）和战实录》，第259—260页。

刘元振向蒙古报捷时，且自陈擅造金银牌罪，忽必烈不仅未加惩戒，还嘉奖了他的“通于权变”。刘元振这一系列的表现，完全没有辜负父亲刘黑马行前对他的忠义之嘱。

《元史·刘黑马传》记载，泸州被围时，刘黑马已有疾在身，仍然亲自督促转运军需，布置解围泸州，属下劝他休息时，他以“国事方急，以此死，无憾”婉拒，后果然病死于当年，也算求仁得仁。

蒙古汉人世侯刘黑马父子的忠义许国、南宋名将刘整的被迫降蒙，两相对比之下，高下立见，其中虽不无史书的刻意渲染，但也当思鼎革时代之人心向背。

刘整降蒙第一年，不仅击败俞兴，还献上了“益屯兵、厚储积”的图宋大计，迅速赢得了忽必烈的青睐。中统三年（1262年），忽必烈召刘整入朝，授行中书省于成都、潼川两路。忽必烈政权官制比较复杂，这里不详述了，但刘整显然是被擢升了。

景定四年（中统四年，1263年）五月，高达又将兵进攻成都，刘整率军驰援，宋军慑于“赛存孝”威名，未战先遁，转攻潼川时，再为刘整所败。

在军功加持下，刘整在蒙古的政治行情扶摇直上，但可能因为不擅经营同僚关系，此时又遭遇了他在宋军中经历过的内部倾轧，据《元史·刘整传》，“同列嫉整功，将谋陷之”。但刘整相较南宋时在政治上已圆融不少，汲取了打算法事件中的率性教训，不仅没有针锋相对，鱼死网破，反而主动退抑，自请分权，“整惧，请分帅潼川”。

复仇

投蒙后，刘整建功心切，似乎将一切心力都集中于灭宋之上，其热切程度可能超过了忽必烈麾下任何一位降蒙重臣。

一位刚刚易帜的名将，为何如此迷恋于消灭所谓的母国？原因或包括相互缠绕的以下几点。

其一，刘整本就是出身金朝的归正人，对南宋缺乏根深蒂固的认同感。

其二，作为归正人，刘整在南宋政争中遭到各种打压，尤其是在打算法前后，刘整对吕文德和俞兴恐怕是恨不能食肉寝皮，投蒙后可能多少有些报复情绪。

其三，从心理动机而言，刘整可能有所谓的皈依者狂热，极力推动灭宋不仅是他激进情绪的宣泄，也是某种向蒙古人表达忠诚的投名状。

其四，从功利角度看，刘整深知他对蒙古人最大的价值就是熟谙南宋军情，灭宋不仅可以让他的个人价值最大化，而且是他捞取军功、仕途上升的最佳路径。

至元四年（南宋咸淳三年，1267年），已擢升为南京路宣抚使的刘整再度被召入朝，向忽必烈献上了灭宋版“隆中策”。

刘整的建言主要有两点。

第一点，何时灭宋。《元史·刘整传》记载，他认为“宋主弱臣悖，立国一隅”，现在是灭宋一统的良机，“自古帝王，非四海一家，不为正统。圣朝有天下十七八，何置一隅不问，而自弃正统耶”。

虽然在蒙哥南征时，蒙古就开始有了灭宋的模糊计划，但正是在刘整建言之后，灭宋才第一次被明确为蒙古政权的大战略。或者说，在平定漠北阿里不哥之乱与山东李璮之乱后，忽必烈政权将灭宋定为头号战略目标。

而站在刘整的角度，他建言灭宋的另一层意义在于：他将儒家大一统观念与大蒙古国的征服者本性结合了起来。灭宋也因此具备了“双重合法性”：蒙古式的征服观与中原式的正统观。

刘整的灭宋建言恰好契合了忽必烈的双重政治需求。

一重是所谓的蒙古帝国意识形态，据说成吉思汗曾颁布过一条任何蒙古人都不得违反的法令——“他们要使全世界降服，决不同任何民族讲和，除非这些民族首先向他们投降”。“几乎毫无妥协余地的‘要么归顺，要么开战并被征服’，就是蒙古帝国对外征服精神的本质特征。”[①]

另一重是所谓的合法性欠缺综合征，比起蒙古帝国的“前四汗”，忽必烈政权最大的两个软肋，就是“得国不正”和“推行汉法等于背离草原传统”，而回击质疑的最好方法，莫过于将更多领土纳入蒙古版图中。作为一个“家产制”（公产制）国家，“每任大汗登基，必发动一轮新的对外征服战争，以示威武不输先皇，红利人人有份。忽必烈自然也躲不过这一轮‘任职考核’”[②]。

无论从哪个角度而言，灭宋都是忽必烈的自我实现。

第二点，如何灭宋。刘整的方略是“先从事襄阳”（先攻襄阳），“若复襄阳，浮汉入江，则宋可平也”[③]。这个方略的核心词是“浮汉

---

① 周思成：《大汗之怒：元朝征伐日本小史》，山西人民出版社，2019年3月版，第26—31页。

② 同上书，第32—34页。

③ 〔清〕毕沅：《续资治通鉴》，卷一百七十八。

入江”：襄阳地处汉水以南，拿下襄阳，蒙古水军即可从汉水一路入长江，旌麾直指，重演“王濬楼船下益州，金陵王气黯然收”之伟业。

就蒙宋三大战区（川蜀、荆襄和两淮）之间的关系，刘整明确提出：

> 攻蜀不若攻襄，无襄则无淮，无淮则江南可唾手下也。[①]

“先攻襄阳”之策，并非刘整首倡。早在贵由大汗时代，就有人向贵由献策称，“襄阳乃吴、蜀之要冲，宋之喉襟，得之则可为他日取宋基本”，贵由虽表赞许，但并未付诸实施。在蒙哥时代及忽必烈即位之初，也分别有人进言，反对蒙哥先攻川蜀的国策。《元史·郭侃传》中，郭侃从战略、战术两方面明白指出：“宋据东南，以吴越为家，其要地则荆、襄而已。今日之计，当先取襄阳。既克襄阳，彼扬、庐诸城，弹丸地耳，置之勿顾，而直趋临安，疾雷不及掩耳，江淮、巴蜀不攻自平。”

刘整的幸运在于“得君行道”，他提出“先攻襄阳”之策时，恰逢忽必烈已下定决心灭宋，正四处问计，因而君臣遇合，风云际会，“先攻襄阳”也因此从献策变为国策。

除了贡献方略，刘整还自请出战，在上奏中明确表示“臣愿效犬马劳”。

据《元史·刘整传》，忽必烈听了刘整的奏对，回应了四个字：

① 〔宋〕周密：《癸辛杂识·别集下》。

“朕意决矣。”接着，他就诏征诸路兵，任命阿术为主帅，刘整为辅，经略襄阳。

阿术出身于怯薛，父亲是蒙哥南征时的南路军主帅兀良合台，祖父是蒙古西征时的名将速不台，这是一个典型的蒙古功臣家族。

正是在襄阳，刘整迎来了其军事生涯的巅峰，但对巅峰的极致追求，也预先决定了他的最终命运。

刘整之叛宋投蒙，乃至攻略襄阳，是为归正人对南宋猜疑、歧视政策的总复仇，也叠加了以复仇为名义的趋炎附势，两者相互交织，跌宕起伏，不绝如缕。“如宋善待他们，他们可以为宋效命疆场……一旦宋人歧视他们，或者蒙古改用安抚政策，招集流亡，他们也可以返回故乡，投靠蒙古，作为蒙古攻宋的先导”[①]，直至覆宋。

这岂不是秦桧“南人归南，北人归北”之论的诡异变奏？

---

① 黄宽重：《略论南宋时代的归正人》，《南宋史研究集》，新文丰出版公司，1985年8月版，第216页。

【第六章】

襄阳：孤臣吕文焕

水军

刘整为什么建言忽必烈“先攻襄阳”?

从军事地理上看，蒙宋三大战场都不利于蒙古骑兵发挥：川蜀多山地，荆襄和两淮多河流。

先说川蜀战场。南宋在川东打造了严密的山城防御体系，在当时的军事技术条件下，山城几乎是无法在短期内被正面攻克的。蒙哥崩逝于钓鱼城之役后，忽必烈登上汗位，一即位便开始调整主攻川蜀的战略，在川蜀转入守势；而刘整叛降于泸州后，吕文德又带兵收复泸州，宋蒙两军由此在川蜀战场上陷入了战略僵持状态。

再有就是两淮。对蒙古人而言，攻略两淮有两大难点：一是东西流向的河流密布，大军难以横渡，蒙古骑兵的机动性优势不易发挥；二是两淮直接干系临安安危，乃宋军防御的重中之重，在很长一段时间里，南宋驻扎两淮战区的军队接近二十万人，几乎是川蜀和京湖（荆襄）这两大战区军队人数的总和。

不过，蒙古人倒也没狂妄到直取两淮，在之前的蒙宋战争中，蒙古人的主攻方向始终都是在川蜀。

排除了川蜀和两淮这两大选项，那么也只有荆襄战区了。

尽管忽必烈、贾似道决战于鄂州，京湖制置使也开府鄂州，但荆襄的咽喉之地实为襄阳。

对此，贾似道似乎不以为意，并未将襄阳视作宋蒙战争中必争必守的战略要地，据说还曾放话“纵襄阳失守，岂遽危亡？此书生腐语耳”[1]。出于鄂州之胜的临阵经验与自鸣得意，贾似道对鄂州更为偏重，“贾似道对绝对防卫线（或曰据点）没有明确的展望，缺乏对宋蒙战争总战略的认识”，“对蒙防卫战的焦点，或者说绝对防卫据点——总全国之国力所必死防守的城市到底是哪个？襄阳还是鄂州？抑或襄阳还是两淮？始终未有明确的认识”。[2]

清初学者顾祖禹在《读史方舆纪要》中有言：

> 夫襄阳者，天下之腰膂也，中原有之，可以并东南，东南得之，亦可以图西北者也。

襄阳、樊城两城南北夹汉水而建，共同构成扼守汉水的要地，号称“城高而池深，兵精而食足”。战前，南宋全力经营襄樊防线，并在襄、樊两城所夹的汉水水域中植下粗木桩柱，连以铁索，中造浮桥，作为两城间相互联络声援的交通要道，从而使得依山傍水的襄、樊两城紧密相连，构成一个相当严密的防御体系。[3]

只要拿下襄樊，蒙古水军就可以从汉水顺势进入长江，顺流而下直取鄂州，乃至席卷江南，长江天堑将名存实亡，这也就是刘整所说的浮汉入江之策，“攻蜀不若攻襄，无襄则无淮，无淮则江南可

---

① 〔清〕黄宗羲：《宋元学案》，卷七十。

② ［日］寺地遵：《贾似道的对蒙防卫构想》，载《国际社会科学杂志》2009年第3期。

③ 顾宏义：《天平：十三世纪宋蒙（元）和战实录》，第272页。

唾手下也”。

可以说，进攻襄阳，其意义并不止于攻城略地，更不在于抢掠人口、财富，而是意味着蒙古灭宋的大幕开启。李璮之乱与阿里不哥之乱相继被平息，忽必烈政权提高了灭宋的战略优先级。

在蒙哥时代，蒙古人第一次萌生了灭宋之念。但在那次南征中，蒙古虽制订了东、西、南三路攻宋的计划，实则并未做好长期作战的准备，而是寄望于速战速决的妄念，因此一旦遭遇激烈抵抗，蒙军或顿足坚城之下，或束手无策。

而此次攻襄阳，忽必烈汲取了以往的教训，立足于持久战的全面准备显然有别于典型意义上的蒙古式战争：后者在战术上讲究速战速决，长驱直入，后勤上寻求以战养战，就地劫掠。

先说战术。在刘整的建议下，蒙古人回避了自身并不擅长的城池攻坚，采用筑壁建垒的长期围困战术，在城外要地修筑堡垒，以断绝襄、樊二城与外界的联络。

既然是长期围困，难以就地劫掠，后勤补给就成为先决条件。为此，忽必烈在河南、淮西一带加大屯田力度，招募流民归耕，以囤聚粮食。而故事的另一面是，贾似道新政步入深水区，南宋财政每况愈下，反倒是更切实些的屯田被忽视。当时，南宋有官员针对财政窘境，提出“足兵足食”之策，“今守边急务，非兵农合一不可。一曰屯田，二曰民兵。川蜀屯田为先，民兵次之，淮、襄民兵为先，屯田次之，此足食足兵良策也”[①]，但被新政弄得焦头烂额的贾似道并未采纳这一建言。

---

① ［清］毕沅:《续资治通鉴》，卷一百七十八。

襄阳之战期间，蒙古合纵连横，积极交好周边政权，其间不无威逼利诱之处，力图对南宋形成战略包围。《元史·世祖本纪》记载，百济遣使来朝，忽必烈封赏百济王；诏谕安南遣王室子弟入质，“编民出军役、纳赋税，置达鲁花赤统治之”；封皇五子忽哥赤为云南王，镇守大理，对南宋西南面保持军事压力。

忽必烈扶植高丽质子王禃登位，是为高丽元宗。至元五年（1268年）夏，忽必烈又责令高丽“备兵一万，造船千只”，以供征调。忽必烈甚至援引西夏拒绝出兵助攻成吉思汗西征而招致灭亡的过往来警告高丽。

蒙古与安南的外交冲突极有戏剧性。据《元史·张庭珍传》记载，至元六年（1269年），安南未及时纳贡，忽必烈任命张庭珍为安南达鲁花赤，前往交涉宣诏。张庭珍怒斥站立接诏的安南国王：“皇帝没有将安南变为郡县，还让你继续当藩王，这是多大的恩典。你却仗着有南宋撑腰，妄自尊大。今百万之师围襄阳，拔在旦夕，席卷渡江，则宋亡矣，王将何恃？而且我云南驻军不到两个月就可以杀到安南，灭掉你们的宗祀轻而易举，你还是好好考虑吧。”

安南国王听罢，这才下拜受诏，但之后又因礼仪之争和进贡犀象与张庭珍发生争执，甚至“使卫兵露刃环立以恐庭珍”。张庭珍解下了自己身上携带的武器，坦然卧于室中说：“听汝何为！”安南国王及大臣见状为之折服。

安南与蒙古的冲突实质，很可能并非礼仪与贡品这些枝节问题，而在于安南周旋于蒙古与南宋之间的骑墙外交政策。仅从《宋史·度宗本纪》就可以看到，安南与南宋交往颇为频密：宋度宗即位，安南遣使贺登位，献土特产；南宋先后两次给安南国王父子加食邑一千户；襄阳失陷后，安南仍在进贡，南宋赐金五百两、帛百匹。

征襄诸事俱备，剩下就是兵力问题了。在襄阳之战的战前与战中，蒙古大肆征兵，除了蒙军，大量汉军也编组参战。最荒诞的是，忽必烈还数次下诏将“曾入南界”的走私商人强行征入军中。

据统计，忽必烈为襄阳之战集结的总兵力约有十万。

除开辟兵源外，蒙古大举征调汉军还有更深层次的战术考虑，征襄主帅阿术举荐史天泽之侄史枢领汉军出战时就说：“所领者蒙古军，若遇山水寨栅，非汉军不可。宜令史枢率汉军协力征进。”

单从兵力看，忽必烈征调的汉军数量要多于蒙军，“他们参考镇压李璮时的作战方式，几乎不投入蒙古骑兵，取而代之的则是由华北各当地军阀长年培养出来的私人军队”。其一，既然襄阳之战主打筑垒战、攻坚战，而不是更适合蒙古骑兵的野战，那自然就轮到汉军担纲主力了；其二，“即使忽必烈想像蒙哥时期一样投入庞大的蒙古骑兵军团，但在现实中由于中亚地区局势不稳等原因，也无法实现”；其三，若是将汉军推到伐宋之战最前线的话，反过来在华北地区，汉人世侯的影响便会慢慢减少，“对于蒙古而言，华北地区会更加稳定”。[①]

但蒙古汉军主导的筑垒战也有一个明显的漏洞：纵然在陆路上将襄、樊二城围得水泄不通，南宋仍然可以依靠水军纵横于汉水之上，使得围攻襄、樊陷入围而不死的尴尬局面。

更重要的是，即使蒙古侥幸拿下襄阳，如果没有一支强大的水军，又如何实现浮汉入江的大战略？如果水军不能顺江直取江南，

---

① ［日］杉山正明：《蒙古帝国的兴亡（下）——世界经营的时代》，第66—67页。

攻占襄阳又有何战略意义？

无论从哪个角度而言，建立一支足以抗衡南宋的水军，都是忽必烈征襄的当务之急。

当然，在襄阳之战前，蒙古也是有水军的。

蒙古水军始建于窝阔台六年（1234年）蒙宋战争开战后的数年间，其关键节点是：窝阔台九年（1237年）任命张荣实为水军千户，窝阔台十二年（1240年）任命解成为水军万户。①

蒙古水军的横空出世，令宋人叹惋："舟师本吾长技，敌乃习而用之。"但早期的蒙古水军还不足以与宋人争胜于淮河、长江这些宽阔江河上，更不用说海上了。

待蒙哥大举攻宋时，蒙古水军已初具规模。在蒙哥汗九年（南宋开庆元年，1259年）的川江水战中，史天泽以七十余艘战船三次击败坐拥三百余艘战船的吕文德，逼退了与钓鱼城近在咫尺的南宋水师。

不过，史天泽麾下的蒙古水军，在作战中仍高度依赖陆路支持，也就是著名的"水陆协同三面夹击水战"：正面由战船进行水战，左右两岸的步兵使用弩炮向敌船射击。

忽必烈即位后，尤其是中统二年（1261年）刘整投降后，水军步入新一轮扩张期。据《元史·世祖本纪》，至元二年（1265年），阿里不哥投降次年，北顾无忧的忽必烈"敕边军习水战、屯田"；第二年夏，忽必烈命将领督造战船于汴京。

此时，忽必烈政权上下已逐步接受了这样一个原本陌生的军事

① 萧启庆：《内北国而外中国：蒙元史研究》（全二册），第355页。

常识：灭宋，必须扩建水军。

蒙古虽依凭筑壁建垒在襄阳之战中占得先机，但面对庞然大物般的南宋水军，仍然陷入苦战。

南宋水军在江河上的主力战舰为“蒙冲”：外包生牛皮，可以有效地防御弓箭；采用封闭性结构，前后左右有可以射箭的窗户；造型小巧，速度快捷。

除了数以万计的蒙冲，南宋水军当时装备的最新式战船为“车船”，又称为“车轮船”“浆轮船”，车船以人力用脚踏动，最大的优点是受风力和水流的影响较小，有极强的机动性优势。在之后的襄阳之战中，车船就发挥了奇兵的作用。

除了舰船的数量和技术优势，南宋也有针对性地开发了一套水军新战术，被当代学者称为“舟师水路赴援战术”。所谓舟师水路赴援，就是将水军作为强大的机动性军队，当一座城池受到蒙古军队的围攻时，南宋援军往往利用舰船从水路驰援。这一战术对作为守势一方的南宋意义尤其重大，可以在各个战略方向迅速投放有生力量，同时又可以规避陆路援军被蒙古骑兵击溃的风险。

可以说，襄阳被围初期，南宋之所以一度表现得处变不惊，其最大底气就来自强大的水军，以及舟师水路赴援战术。

襄阳之役开战后，蒙古扩建水军的优先级随着战局的发展进一步提升。南宋水军在江汉水域如入无人之境，真正刺激到了忽必烈。

盖有非常之功，必待非常之人。风云际会中，刘整成了这个天选之子。

《元史·刘整传》记载，至元七年（南宋咸淳六年，1270年）三月，刘整献计征襄主帅阿术：“我精兵突骑，所当者破，惟水战不如宋耳。夺彼所长，造战舰，习水军，则事济矣。”而据《元史·世祖本纪》，阿术遂与刘整联合上奏忽必烈：“围守襄阳，必当以教水军、造战舰为先务。”

忽必烈予以批准，扩建水军一事迅速付诸实行。

刘整献计的同年，忽必烈即命刘整造船五千艘。五千艘对南宋水师或许不算什么，但这可能是蒙古水军自初创以来最大规模的单次扩军，毕竟，川江之战中史天泽的水师仅有七十余艘战船。从《元史》的记载来看，蒙古此前造舰计划的量级多为数百艘，如至元三年（1266年），出身藁城董氏的董文炳督造战舰五百艘；至元五年（1268年），陕西四川行省受命造舰五百艘交付刘整。

大造战舰的同时，刘整还受命编练水师。据《元史·刘整传》，刘整“日练水军，虽雨不能出，亦画地为船而习之”，操练出水军七万之众。

到至元八年（1271年）十一月，襄樊前线水军已编成了四个万户，忽必烈将其交由刘整全权统领。

有学者认为，“刘整显然并非建议扩张水军的第一人，但他对蒙古水军大肆扩张的推动与执行出力最大”[①]。从这个意义而言，刘整不仅是先取襄阳完整战略构想的首倡者，也是实至名归的“蒙古水军之父”。

---

① 萧启庆：《内北国而外中国：蒙元史研究》（全二册），第358页。

吕氏

当刘整孜孜于攻略襄阳及大建水军时，南宋京湖（荆襄）战区正掌控于吕文德及其家族手中。

吕文德从军前的经历很是传奇。据《宋季三朝纪要》，吕文德早年本是樵夫，以魁梧勇悍闻名。一次进城卖柴时，吕文德不慎将鞋遗落在路边，被边帅赵葵发现。赵葵惊叹于鞋的尺码之大，便派人去寻访鞋主。时值吕文德打猎携一虎一鹿归来，面见赵葵后，便被留在军中效力。

尽管还有一种说法是吕文德本是淮南土豪，投于赵葵军中，但无论哪种说法，吕文德本是平民，从军起于赵葵帐下是无疑的。从军后，吕文德很可能追随赵葵参与了端平入洛，该军事行动虽惨败，但他就此以一刀一枪，崛起于宋蒙战场。

可以说，在投效贾似道之前，吕文德已是一方名将。特别是在开庆元年（1259年）的抵御蒙哥南征之役中，吕文德先授命援蜀，继而援鄂，大有继“军神”孟珙后宋军第一精锐之气象。鄂州解围后，据《宋史全文》记载，宋廷下诏：“吕文德援蜀之赏未足酬功，今援鄂之勋犹为显著，特赐百万，良田万顷。”

战后，宋廷论功行赏，吕文德以援蜀、援鄂两次军功被列为军中第一。《宋史·贾似道传》认为，这是出于贾似道的偏袒。但也有论者认为，在开庆元年（1259年）以前，贾似道还未成为权相——在援蜀之战时，他甚至还未拜相，其权力还达不到可以随意赏罚大将的程度，“（吕）文德功劳排在第一，完全是应当的”[1]。

公允地说，吕文德此役之军功，至少可以排第二，仅次于重挫蒙哥亲军、间接导致蒙哥病亡的钓鱼城守将王坚。

自景定元年（1260年）至咸淳五年（1269年）十二月病故前，共十年间，吕文德一直任京湖制置使，率军驻防荆襄一线。

也就是在这十年间，南宋形成了一个以吕文德为首的庞大军事集团，如吕文德的兄弟辈吕文焕、吕文信、吕文福，子侄辈的吕师孟、吕师夔，女婿范文虎，旧部夏贵等人，皆为南宋军政要员，被后世称为“吕氏军事集团”。南宋大学者黄震在《古今纪要逸编》一书中写道：“沿边数千里，皆归其控制，所在将佐列戍，皆俾其亲戚私人。”《宋史·兵志》对吕氏军事集团的批评则更为露骨：“至咸淳中，大将若吕文德、夏贵、孙虎臣、范文虎辈，矜功怙宠，慢上残下，行伍功赏，视为己物，私其族姻故旧，俾战士身膏于草莽，而奸人坐窃其勋爵矣。”

在重文抑武的南宋，吕氏军事集团为何能积厚成势，直至成为两宋历史上最大的军事集团？

最主要的原因还是贾似道的庇护。鄂州之战后，吕文德渐而成为贾似道亲信，甚至可被视作贾似道在军中的代理人。吕氏军事集团的屹立不倒有赖于两个彼此缠绕的条件：贾似道赢得了从宋理宗到宋度宗的无条件倚重，而吕文德又获得了贾似道全心全意的信任。

吕文德及吕氏军事集团的善战则是另一个原因。贾似道之所以重

---

① 屈超立：《论吕文德及吕氏军事集团》，载胡昭曦、邹重华主编《宋蒙（元）关系研究》，第343页。

用吕文德，固然是因为吕氏的忠诚，但也在于其有能力成为自己执政的军事支柱。

在某种程度上，吕氏军事集团实为贾氏军事集团。

吕文德是当时南宋最卓越的军事统帅之一，名重当时，被刘克庄评价为“自奋于兵间，周旋三边，大小百战”，刘整降蒙后也曾谓“南人唯恃一黑灰团”，“黑灰团”即吕文德绰号；而吕氏军事集团的吕文信、夏贵等人也都称得上名将。

尤其是吕文德之弟（另一说为堂弟）吕文焕，追随吕文德多年，襄阳保卫战时已为襄阳最高军事长官（知襄阳府兼京西安抚副使），深得宋理宗器重，“传授六韬而起家，间关万里而赴授。朕拊髀思名将，一扫兵氛；尔束发战匈奴，屡腾凯奏”①。

吕文焕无疑是吕氏军事集团的二号人物。

吕文德守襄十年，修筑数座城池，加固京湖防线，并于景定三年（中统三年，1262年）自刘整手中收复了泸州，也可谓兢兢业业了。

在私德上，吕文德因为贪墨备受攻讦，时人形容吕家“宝货充栋，宇产遍江淮，富亦极矣”，甚至有人说，与吕文德家族的财产相比，“石崇又何足数也？”宋人笔记还指控吕文德贪污军饷，朝廷定额京湖战区三十万兵力，吕文德竟裁至七万人，以便于吃空饷。

虽有不少渲染之处，但吕文德贪墨当无争议。不过这在南宋边帅中也算是普遍现象，否则贾似道也不会强行推动打算法反贪。

除贪墨以外，吕文德在守襄期间还犯下了一个贻害无穷的决策

① ［宋］刘克庄:《后村先生大全集》，卷六十七。

性失误：允许蒙古人在襄阳城外修建通商互市的榷场。

中统四年（南宋景定四年，1263年）七月，刘整向忽必烈献计：利诱吕文德，换取襄阳城外置榷场，以掩护军事蚕食。据《宋季三朝政要》，蒙古人最初向吕文德献上一条玉带，得到了置榷场的允准；蒙古使者得寸进尺，借口“南人无信，安丰等处榷场，每为盗所掠”，进而要求筑土墙以护货物，吕文德起初拒绝了，但有人向他建议，“榷场成，我之利也，且可因以通和好”，文德“遂许焉”，蒙军因此“筑土墙于鹿门山，外通互市，内筑堡”，建立了进图襄樊的第一个据点：鹿门堡。

“由是敌有所守，以遏南北之援，时出兵哨掠襄、樊城外，兵威益炽。”[①] 身在襄阳前线的吕文焕发现事情不对，数次写信警示身在鄂州的哥哥，吕文德一开始不以为然，还有种说法是信件被吕文德身边的亲信扣下，总之等吕文德知道时，鹿门堡已初具规模。

失误归失误，但说吕文德为了一条玉带就允许蒙古建榷场，可能是言过其实了，吕文德富可敌国，又怎会为了区区一条玉带，就置襄阳与南宋安危于不顾？此种道德化视角，似乎将所有的政治军事失败都归因于忠奸叙事，反倒掩盖了南宋在做出真实政治决策时的短视、自大与信息不对称，也将蒙古的深图远虑、步步为营简单化为贿赂一途。

从一开始，蒙古人在襄阳的作战计划就是筑垒战。

至元四年（南宋咸淳三年，1267年）秋，襄阳之战正式开打。在前哨战安阳滩之战中，蒙古水军居于劣势，一度连主帅阿术都险

---

① 〔清〕毕沅：《续资治通鉴》，卷一百七十七。

些被俘于汉水渡口，最终通过苦战才击败宋军。此战更加坚定了蒙古人攻襄的两大基本战法：筑城围困，加强水军。

到至元五年（南宋咸淳四年，1268年）九月，阿术和刘整继襄阳东南的鹿门堡后，又筑堡于襄阳东北的白河口。白河堡与鹿门堡于次年初建成后，基本切断了襄、樊南北向的陆路交通。

还有水路。在扩建水军的同时，蒙军又于汉水中流筑起高台，上设弩炮，以配合水军作战，削弱南宋的水军优势。

吕文焕惊惧于深陷重围，即刻派人告急于吕文德。吕文德闻讯后，不仅没有立时出兵解围，反倒以为是吕文焕夸大其词，意图邀功，怒斥信使说："你不要妄言邀功请赏。就算真筑城了，也必定是假城。襄樊城池坚深，兵储可支用十年，你去转告吕六（吕文焕排行第六），令其坚守。如果刘整真的敢妄筑城寨，待来年春天江水上涨时，我将亲率水师一举荡平。就怕我到的时候，他们早跑了。"

吕文德狂妄轻敌如此，也难怪蒙古人得以在襄阳城外有条不紊地筑堡，渐成气候。

不过，吕文德的军事乐观主义也事出有因：襄、樊的坚如磐石，实力曾远超蒙古的水师，可破重围的舟师水路赴援战术，这三者共同强化了吕文德的傲睨自若。

吕文德低估了蒙古水军的造舰军备竞赛，更低估了忽必烈以倾国之力打造水军乃至攻克襄阳的不拔之志。

吕文德轻敌背后，可能也有贾似道的因素。如前所述，贾似道更为迷信鄂州的战略重要性，而相对忽视襄、樊之战略地位。

吕文焕见援军未至，只得率领襄、樊守军屡次主动出击，以打破日趋收紧的包围圈。但一来，蒙古人有骑兵的野战优势；二来，蒙古人的防线有坚固的筑堡做支撑，吕文焕苦战未果，反损兵折将。很显然，仅靠襄、樊孤军的自身力量，击破重围已基本无望。

更何况，蒙古的围城大军蜂拥而至。至元六年（南宋咸淳五年，1269年）二月，史天泽奉命率新签发的两万民兵增援襄阳，于襄阳城外修筑一条长达数十里的堑壕栅壁，并在城南一带构建一字城，连亘诸垒，贮存粮饷。

襄樊之围，逐渐成为南宋的紧箍咒。

为阻碍宋军增援襄、樊，蒙军不断派遣偏师袭扰京湖诸州县，阿术于至元六年（1269年）初亲自率军深入荆襄，俘万人而还，削弱了襄阳外围州郡的宋军实力。

忽必烈甚至策划过自海上奇袭南宋腹地，于至元五年（1268年）专门派人至高丽视察攻宋最为便捷的海岛，但可能由于蒙古对海上航行及作战全无经验，不得不取消计划。①

巧合的是，同在襄阳之战期间，南宋也萌生过海上攻蒙的计划。学者金履祥在野不敢忘忧国，献策以重兵由海道直趋燕蓟，“则襄樊之师，将不攻而自解”。这也并非纸上谈兵，金履祥“且备叙海舶所经，凡州郡县邑，下至巨洋别坞，难易远近，历历可据以行”，但宋廷将此策束之高阁。

吕文德虽严重贻误战机，但还是基本履行了“春水至，吾往取之”的承诺，开春后，咸淳五年（1269年）三月，他如期派出援军。不过，吕文德并没有亲自率军来援，而是任命日后大放异彩的张世杰为京湖都统，率马步舟师驰援。

---

① 萧启庆：《内北国而外中国：蒙元史研究》（全二册），第360—361页。

张世杰与蒙军战于赤滩圃（今襄阳东南汉江上）。此战胜负未明，《宋史纪事本末》的口径是“败绩”，而《宋史·度宗本纪》则有是年四月“赏张世杰战功”的记载。宋军战术上或有小胜，但有一点是肯定的，张世杰并未冲破蒙军防线，抵达襄樊城下。[①]

初战不利，吕文德决意放手一搏。七月，吕氏军事集团核心成员、沿江制置副使夏贵率水军五万、战船三千艘，乘秋雨水涨，送粮援襄。宋蒙水军在汉水相持数日后，阿术突出奇兵，水陆夹攻大败夏贵，宋军战死或溺死者达两千余人，战船被俘五十余艘。

这年早些时候，夏贵所部曾驾轻舟运粮至襄阳。因担心蒙军掩袭，夏贵未入城，仅在城下与吕文焕“交语而还”，更未与蒙军交战。

可能就是夏贵的惨败，最终摧毁了吕文德的心理防线。

咸淳五年（至元六年，1269年）十二月，在襄阳被围的计无所出中，吕文德因毒疮发于背部而卒。去世前还对轻许蒙古置榷场耿耿于怀，每每长叹：“误国家者，我也！”

平心而论，以蒙古骑兵的野战优势而言，如果真的意欲在襄阳城外强行筑城，恐怕也不是宋军轻易可以阻止的，吕文德这一失误可能只是让蒙古人的筑城图谋更顺利、更快达成罢了。

吕文德发迹于抗蒙战场，从军临边四十年，百战余生，大节无让，说是孟珙后南宋抗蒙的中流砥柱也不过誉。但党同伐异、逼反刘整，放任蒙古人在襄阳城外建榷场、筑坚垒，的确是他无法抹去的误国之过。至于投效贾似道，贪墨自肥，此类私德有亏倒显得无关宏旨了。

---

① 顾宏义：《天平：十三世纪宋蒙（元）和战实录》，第280页。

援襄

吕文德死后，谁能受命援襄大计？吕文焕虽为吕氏军事集团二号人物，但毕竟身陷重围。

宋廷起初有意擢升吕文德之子吕师夔接下重任，之后又属意夏贵，但援襄兹事体大，而这两人的资历、声望尚浅，难服军心。

迫于形势，贾似道只得自请赴荆襄战场巡边，直接指挥援襄战事。贾似道上奏宋度宗：

> 以文德声望、智略高出流辈，仅能自保，今一失之，奚所统摄？矧诸名将器略难齐，势不相下，仓卒谋帅，复难其人。兵权不可无所归，边务不可一毫有所误。[①]

贾似道这话自然有些自视甚高，但勇于任事、舍我其谁的意思倒也有了。贾似道也没说错，对于襄阳之战此等干系王朝存亡的国战，必须统摄各大派系之军，除了身为“师相”的他，还有谁能做到众望攸归？更何况，贾似道还是鄂州解围的战争英雄。

对于贾似道的请战，宋度宗断然驳回：“师相岂可一日而轻去朝廷，虽跬步之近，不可舍去。请勿重陈。”[②]贾似道再次请战，表示行边速去速回，“欲权带职巡视，以三月为期”[③]，宋度宗依旧不允。

不少朝中大臣的态度和宋度宗也基本一致，纷纷上书挽留贾似道。但据《宋史·贾似道传》，这些大臣背后有贾似道的指使，“每

①②③〔宋〕周密：《癸辛杂识·别集下》。

上书请行边，而阴使台谏上章留己”。

贾似道请战是否出于真心？《宋史》等传统的说法都认定贾似道言不由衷、故作姿态，但人性的真相可能更为幽深难测。

贾似道或也陷入两难。

出战若取胜自然皆大欢喜，若败则是半世英名毁于一旦。当然，鄂州之胜很可能给了他足够的信心：一方面，吕氏军事集团的悍将们都可供他驱使；另一方面，他很可能如吕文德一样，高估了南宋水军的优势。

而不出战呢？贾似道同样会因此背上惧敌的名声。值此危急存亡之秋，作为举国寄望之人，贾似道背负了“安石不出，如苍生何”的道德义务。贾似道一手制造了鄂州完败忽必烈的战争神话，享受了由此带来的名望与权力，如若怯敌，那也只能承受神话的反噬。

我们无从探究贾似道的内心款曲，但无论如何，他最后还是留在了临安。

贾似道不出，朝野舆论又力荐名将高达。高达战功与资历齐备，又曾主政襄阳，是主持援襄的合适人选。然而，高达曾在鄂州之役中轻慢、得罪过贾似道，后又与吕氏军事集团交恶，因此遭到了两方的联合阻击。

贾似道对外放话：“吾用达，如吕氏何？”有大臣见状叹息说：“吕氏安则赵氏危矣。”

据《宋史·贾似道传》，吕文焕听说高达援襄之议，也怏怏不乐，召门客商议对策，门客献计说：“朝廷见襄阳危急，才派高达救援，我们只要向朝廷报捷，高达就肯定来不了。”吕文焕深以为然，恰逢俘获数名蒙古哨骑，便矫饰为大捷向朝廷奏报。

在将相的共同杯葛下，高达援襄果然也就不了了之。

咸淳六年（至元七年，1270年）正月，贾似道最终定下了援襄主帅人选：京湖制置使李庭芝（调任京湖制置大使后援襄）。但为了安抚朝野舆论，贾似道还是给了高达一个湖北安抚使的职位。

李庭芝也是一名儒帅。二十岁出头时，李庭芝乡举未中，以策论上书荆襄边帅孟珙，希望投军报效。据《宋史·李庭芝传》记载，孟珙精于相面，见到李庭芝后对诸子感慨说："我相过这么多人，没有超过李庭芝的，他的名位将来会超过我。"恰逢当时四川有战事，孟珙便任命李庭芝暂时担任建始县知县。李知县到任后，推行兵农合一，一年后，"民皆知战守，善驰逐，无事则植戈而耕，兵至则悉出而战"。

李庭芝高中进士后，担任孟珙的幕僚，主管机宜文字。孟珙去世时，一边遗表向朝廷荐贾似道接班，一边又向贾似道举荐李庭芝。李庭芝感念孟珙的知遇之恩，为其抬棺归乡，行三年丧。

贾似道镇守京湖后，遵照孟珙的遗愿重用李庭芝，移镇两淮时也带其赴任，可见此时李庭芝已被作为贾似道阵营的中坚将领培养。在秘密囚禁郝经一事上，李庭芝更是唯贾似道之命是从，干了不足为外人道的腌臜事。可能因为李庭芝日后有殉国光环在，后世提及囚禁郝经一事时总是倾向于淡化李庭芝的责任。

不过，李庭芝并非单纯靠贾似道上位，其军事才华熠熠生辉于朝野间。朝廷讨论驻守扬州的人选时，宋理宗给了他一句赞誉有加的评语："无如李庭芝。"

据《宋史·陆秀夫传》，镇守淮南时，李庭芝以擅长聚拢人才名噪一时，"时天下称得士多者，以淮南为第一，号'小朝廷'"。

据《宋史·李庭芝传》，有大臣从淮南返朝时，宋理宗问及淮事，大臣回答："李庭芝老成谨重，军民安之。今边尘不惊，百度具举，皆陛下委任得人之效也。"

李庭芝入主荆襄，担任京湖制置大使，在当时的情况下已然是最优解了。

但未久便波澜又起。李庭芝主持援襄，除了个人的军事才具，还有一大优势就是其与贾似道的亲近关系，可以得到贾似道及其集团中人的倾力支持。

然而，问题偏偏就出在这里。吕文德之婿范文虎此时以殿前副都指挥使之职总领荆襄禁军，听闻李庭芝总揽援襄大权，不愿屈居人下，据《宋史·李庭芝传》，范文虎写信游说贾似道："吾将兵数万入襄阳，一战可平，但无使听命于京阃（李庭芝），事成则功归恩相矣。"贾似道见信大喜，特许范文虎不受李庭芝节制，直接听命于相府。

这一说法可能言过其实。李庭芝本就是贾似道集团中人，论与相府之关系应比范文虎更为密切，贾似道并无与其争功的动机。所谓贾似道特许范文虎直辖，更像是一种权力制衡。还有一种可能是，范文虎与李庭芝不睦，贾似道调解无果，只能听之任之了。

两人的权力分割有些微妙。李庭芝是援襄主帅没错，但范文虎更像是敌前主帅，理论上受李庭芝节制，实际上却自行其是。两人的关系有些像明末广宁之战前熊廷弼与王化贞的关系：作为下属的王化贞架空了熊廷弼。当然，李庭芝只是指挥不动范文虎罢了，算不上被彻底架空。

不过，指望南宋政权对内万众一心，一团和气，而无任何钩心斗角，本就是一种浪漫的政治想象。内斗是政治常态，将南宋所有的政治失败、军事失败都推给内斗，至少是解释力不足的。

对于将帅失和，贾似道当然负有主要责任，但并不在争功等道德层面，而在于更深层次的军事体制弊病。吕文德死后，贾似道将这位他最信任的边帅的大权一分为四，由吕文焕、吕师夔、范文虎、李庭芝四人联合继承。贾似道可能认为这是最妥善的处理方法，“却导致了诸将争权夺利的斗争，各当事者反目相向，互相之间挑拨、抗争，其结果是使南宋的对蒙防卫能力受到严重损失，导致各种恶劣事态的发生”[①]。

将责任都推给贾似道可能也不公道。周密在《癸辛杂识》中说：“李庭芝避事悠缓，而范文虎以殿岩自居，颇有不受节制之意。故台臣虽有章言之，宣示二人，然无益也。”李庭芝个人的“避事悠缓”同样恶化了事态，这未必是李庭芝的性格所致，可能是因为他知道范文虎也是贾似道的人，宁可延误战局，也不想开罪贾似道。[②]

争功也好，权力分割失策也罢，再或许是李庭芝投鼠忌器，从之后的局势发展来看，只有一点是确定无疑的——范文虎与李庭芝的龃龉损害了援襄大计。

当宋廷为了新任援襄主帅一筹莫展时，襄阳包围圈仍在收紧。至元六年（南宋咸淳五年，1269年）十二月，也就是吕文德病逝当月，时为蒙古万户的张弘范建言史天泽称：“我军围而不攻，是为了待襄阳自毙。但现在我们对襄阳的包围圈漏洞甚多，夏贵水军此前送粮入

---

① ［日］寺地遵：《贾似道对蒙防卫构想》，载《国际社会科学杂志》2009年第3期。

② 俞兆鹏、俞晖：《李庭芝并非民族英雄》，载《江西社会科学》2011年第12期。

城，我军只能坐视，往来的商贩、行旅、士卒更是络绎不绝，这样下去，襄阳宁有自毙之时？为今之计，是在万山建堡以绝其西，在灌子滩建栅栏以绝其东，如此襄阳很快就完了。”

史天泽采纳了建议，筑堡于襄阳城西、汉水之畔的万山，调张弘范部一千人戍守。

眼见包围圈日趋严密，援军又因范文虎、李庭芝内耗苦等不至，吕文焕心急如焚，决意自己干。咸淳六年（至元七年，1270年）春，吕文焕以步骑一万五千人、兵船百余艘，突袭万山堡。万山为蒙古造舰及训练水军之地，一旦失守，后果不堪设想。

宋军人数远超张弘范所部，又是突袭，按理说张弘范应当率军撤入万山堡。谁料张弘范反其道行之，严令所部“敢退者死”，与宋军大打野战。张弘范先是按兵不动，结阵防守，待宋军气衰时，击鼓发动逆袭，宋军遂大溃。

围襄期间，张弘范意气扬扬，曾写下一阕《鹧鸪天·围襄阳》：

> 铁甲珊珊渡汉江，南蛮犹自不归降。
> 东西势列千层厚，南北军屯百万长。
> 弓扣月，剑磨霜，征鞍遥日下襄阳。
> 鬼门今日功劳了，好去临江醉一场。

襄阳解围的唯一指望就是援军了。

据《宋史·李庭芝传》，李庭芝屡欲进兵援襄，范文虎却“日携美妾，走马击球军中为乐”，还以“吾取旨未至也”作为托词，延宕出兵时日。

范文虎此人，不听李庭芝号令不假，想绕过李庭芝直接向贾似道汇报也是真的，拖延出兵或许也有其事，但内斗归内斗，范文虎援襄还是积极的，甚至还有些抢功的意思。这也正如他写信对贾似道说的，“吾将兵数万入襄阳，一战可平”。

退一万步，就算范文虎不想援襄，贾似道能放任自流？

咸淳六年（1270年）九十月间，尽管迟了几个月，但范文虎大军终于出动了。范文虎率两千艘兵船来援。阿术与刘整不敢怠慢，亲自领军阻击于灌子滩。宋军大败，战死千余人，被俘战舰五十艘，范文虎乘轻舟逃遁。

咸淳七年（1271年）四月，范文虎二次援襄，将大量粮食物资运入襄阳，但返程时再败于蒙军，被俘将领达一百余人。

六月，范文虎三次援襄，这也是规模最大的一次，援军人数不下十万人，但结果还是惨败，范文虎乘夜遁去，“蒙古俘其军，获战船、甲仗不可胜计”①。

在不到一年的时间里，范文虎三次大举援襄，第二次还将大批粮草运入襄阳，解了吕文焕的燃眉之急，不可谓不尽心竭力，怯战之说更是不确。但是，从三战三败可以看出，范文虎此人的确是庸才一个。

对于范文虎，贾似道有用人之失，或是出于制衡之权术，或是调解不利下的无可奈何，总之，放任范文虎与李庭芝交恶，可能是贾似道在襄阳之战中犯下的最大错误。

但在《宋史·贾似道传》中，襄阳之战中的贾似道更像十恶不赦之徒：

---

① 〔明〕陈邦瞻：《宋史纪事本末》，卷一百零六。

> 时襄阳围已急，似道日坐葛岭，起楼阁亭榭，取宫人娼尼有美色者为妾，日淫乐其中。惟故博徒日至纵博，人无敢窥其第者。其妾有兄来，立府门，若将入者，似道见之，缚投火中。尝与群妾踞地斗蟋蟀，所狎客入，戏之曰："此军国重事邪？"酷嗜宝玩，建多宝阁，日一登玩。闻余玠有玉带，求之，已徇葬矣，发其冢取之。人有物，求不予，辄得罪。

短短一百余字，列了贾似道在襄阳之战时的七宗罪：奢靡，大建楼阁亭榭；淫乱，娶妾无数，日日淫乐，连宫女、妓女和尼姑都不放过；残忍，爱妾之兄只是擅入贾府，就被活活烧死；嗜赌，终日赌博；玩物丧志，与群妾斗蟋蟀，不理政事，建多宝阁把玩文物；贪婪，听说名将余玠去世时陪葬了一根玉带，不惜掘墓盗宝；心胸狭窄，看上别人的宝贝，索要不得就报复。

《钱塘遗事》"贾相之虐"一节，还记载了一个令人毛骨悚然的段子，贾似道的爱妾仅仅因为夸赞少年俊美，便身首异处：

> 贾似道居西湖之上，尝倚楼望湖，诸姬皆从。适有二人道妆羽扇，乘小舟由湖登岸，一姬曰："美哉二少年！"似道曰："尔愿事之，当令纳聘。"姬笑而无言。逾时，令人持一合，唤诸姬至前，曰："适为某姬受聘。"启视之，则姬之头也，诸姬皆战栗。

这些泛道德化的攻讦与渲染不无可疑之处，其作者苦心构建了一个经典的忠奸叙事：贾似道荒淫无度，刻意拖延援襄，是襄阳战事江河日下的直接责任人。

贾似道拖延乃至放弃援襄，几成定论。《宋史》中就有若干旁证，如左丞相江万里和起居郎王应麟都因建言援襄，触怒了贾似道，被迫悒郁离京。

宋人笔记的口径也大致如此。据《钱塘遗事》，宋度宗赵禥曾问贾似道："襄阳已经被包围三年了吗？"贾似道连答带问："北兵已退去，陛下是从谁那里听到这个说法的？"赵禥答："正好有宫人这么说。"贾似道退朝后便去追查此人，找到后给她随便安上了一个罪名，将其赐死。

还有一个段子是，钱塘西山樵家女张淑芳有才色，宋理宗时被选入宫，贾似道看中后藏匿于府中，日日淫乐。有无名氏题诗于临安市壁：

> 山上楼台湖上船，平章醉后懒朝天。
> 羽书莫报樊城急，新得蛾眉正少年。

贾似道真的如此抗拒援襄吗？

未必。他在襄阳被围初期或许忽视了襄、樊之战略地位，但很快也醒悟过来，自请援襄。从动机而言，说贾似道不愿亲赴战场至少还说得通，但他不派援兵是为了什么？是为了打击他的爱将李庭芝，还是为了坐视与己关系万千重的吕文焕及吕氏军事集团败亡？再或者，他这个丞相干够了，就盼着大宋亡国？

这些猜想都有些离谱。从结果上看更是如此，从咸淳四年到九年（1268—1273年），包括范文虎这三次，宋军援襄至少有十三次，而成功抵达襄阳的也有三次。南宋水军多次出动了数千艘战船、数万水军，丝毫没有保存实力的意思。

当时就有官员评论称："今朝廷竭天下财力，以援一州而不能。"[①]此言固然直指朝廷无能、贾似道无策，却也透露出宋廷为援襄确已竭尽全力。

纵然援襄负多胜少，也只能指斥范文虎、夏贵等将尸位素餐，碌碌无能，贾似道任人唯亲，用人失当，甚至还可以说他缺乏丞相总揽全局的才具与器宇，但又怎能推导出贾似道故意拖延甚至拒绝援襄?

这里隐含的一层意思是：如果不是贾似道误国、范文虎惧敌，南宋本来是可以援襄成功乃至荡平襄、樊蒙军的。

这又是一种忠奸史观下的道德万能论。

力竭

范文虎三次援襄失败后，云集荆襄前线的宋军士气萎靡，李庭芝也数次"自劾请代"，但南宋已无人可用，李庭芝的请求被宋度宗和贾似道驳回。

如前所述，贾似道确已使出浑身解数，又是罔顾国库空虚，拨出五百万贯钱犒赏前线；又是令京湖制置司与各路援军驻地前移，以利就近增援；还命两淮宋军向山东、河南方向出击，以迫使襄、樊的蒙军回援。

---

① ［宋］周密:《癸辛杂识·别集下》。

而蒙古尽管始终掌握着战略主动权，但在大肆筑垒与扩建水军的双重财政压力下，国力也显露出了难以为继的迹象。据《元史·世祖本纪》统计，自蒙军正式围攻襄、樊以来，因此而征兵、征粮的记载不绝于书，除了蒙军，汉军、回回（元朝时对回族人的称呼）军、女真军、西夏军都在征兵之列；蒙古的汉地统治区天灾人祸相继，蒙廷只得拨出并不丰裕的粮食储备用来赈灾，颇有疲于奔命之感。[①]

一位名为胡祗遹的蒙古汉臣在信中透露了一则关键信息，襄阳之战耗费了蒙古财政收入的一半以上：

> 我军围襄樊，六年于兹。戈甲器刃所费若干，粮斛俸禄所费若干，士卒沦亡若干，行赍居送，人牛车具飞挽损折若干。以国家每岁经费计之，襄樊殆居其半。[②]

更令忽必烈忧心的是，漠北也风波再起。阿里不哥之乱于至元元年（1264年）平息后，蒙古本位主义势力并未偃旗息鼓，仅几年后便卷土重来。

《元史·高智耀传》中有一段突兀的记录。西北藩王遣使入朝，质问忽必烈：

> 本朝旧俗与汉法异，今留汉地，建都邑城郭，仪文制度，遵用汉法，其故何如？

---

① 顾宏义：《天平：十三世纪宋蒙（元）和战实录》，第285页。

② 〔元〕胡祗遹：《寄张平章书》。

这个西北藩王是谁？“或许是对忽必烈早就心怀不满的窝阔台、察合台后王，或许是忽必烈的亲弟弟、已经在伊朗‘自帝一方’的旭烈兀，又或许是金帐汗国的蒙哥帖木儿汗。”[①]总之，以上那段质问可视作蒙古西北藩王的一种群体性价值观。

窝阔台系诸王的首领海都是忽必烈最危险的对手，致力于“合纵”西北诸王结成反忽必烈联盟，他们声称汉化的忽必烈已不是真正的蒙古人。至元六年（1269年），海都与术赤系的金帐汗国、察合台汗国宗王在中亚答剌速河畔会盟，推举海都为盟主，对忽必烈用兵。

忽必烈在这场旷日持久、前后赓续三十年的战争中居于上风，却无法彻底击败秉持游击战法的海都，更无法有效恢复对西北蒙古宗王的控制。也因此，忽必烈不得不长年在西北方向驻屯大量兵力，没办法全力南攻襄阳。西北战事是蒙古骑兵间的对决，这也意味着，汉军将在襄阳之战中承担主力。

至元六年（1269年），高丽发生宫廷政变，推翻了亲蒙的元宗王禃，蒙古也不得不出兵干涉，助元宗复位。

至元七年（1270年），赵良弼受命出使日本，给镰仓幕府下“最后通牒”。蒙古驻扎在高丽北部的精锐部队也悄悄向南移动，护送赵良弼一行到达朝鲜半岛南部，并以备战态势威吓日本。

内忧外患之下，忽必烈决定调整围而不攻的堡垒战法，启动攻坚战法，以求早日攻下襄樊。但这也算不上什么改弦易辙，更准确地说，是继续以堡垒战遏止援军入襄与城内突围，再以攻坚战为收官竞得全功。

---

① 周思成：《大汗之怒：元朝征伐日本小史》，第33页。

为此，忽必烈又进行了新一轮的征兵动员，重点加强了山东与河南方向，以专心地对襄、樊发动总攻；同时，忽必烈又对征襄统帅部做出调整，命阿术总领蒙军，刘整与阿里海牙总领汉军。大概的意思是，汉军负责攻坚，蒙军负责野战阻援。

至元九年（南宋咸淳八年，1272年）三月，也就是范文虎第三次援襄失利的大半年后，刘整与阿里海牙开始对樊城发动强攻。血战之后攻陷樊城外城，两千多守军以身殉城，但内城仍在宋军手中。

蒙军刻意避开了城防更坚固的襄阳，选择以樊城作为突破口，樊城破则襄阳顿失羽翼。

樊城内城守军派敢死之士突围成功，将襄、樊二城的岌岌可危上报李庭芝。

李庭芝空有一身文韬武略，此刻却几近无计可施：范文虎不受节制也就罢了，连续三次援襄惨败已经打空了他的军力及心气，此时的范文虎真的是惧战了；南宋屡战屡败之后，军力大损，府库枯竭，短时间内再难组织起大规模的援襄行动；不仅是范文虎，以勇猛闻名的夏贵在迭遭惨败之后，也犯上了“恐蒙症”，多次向朝廷乞请致仕——李庭芝很难再在军中找到一位锐气正盛的勇将。

束手无策之时，李庭芝以重金在荆襄一带募得骁悍善战的敢死民兵三千余人，又寻访到了两位“智勇素为诸军所服”的民兵首领——张顺和张贵，授任为义军都统。

宋军打听到襄阳西北有一条汇入汉水的小支流叫清泥河，可顺流直抵襄阳城下，便打造轻舟百艘，每三舟相连，中间一艘装载兵士物资，左右两艘则将其底凿空上盖草席。

《宋史·张顺张贵传》记载，张顺和张贵在清泥河日夜练兵，激励三千民兵："此行有死而已，汝辈或非本心，宜亟去，毋败吾事。"人人感奋。

襄阳之战中最具传奇色彩的一次援襄即将启航。

咸淳八年（至元九年，1272年）五月，汉水上涨，二张以红灯为号，乘夜出航，张贵当先，张顺殿后。敢死船队锐不可当，各船置火枪、火炮、炽炭、巨斧、劲弩，硬闯元军封锁线，元军虽众，"皆披靡避其锋"。船队转战一百二十余里，于次日凌晨抵达襄阳城下，城中久已断援，听说援军神兵天降，"踊跃，气百倍"。

乐极生悲的是，战后点兵，方才发现殿后的张顺失踪。数日后，有一具浮尸溯流而上，被甲执弓，一直漂到浮桥下，被认出正是张顺，"身中四枪六箭，怒气勃勃如生"。军中视其为神明，于江边结冢殓葬，立庙祭祀。

尽管张顺不幸殉国，但这仍然是一次神乎其技的军事奇迹：一支并非正规军的敢死队，九死一生，于万军丛中突破重重封锁，给被围五年的孤城送去救命物资。

张贵入城后，吕文焕极力挽留他共守襄、樊。但张贵见襄、樊危在旦夕，又自恃骁勇，余勇可贾，便想联络范文虎，内外夹击，一举打破包围圈也未可知。

但前提是信使出得去。二张援襄成功后，蒙古人深受刺激，对襄、樊的防范更加严密，水路连锁数十里，遍布木桩，被《宋史·张顺张贵传》形容为"虽鱼虾不得度"。

张贵招募到两个"浪里白条"式的好汉，据说能潜伏水中数日不食，让他们持蜡书潜水至范文虎处求援。这两位好汉一路碰到锁江木桩即锯断，竟然毫发无损地抵达了范文虎军营。这两人得到范文虎发兵五千人于龙尾洲接应张贵的允诺后，便又神奇地潜回襄阳报信。

张贵见万事俱备，便按照预先约定的日期，于七月初七黄昏作别吕文焕，准备起航突围。出兵前，张贵突然发现一名帐前亲信失踪，此人因违反军法不久前被鞭挞过。张贵知道夜袭的消息很可能已经外泄，只得放弃原计划中的“衔枚隐迹”，转而大张旗鼓地强行突围。

张贵勇冠三军，部下更是悍不畏死，顺流疾下，一路斩断封江铁索，破围冒进，沿路蒙军惊惧退避。在突破最险要的地段后，张贵所部在夜半时分遭遇了阿术、刘整亲率的蒙古水军主力，两岸火光烛天，宛如白昼。

此时，无底船发挥了奇效。张贵在上百艘无底船中竖立旗帜，士卒立于两舷诱敌。蒙古水军迫近后，急于立功的蒙军士卒争相跃入无底船，据说淹死了上万人。

鏖战中，张贵趁势突破敌军水师的拦截，已然接近范文虎允诺出兵的接应地龙尾洲。遥遥望去，洲头战船栉比，旗帜纷纭，逃出生天的张贵所部欢呼雀跃，举流星火以作指示。龙尾洲附近的舰船见到火光，向前迎来，做接应状。待两军即将会师时，张贵所部这才在惊骇中如梦方醒：这哪里是范文虎水军，这是蒙古人。

原来，就在两天前，范文虎派出的接应部队因惧敌，后退了三十里，这或许是军队避战的自主决策，也有可能是范文虎行前的面授机宜，毕竟，三次惨败已令范文虎从一个好大喜功的勇将沦为畏敌怯阵者。而蒙古人事先从帐前逃卒那里得到了情报，提前在龙尾洲布置了伏兵，以逸待劳。

而张贵所部一路激战至龙尾洲，早已是精疲力竭，不意又遭到蒙古生力军突袭，伤亡殆尽。张贵也身中数十枪，力不能支而被俘，不屈而死。

刘整命四名宋军降卒将张贵遗体运至襄阳城下，还故意挑衅称：“你们认得出张贵吗？这具尸体就是他的。”襄阳守军见状知外援至此已彻底断绝，涕泗横流，士气颓靡。吕文焕尽斩四降卒，将张贵与张顺合葬，立双庙以祭祀。

二张援襄以轰轰烈烈始，以功败垂成终。南宋外围援军意气消沉，再无力挽狂澜之志，按兵不动，坐视蒙军强攻襄、樊。

咸淳八年（至元九年，1272年）九月，贾似道眼见李庭芝与范文虎的将帅失和已无法调解，迫于朝野舆论压力，终于解除了范文虎的援襄兵权，但为时已晚。

李庭芝知道军事上已力不能逮，便想用计招降刘整，建议朝廷封刘整为卢龙军节度，加封燕郡王。李庭芝的如意算盘是，如若招降成功自然算是意外之喜，若大概率不成，也能离间元朝与前方将帅的关系，或能改变战局。朝廷认为此策可行，遂命永宁寺僧人携带封诏、金印、牙符及李庭芝亲笔信潜入元境。元朝察觉后，大为重视，即派大臣严查此事。刘整自前线回京师面谒忽必烈申辩称：“此宋患臣用兵襄阳，欲以此杀臣耳！臣实不知。”①

忽必烈自然也知道怎么回事，《元史·刘整传》记载他诛杀了僧人，一面令刘整赶回襄阳指挥攻城，一面让他给李庭芝回了封语带嘲讽的信：

> 整受命以来，惟知督厉戎兵，举垂亡孤城耳。宋若果

① ［明］陈邦瞻：《宋史纪事本末》，卷一百零六。

以生灵为念，当重遣信使，请命朝廷，顾为此小数，何益于事！

尽管劝降失败，但李庭芝此谋不失为高明。李庭芝很可能听说了刘整在蒙古内部的尴尬处境。

至此，李庭芝已智穷力竭，只得不断上奏朝廷要求辞职，自称“襄围不解，客主易位……臣实有罪”，并不惜以“庸夫”自贬，“今之襄、樊，皆古今非常之变。天每以非常之人拟之，岂区区庸夫所克胜任”[①]。李庭芝建议在京湖建置都督府，让更有威望和才干的重臣亲至前线指挥援襄，“这是李庭芝面对前线将帅相互牵掣，众将惟贾似道马首是瞻，自己无力驾驭指挥的尴尬局面，打算撂摊子不干了”[②]。

但李庭芝也并非一时意气，无论出于与师相的私人情谊，还是援襄大局，于公于私，他都有充分的理由，“他确信贾似道的出阵和亲自领导，是解决边将之间相互对立、互不协作的问题，以重新统一组织南宋诸边将对敌作战的唯一途径”[③]。

宋度宗急召重臣集议，贾似道深知李庭芝这是逼自己出山，无论他心中有何想法，出于政治正确，他还是只能在度宗面前大唱高调：“若办此事，非臣捐躯勇往，终未能遂。”[④]但事到如今，就连一贯浮夸的贾似道也承认，就算他亲自出马，恐怕也救不了襄阳了，“然纵使臣行，亦后时矣，恐无益于襄阳之存亡，尚可使江南无虞，

---

① ［宋］周密：《癸辛杂识·别集下》。

② 顾宏义：《天平：十三世纪宋蒙（元）和战实录》，第295页。

③ ［日］寺地遵：《贾似道的对蒙防卫构想》，载《国际社会科学杂志》2009年第3期。

④ ［宋］周密：《癸辛杂识·别集下》。

而不至内地之震骇也”[①]。

这段话也透露出了贾似道一些内心款曲。在他看来，襄阳之存亡固然重要，但若真丢了，只要他在，“尚可使江南无虞”。

贾似道在上奏中将自己迟迟不行边的责任推给皇帝的挽留，“倘陛下不容臣跬步离左右，纵有奇谋秘计，一无所施”。这说得可能也没错，宋度宗对贾似道的依赖已经超越了皇帝与重臣的关系，在襄、樊危在旦夕的那几个月间，贾似道数次要求行边，都被宋度宗否决。这也不难理解，对于一个内心虚弱的帝王而言，国势越是千钧一发，他越不愿意自己的精神支柱远离。

这里无从判断贾似道的内心真实想法，而所谓他暗中唆使众御史挽留一说也有捕风捉影之处。但有一点或许没有争议，贾似道对于是否行边也是忐忑不定的，他对宋度宗的强挽至少没有表示出反感。

无论是辞相风波，还是行边争议，贾似道都有能力将这些变成几乎年年上演的经典桥段，这也无怪乎当时的舆论及后世都会讥讽他的要君天赋了。

即使在襄阳被围的朝不虑夕中，滥觞于咸淳初年的贾似道辞相要君闹剧仍在不断上演：咸淳四年（1268年）五月，贾似道以“乞骸骨”为由，欲告老还乡；咸淳五年（1269年）四月，贾似道“抗章请去”，宋度宗在内宴上恸哭挽留；咸淳八年（1272年）九月，贾似道因宋度宗祭祀明堂不依典故，唯恐后世将他与韩侂胄相比，愤而“七疏请去”。

贾似道在咸淳三年（1267年）已至最高实职——平章军国重事，

① ［宋］周密：《癸辛杂识·别集下》。

升无可升，但还是在这几次要君中获得了礼仪上的恩遇：据《宋史·贾似道传》记载，他从此前被特授的三日一朝延至六日一朝，继而又令十日一朝；入朝不拜，“朝退，帝必起避席，目送之出殿廷始坐”。

对要君最激切的批判，出自宋理宗末年彗星事件中就曾痛批贾似道的大臣高斯得。高斯得在《书咸淳五年事》中直陈贾似道“内以要君，外邀名誉”，先将他与王莽相提并论，嘲讽他的劣迹“杂诸莽传，谁能辨之”；继而将他与两宋诸奸相比较，认为蔡京、秦桧、史弥远虽贪权位尚不求名，而贾似道意在二者得兼，诸奸相在朝中尚且有公开反对者，而“堂堂天朝，无一人发似道之奸诈”。高斯得还写了《要君》一诗，“圣人戒要君，春秋罪同弑”，“忍于君父前，用此军中诡”。[①]

文天祥也卷入了要君风波。度宗有两道挽留贾似道的诏书轮到文天祥当值起草，但对此嗤之以鼻的文天祥不仅没有照例对师臣歌功颂德，反而“语皆讽似道”。按照当时的政治惯例，凡拟草之诏令都要经由贾似道过目，但文天祥故意不呈稿。当贾似道得知文天祥绕开他，还起草了对他语含讥讽的诏书，勃然变色，唆使御史张志立弹劾文天祥，罢免其所有官职。为官十年屡遭罢斥的文天祥对朝局心灰意冷，毫无留恋地回家乡庐陵闲居了。

据说当年文天祥与权宦董宋臣发生矛盾时，贾似道还从中斡旋，对他有回护之恩惠。但文天祥在公义之前，就是如此不近人情，拒绝成为权臣结党的对象。

---

① 张春晓：《贾似道及其文学交游研究》，第54—55页。

当贾似道与宋度宗还在为了行边与辞相纠缠不休时，蒙军已开始了对樊城的最后一击。

二张援襄前，蒙军已攻占樊城外城，但对内城仍是望城兴叹。宋军守樊城的最大底气是，樊城与襄阳之间虽隔着汉水，但之间有铁索和巨木制成的浮桥连接。正如《元史・张弘范传》中张弘范对阿术献策称，“襄、樊相为唇齿，故不可破。若截江道，断其援兵，水陆夹攻，樊必破矣。樊破则襄阳何所恃？”

欲攻樊城，先断浮桥。至元十年（南宋咸淳九年，1273年）正月初，刘整与阿术命熟悉水性的士卒冒寒潜入汉水，用巨斧断木沉索，焚烧浮桥，断绝了襄、樊二城之间的联系。

但攻坚终究是蒙古人的弱项，更何况要在短期内拿下樊城。为此，忽必烈将秘密武器“回回炮”调至襄樊前线。尽管此时已步入火药时代，金军在蒙金战争时使用过“震天雷”和“飞火枪”，但“回回炮”并不是一种火炮，而是一种巨石炮，或也可理解为一种新型投石机，因此写作“砲”可能更精准。

至元八年（1271年），忽必烈遣使臣至波斯征召炮匠，旭烈兀长子、伊利汗国第二任君主阿八哈向伯父忽必烈献上了阿老瓦丁和亦思马因两位制炮专家，两人举家迁徙至京师制炮。因为这两人是来自西域的回回人，故大炮被称作“回回炮”和“西域炮”；又因大炮首先用于攻坚襄樊，也称“襄阳炮”。

阿老瓦丁和亦思马因在《元史》中皆有传，可见其地位，也可见元军对战争新技术的开放性。据说“回回炮”发射的巨石重达一百五十斤，首次运用于樊城，便焚其护城栅，摧毁其角楼。

“回回炮”，再加上水师、汉军步兵的协力，樊城终于到了最后的时刻。

《宋史·牛富传》记载，樊城守将名为牛富，在数年守城中愈挫愈勇，多次将书信射入襄阳城中，与吕文焕相誓"固守为唇齿"，宋史称"两城凡六年不拔，富力居多"。蒙古发动总攻后，牛富与之血战十余日，城破后，率死士百人坚持巷战，渴饮血水，身负重伤后"以头触柱赴火死"。裨将王福见牛富殉国，感叹"将军死国事，吾岂宜独生"，也追随赴火自焚。

范文虎虽畏葸不前，但他的侄子荆湖都统范天顺却是一条好汉。范天顺随二张一同援襄，此时也在樊城中。《宋史·范天顺传》中说，樊城陷落时，范天顺仰天长叹："生为宋臣，死当为宋鬼。"言罢便自缢而死。

樊城失陷前的最后一刻，吕文焕再次向临安告急，称"樊之力已不可支，再于襄城临江一面，植木栅立硬寨，誓以死守"[①]。《宋史·贾似道传》中记载贾似道再请行边，朝中莫衷一是，监察御史陈坚等大臣也纷纷上疏挽留：师臣出了临安，"顾襄未必能及淮，顾淮未必能及襄，不若居中以运天下"。

于是，贾似道仍然留在了临安。

破樊城次月，也就是至元十年（南宋咸淳九年，1273年）二月，蒙古对襄阳发动了最后总攻。蒙军将"回回炮"从樊城运到了襄阳城下，据《元史·亦思马因传》，回回炮"机发，声震天地，所击无不摧陷，入地七尺"；《元史·阿里海牙传》则说，"一炮中其谯楼，声如雷霆"。

---

① 〔宋〕周密：《癸辛杂识·别集下》。

一时间，襄阳城人心惶惶，众多将领都偷偷翻城出降。再多的勇气与倔强，也经不住六年时光的侵蚀。

蒙金战争末期，《金史·完颜娄室传》记载金哀宗曾哀叹：“北兵所以常取全胜者，恃北方之马力，就中国之技巧耳。”而今，蒙古大军除了这两者，又添了巨炮，天下谁能御之？

这也正是蒙古无远弗届之资源与技术优势。

襄阳城破在即，刘整的意思是“立碎其城，执文焕以快其意”，也就是趁势攻破襄阳，活捉吕文焕。刘整如此作为很可能是出于私仇，《元史·刘整传》记载他此前见吕文焕城头观战，便单枪匹马上前喊话：“君昧于天命，害及生灵，岂仁者之事！而又龌龊不能战，取羞于勇者，请与君决胜负。”被羞辱的吕文焕默不作声，但一旁的宋军伏弩伤人，刘整幸因甲坚未受重伤。

但还有一种说法是，刘整与同掌汉军的阿里海牙不合，意欲以生俘吕文焕为筹码与阿里海牙争功。

然而，恰恰是阿里海牙反对强攻，据《元史·阿里海牙传》，他亲自率数骑来到襄阳南门劝降吕文焕：

> 君以孤军城守者数年，今飞鸟路绝，主上深嘉汝忠。若降，则尊官厚禄可必得，决不杀汝也。

据《新元史·吕文焕传》，阿里海牙此举是得到了忽必烈的授意。忽必烈还亲自诏谕吕文焕：“你等死守襄阳孤城已有五年，为你们的皇帝尽了忠。但现在势穷援绝，你们难道就不考虑城中数万百姓的生死吗？你若愿意投降，我将大赦城中所有军民，还会擢升你的官职。”

很显然，阿里海牙更知晓忽必烈心意，而刘整可能并不清楚决策内情，或明知如此但还是建功心切，一意孤行。据《元史·世祖本纪》，早在至元八年（1271年）八月，也就是襄樊之战结束前一年半，忽必烈就下诏，“招谕宋襄阳守臣吕文焕”。

曾任安南达鲁花赤的张庭珍也随行阿里海牙到襄阳城下，据《元史·张庭珍传》，他以襄阳民众之生死要挟吕文焕：

> 我师所攻无不取者，汝孤城路绝，外无一兵之援，而欲以死守求空名，如阖郡之人何！汝宜早图之。

恰逢此时襄阳城中又有将领出城投降，深感大势已去的吕文焕已有降意，但还是担心蒙古人不讲信义，《新元史·张宏传》记载他提出让重诺闻名的济南万户张宏担保，“得张济南一言，吾无盟矣”。张宏随即被遣入城内诏谕，再加上阿里海牙折箭为誓，吕文焕最终于至元十年（南宋咸淳九年，1273年）二月举城投降。

吕文焕以孤军守襄六年，粮尽援绝而降，在襄阳最后的时光中，每次巡城，皆南望恸哭。吕文焕固然远比不上睢阳殉城的张巡，但自比李陵倒也贴切。

对于吕文焕之降，时人大多不忍苛责。周密《齐东野语》有言：“襄阳降，此天意非人力也。”刘一清在《钱塘遗事》中惋叹：“独守孤城，降于六年之后，岂得已哉？”宋末宫廷乐师汪元量的《湖山类稿》则认为罪责是贾似道的：“吕将军在守襄阳，十载襄阳铁脊梁。望断援兵无信息，声声骂杀贾平章。”

甚至日后拒当元臣绝食而亡的谢枋得此时也对吕文焕生出同理

心，《昭忠录》中写："文焕守襄六年，古无有也，势穷援绝，遂失臣节。议者遽加以叛逆之名，今沿江诸郡，有能守六日者乎？"以谢枋得的宽容立场，道德与忠义首先是用来律己的，而不是律他的。

吕文焕真正失格的是，他降元后迅速倒戈相向，对旧主毫不留情，积极献策攻宋。至元十年（南宋咸淳九年，1273年）四月，献城两个月的吕文焕随阿里海牙赴大都觐见忽必烈，一见面就献上进攻鄂州之策，并且自请为前锋，被忽必烈封为昭勇大将军、侍卫亲军都指挥使、襄阳大都督；其麾下将士也被授予忽必烈直属的"侍卫亲军"的地位，并仍旧由其统领指挥。

次年二月，吕文焕被拜为参知政事，行省荆湖，真正成为灭宋的马前卒。

明人何乔新的评价颇为中正：

> 使文焕既降之后，屏居田里，不受官爵，终身不北面而坐，君子将原其情而恕之。顾乃引雠敌之兵，招其部曲，诱其子侄，以覆其君之宗社，虽欲辞叛臣之名，恶得而辞哉！[①]

卡尔维诺在《如果在冬夜，一个旅人》中说：

> 放弃一切东西比人们想象的要容易些，困难在于开始。一旦你放弃了某种你原以为是根本的东西，你就会发现你

① ［明］何乔新：《椒邱文集》，卷七。

还可以放弃其他东西，以后又有许多其他东西可以放弃。

有些人的道德底线一旦被突破，就不知伊于胡底。

吕文焕与刘整虽不和，但降蒙后的反戈一击却如出一辙。除了希冀以灭宋在新朝捞取军功，吕文焕可能也因上至贾似道、下至诸将的援襄不力而心生怨艾，必亲自统兵灭之方能泄心头之恨。但这也正是人性幽暗驳杂之体现，虽失格，但也并非骇人听闻。

重用吕文焕也是忽必烈政权的共识，正如胡祇遹在《寄张平章书》中所吁请：

> 吕生（吕文焕）世握兵柄，兄弟子侄布满台阁，宋君臣之孰贤孰愚，宋河山城郭之何瑕何坚，宋兵民之多寡虚实，宋兵刑政之得失巧拙，不为不知。

对于此时的吕文焕而言，南宋是见死不救之故主，元朝乃既往不咎之新主，“在忽必烈政权中有许多汉人在为其效力，能力主义、绩效主义这一原则超越了人种及文明的差别。口头上的书生之论很少出现，靠华丽辞藻伪装自己的文人官僚之间的‘党派斗争’亦很少发生，比起包括书生在内、上上下下都充斥着无限嫉妒与斗争的临安南宋政界，这里自然是完美得多”[①]。

这一判若云泥的信息，吕文焕很快也会传递到其他宋军将领手中。

---

① ［日］杉山正明：《蒙古帝国的兴亡（下）——世界经营的时代》，第76—77页。

襄阳失陷，无疑是决定蒙宋战争走向的最关键一战。其一，蒙古实现了刘整浮汉入江的战略规划，再借助此战中崛起的水军，明确了最清晰的灭宋路径；其二，南宋各路军队在添油战术式的援襄中元气大伤，与元军的实力差距进一步拉大；其三，随着吕文焕降元，南宋军力最为雄厚的吕氏军事集团进入变节进行时，日后蒙古灭宋时，如《新元史·吕文焕传》所述，“时沿江诸将，多吕氏旧部，争望风款附”。

集大权于一身的贾似道终将无法闪避滔天压力集于一身，他还能重演鄂州之战“再造王室”的奇迹吗?

予室翘翘，风雨所飘摇；王室多故，国步方蹇。

【第七章】

大都：元朝的元

大元

围攻襄阳期间，忽必烈还干了一件震天撼地的大事。

至元八年（1271年）十一月十五日，忽必烈将“大蒙古国”国号改为“大元”。

忽必烈的《建国号诏》大致可以分为两部分。第一部分把中国自三皇五帝以来的国号臧否品评了一番，总之各有所短。更有信息量的是第二部分：

> 我太祖圣武皇帝，握乾符而起朔土，以神武而膺帝图，四震天声，大恢土宇，舆图之广，历古所无。顷者，耆宿诣庭，奏章申请，谓既成于大业，宜早定于鸿名。在古制以当然，于朕心乎何有。可建国号曰大元，盖取《易经》“乾元”之义……

这段话有两个要点。其一，之所以要改国号，是因为本朝“舆图之广，历古所无”，“大蒙古国”这个国号不再切合时宜，“既成于大业，宜早定于鸿名”；其二，国号“元”来自《易经》中的“乾元”。

元朝官方编纂的《经世大典·序录》说得更为透彻：

> 元也者，大也，大不足以尽之，而谓之元者，大之至也。

因此，“大元”这个国号算是“大”的语义重复，要凸显的就是一个“大”字。从这个角度而言，“元”之国号，与“至元”年号相互呼应。[①]

就蒙古意识形态而言，这个“大”是领土大，大恢土宇，舆图之广；就儒家意识形态而言，这个“大”是大一统，唐德刚先生对此有简明扼要的阐释：

> 中国的朝代名称，从秦、汉、魏、晋……到宋、辽、金，均是具体的地名。但是蒙人在入主之后……乃改用一个抽象的名称“元”，以为朝代之名，以示其是一个真正的“四海之内，莫非王土；率土之滨，莫非王臣”的传统儒家思想里的宇宙大帝国，不自限于某一特定区域也。[②]

自成吉思汗时代起，蒙古的蒙文国号一直为“YeKe Mongghol Ulus”（音译“也可蒙古兀鲁思”），在建“大元”国号之前，蒙古的汉文国号除了直译而来的“大蒙古国”，还有一个是稍欠正式感的“大朝”。“大朝”一名，早在蒙古伐金初期就开始采用，此后并行达五十年之久。相对而言，“大蒙古国”使用以对外为主，在外交文

---

① 萧启庆：《内北国而外中国：蒙元史研究》（全二册），第76页。

② 唐德刚：《袁氏当国》，广西师范大学出版社，2015年2月版，第140页。

书中最为普遍；“大朝”使用以对内为主，以羁縻中原汉人为主要作用，在汉地士民中使用更为广泛。[①]

从文字的语义层面来看，“元朝”与“大朝”实为同义，只是前者更富文义，更适合作为正式的国号，“从‘大朝’到‘元朝’名号的嬗递，反映出蒙古从游牧国家到中原王朝的转变的完成”。但由于元朝始终具备世界帝国与中原王朝的二元性，“大元”一号采用后，汉文国号“大朝”与“大蒙古国”虽并遭废弃，但蒙文国号“YeKe Mongghol Ulus”却继续沿用，迄于元亡，都未改变，甚至明代蒙古人仍如此自称。[②]

当然，在非特定学术场合采用源于西方语境且更为通行的“蒙古帝国”，也无伤大雅。

随着忽必烈建“大元”国号，这里又有一个新的问题：元朝的起始时间为何？

聚讼纷纭，大致有五种说法：学术界主流认为是从1206年成吉思汗建立“大蒙古国”开始，证据之一是成吉思汗也被尊为“元太祖”；以“中原”地域中心主义出发，从1234年蒙古灭金统一北方算起；以忽必烈建政为标志，从1260年仿效汉法建元“中统”算起；以国号为标志，从忽必烈1271年改国号为“大元”算起；以鼎革为基准，从1276年元军攻占临安，宋恭帝出降算起。

在这五种说法中，本书更偏向于1260年和1271年这两说：前者建政，后者建国号，都着重于制度。以“1260年说”为例，建元中

---

① 萧启庆：《内北国而外中国：蒙元史研究》（全二册），第74—77页。

② 同上书，第77页。

统前，“蒙古帝国都是以十二生肖纪年，并没有年号。年号是中国皇帝用以纪年的名号，是中国皇帝的专利。用年号纪年，便标志了忽必烈所建立的政权与大蒙古国的不同”[①]。

除了创设国号“大元”，忽必烈制度建设的另一翼是营建“大都”，这些都是中原王朝叙事不可或缺的部分。可以说，“大都”与“大元”，都从属于“大”的意识形态。

大蒙古国的都城原为喀拉和林，中统四年（1263年）五月，忽必烈将其即汗位后实际居住的开平府升为都城，定名上都；中统五年（1264年）八月，忽必烈又降诏改燕京为中都，元朝的两都制由此正式确立，夏天在上都，冬天在中都；至元八年（1271年），燕京最终定名大都。

关于蒙古的两都制，最精当的说法可能出自杉山正明：既能同时维持“草原的军事力量”，又能掌握“中华的经济力量”。[②]

忽必烈最早与燕京（大都）结缘，要追溯到金莲川幕府时代。木华黎之孙霸突鲁就曾建言定都燕京。

可见，大都从一开始，就是一种天下一统的意识形态。

元上都和元大都的主要设计者，均为忽必烈的金莲川幕府第一人刘秉忠。

忽必烈即位后，刘秉忠虽伴随大汗左右，但仍着僧服，被称为“聪书记”（法名“子聪”）。刘秉忠大概想效法唐肃宗时代的“白衣宰相”李泌，不愿为官，而是以僧人身份追随忽必烈。《元史·刘秉

---

① 班布尔汗：《细读元朝一百六十年》，华文出版社，2021年6月版，第93页。

② ［日］杉山正明：《蒙古帝国的兴亡（下）——世界经营的时代》，第12页。

忠传》记载，至元元年（1264年），金莲川时代的同僚王鹗看不下去了，声称“圣明御极，万物惟新，而秉忠犹仍其野服散号，深所未安，宜正其衣冠，崇以显秩”，请求忽必烈给刘秉忠正式封官。

忽必烈深以为是，当天便下诏拜刘秉忠“光禄大夫，位太保，参领中书省事”。这也就罢了，忽必烈还将另一位“潜邸旧侣”窦默的女儿赐婚给刘秉忠，顺势让他彻底还俗了。

至元四年（1267年）正月，刘秉忠开工营建大都城，到至元十三年（1276年）基本建成；大都的皇城和宫城还要早一年开工（1266年），于至元十一年（1274年）大体竣工。

大都城的开工时间与蒙古围攻襄阳几乎同频，也可见元朝国力之超强。

燕京城旧址此时已有千年历史，也是辽南京和金中都所在地。蒙古灭金时金中都受到重创，原有宫阙尽成废墟，重新修葺还不如新建来得省事，再加上所依托的水源水量有限，忽必烈和刘秉忠最终决定不在燕京旧城基础上修葺补充，而是另觅新址，在燕京城东北建造新都。①

这个新址虽跳脱了金中都，但与金帝离宫大宁宫在同一区域，忽必烈往来燕京时，曾多次驻跸大宁宫宫苑，至少是熟悉的。可以说，“忽必烈考虑建造新都城时，最重要的决定，是不在旧城基础上修葺补充，而是利用近郊金世宗所建之万宁离宫为中心，重新兴建城垣宫殿”②。

① 陈高华、史卫民：《元代大都上都研究》，第31页。

② ［美］陈学霖：《元大都城建造传说探源》，《史林漫识》，第124页。

大都城的精华部分在于太液池，包括现在的北海和中海（南海当时尚未开凿），据说太液池中满栽芙蓉，元朝皇帝专门造了龙船，在池中往来游戏。太液池东岸为忽必烈居住的宫城（即明清紫禁城前身）；西岸为南北对峙的隆福宫和兴圣宫，隆福宫先后为皇太子和太后之居所；中有琼华岛与瀛洲（今北海团城），琼华岛山顶的广寒殿为大都城地势最高处。①

至元二年（1265年）十二月，忽必烈命工匠制作了名为“渎山大玉海”的酒缸，放置在广寒殿中。元亡后，渎山大玉海流落到皇城内一所道观中作腌菜坛子，直到乾隆年间才被重新发现，移置到北海团城承光殿前亭子内，至今尚存。②

建成后，大都城的外郭城周长六十里（实地测量为28 600米），约为金中都的1.5倍，南北略长，呈长方形；城门共十一座，北面两座，其他三面各三座；据元朝官方的统计，大都城居民约为十万户，按一户有四五口计算，大都总人口约为四五十万人，“除定居的汉蒙、色目和其他北方民族，还有众多从中亚、欧洲来作短暂停留的使节商贾”③。

按照日本学者杉山正明的说法，刘秉忠营建大都的主要依据为《周礼·考工记》，可以说是“正统的、理想的汉式皇城”，甚至是中国历史上唯一一座按照《周礼》建造的都城。④

但在私家著述与民间传说中，大都城更像是神秘主义的产物。最

① 陈高华、史卫民:《元代大都上都研究》，第43—47页。

② 同上书，第30页。

③ [美]陈学霖:《元大都城建造传说探源》,《史林漫识》，第134—139页。

④ [日]杉山正明:《蒙古帝国的兴亡（下）——世界经营的时代》，第19页。

玄秘诡异的莫如“哪吒城”的传说，据元末张昱《辇下曲》与明初长谷真逸的《农田余话》，“刘秉忠所以开辟十一座城门，是要附会哪吒神的身躯；南面三门象征三头，东西六门代表六臂，北面两门配合两足”。《农田余话》里还有种更离奇怪诞的说法是，元世祖即位至元朝灭亡，恰好百一十年，因此燕都十一门也是亡国之谶。[①]

这些传说至少有一点根据是真的，《元史·刘秉忠传》中说刘秉忠“三式六壬遁甲之属，无不精通”，因此营建大都城时引入些阴阳术数倒也并不意外。

据《元史·刘秉忠传》，首先提出建大元国号的也是刘秉忠，至元八年（1271年），“奏建国号曰大元，而以中都为大都”。

这也可见“大元”与“大都”的共生关系。从行汉法、用汉臣、采用汉式年号、建“大元”国号，到营建大都，显示了忽必烈逐步将政治重心移向中原。

然而，这并不意味着元朝政权的深度汉化，更遑论全盘汉化，那些更深层次、更核心的蒙古意识形态，比如家族公产制、宗王分封、怯薛、忽里勒台大会等，并未受到汉化的严重冲击。而作为汉化核心指标的科举，忽必烈至死也未正式推行，以铨选、察举、国子监乃至世袭作为科举的替代，中下层官僚机构一度充斥着刻薄冷酷的胥吏。一直到忽必烈驾崩近二十年后，元仁宗才于皇庆二年（1313年）下诏恢复科举。

忽必烈本人也未必精通汉文化。忽必烈的所谓汉化，在功利化的政治军事层面，而不在更本质的文化与生活方式，更多是一种世界

① ［美］陈学霖：《元大都城建造传说探源》，《史林漫识》，第139—143页。

帝国与中原王朝二元制的制度演进。

不过，忽必烈倒是让儿子真金自少年起就接受了系统的汉文化教育，他先后指定姚枢、窦默和王恂这三位金莲川旧人作为真金的儒学老师，以《孝经》为启蒙，“每侍左右，必发明三纲五常，为学之道，及历代治忽兴亡之所以然”。

甚至有一种说法是，忽必烈有可能会说汉语，但不会读写汉语。清人赵翼在《廿二史札记》中专门有“元诸帝多不习汉文”一节，找到数处忽必烈时代“是凡进呈文字必皆译以国书（蒙古文）”的证据，得出了“世祖始用西僧八思巴造蒙古字。然于汉文，则未习也”之结论。

从这个角度而言，忽必烈个人层面的“汉化”，远逊于康熙、乾隆这些汉文化精通者。他的所谓汉化，不是出于审美，而是出于政治功利。

忽必烈遵行的某些汉法，与其说是为了汉化，不如说是为了集权。汉法固然有“郁郁乎文哉”的一面，但也有中央集权大一统的一面，而后者恰恰契合了忽必烈的权力需求。忽必烈可以通过选择性地行汉法，突破蒙古制度中某些限制大汗权力的传统。

一个例子是，襄阳城破的同月，也就是至元十年（南宋咸淳九年，1273年）二月，忽必烈下诏立嫡长子真金为皇太子。尽管册文标榜立储是“仰惟太祖皇帝（成吉思汗）遗训”，“上遵祖宗宏规”，但这显然有违集体推举新任大汗的忽里勒台大会制度，而那恰恰是由成吉思汗亲自创设的。

立储和嫡长子继承制固然是遵行汉法，但也可以理解为忽必烈借机与忽里勒台大会争夺蒙古汗位继承权，毕竟，他本人的即位就绕开了忽里勒台大会。当然，忽必烈此时不可能预料到，推举制与立储制的缠斗才刚刚开始。

忽必烈政权的汉化很可能只是浅层次的，但因此导致的离心力如决江河，沛然莫之能御。这似乎是一个隐喻，忽必烈得到了“大元”，却失去了“大蒙古国”，“自忽必烈立国中原，建立元朝起，蒙古帝国业已名存实亡”。元朝与海都征战的三十多年间，忽必烈及其继承者的宗主权，仅仅得到由其六弟旭烈兀建立的伊利汗国的承认。即使在1303年平定海都之乱后，蒙古世界的和平得以暂时恢复，但“联合为一”不过是一假象，“元朝与各汗国间的互通使节仅代表国与国之间的宗藩关系。各地蒙古政权皆已地方化，无法共同拥戴一个远在天边，难以认同的大汗”。[①]

不过，还有一种说法是，在忽必烈时代，蒙古帝国并未解体，甚至连分裂都称不上，“蒙古帝国中的内讧顶多只是争夺主导权而已”，毕竟，在蒙古帝国境内，唯一的大汗仍然是忽必烈。只是说，忽必烈治下的蒙古帝国，开始转变为一种有多个政治权力核心的，松散、多元复合的联邦国家，但包括欧亚大交流在内的整个帝国体系仍然维持了下来。[②]

无论大蒙古国是否就此解体，忽必烈作为所谓蒙古人大汗的身份是否徒有虚名，他若想成为拥有无懈可击之正统性的中原王朝皇帝，都还得过最后一关——灭宋，实现大一统。

《元史·刘秉忠传》记载至元十一年（1274年）八月，在元军南

① 萧启庆：《内北国而外中国：蒙元史研究》（全二册），第16页。

② ［日］杉山正明：《忽必烈的挑战：蒙古帝国与世界历史的大转向》，第119—122页。

下的号角中，五十九岁的刘秉忠在上都“无疾端坐而卒”，忽必烈震惊之余，对这位最早加入金莲川幕府的重臣评价称：

> 秉忠事朕三十余年，小心慎密，不避艰险，言无隐情。其阴阳术数之精，占事知来，若合符契，惟朕知之，他人莫得闻也。

刘秉忠一生营建两都，首提建大元国号，“他如颁章服，举朝仪，给俸禄，定官制，皆自秉忠发之，为一代成宪”，俨然元朝行汉法第一人。但忽必烈念兹在兹的还是“阴阳术数之精，占事知来”，可见相比儒学，这或许才是忽必烈最有兴趣的“汉法”。

问罪

攻占襄阳后，元朝内部的主流意见是：即刻浮汉入江，直趋临安灭宋。

作为“先攻襄阳”的首倡者，刘整就主张一鼓作气：

> 襄阳破，则临安摇矣。若将所练水军，乘胜长驱，长江必皆非宋所有。

但也有一种声音认为，大元国力在六年襄阳鏖战中的损耗不可估量，且北边未靖，应暂缓灭宋，休养生息。这派人数虽然不多，但有许衡等重臣在内。

还不单是海都之乱，此时忽必烈也在积极备战征伐日本中，为此还专门成立了征东都元帅府。至元十一年（1274年）十月初三清晨，元朝东征军自高丽南部的合浦港出师，总兵力达32 300人，大小舰船九百艘，据说其中还有吕文焕的襄阳降军。[①]《元史·王磐传》记载，大臣王磐当时还建言忽必烈："今方伐宋，当用吾全力，庶可一举取之。若复分力东夷，恐旷日持久，功卒难成。俟宋灭，徐图之未晚也。"

灭宋兹事体大，忽必烈没有仓促决断。《元史·世祖本纪》记载，直到破襄阳的第二年年初，即至元十一年（南宋咸淳十年，1274年）正月，阿里海牙上书："荆襄自古用武之地，汉水上流已为我有，顺流长驱，宋必可平。"阿术又添了一把火："臣略地江淮，备见宋兵弱于往昔，今不取之，时不能再。"

针对两位前敌大帅的速攻论，据说当时元廷争执不下，久不能决，可能正是阿术的一句话帮忽必烈下了最后决心：

> 今圣主临御，释乱朝不取，臣恐后日又难于今日。

灭宋之议既定，接下来就是择帅的问题了。

忽必烈问计于史天泽和姚枢，得到了两位人选：安童和伯颜。

伯颜长于西域，至元初年奉旭烈兀大王之命入朝奏事，忽必烈"见其貌伟，听其言厉"，将他留在蒙古为官，三十岁时便升其为丞

① 周思成：《大汗之怒：元朝征伐日本小史》，第81—84页。

相。据《元史·伯颜传》，朝中有大小难决之事，伯颜“徐以一二语决之”，被诸臣赞为“真宰辅也”。忽必烈将安童的妹妹嫁于伯颜，还放话，“做伯颜的妻子，不会辱没你的姓氏”。

与早早成名的伯颜相比，安童更是匪夷所思地年轻。安童的家世远比伯颜显赫，父亲是忽必烈倚重有加的木华黎之孙霸突鲁，母亲是察必皇后之姊。至元二年（1265年），年仅十八岁的安童拜相，征宋时也不过二十六岁。

据《元史·安童传》，安童拜相时，也曾以自己过于年轻推辞：“南宋尚据江南，如以臣为宰相，恐贻笑各方，使宋人轻视我们。”忽必烈坚持说：“我已考虑得很清楚了，没人比你更适合，不要推辞了。”

忽必烈最终挑中伯颜，可能与伯颜有征宋经验相关，但应与安童年少无关。很快安童就被派往漠北，主持与海都的战事。忽必烈的遣帅思路很清晰：安童在北，伯颜在南。

忽必烈为伯颜配备的副帅组合也极为精悍——阿术、阿里海牙，两人在襄阳一役中举足轻重，一为征襄主帅，一总领汉军。

团队组建完成后，再加上辅助伯颜总领全军的史天泽，忽必烈将四人悉数纳入中枢，可见此时灭宋已是元朝政治的绝对重心：伯颜与史天泽并立为左丞相，阿术为平章政事，阿里海牙为右丞相。

最后一个问题是征兵。尽管元朝自称“方将百万之众南伐”，但显然这就是个用来恫吓南宋的虚数。

阿术与阿里海牙被任命为征宋副帅后，建言“旧军不足，非益兵十万不可”，忽必烈下诏中书省签军十万人。考虑到蒙古征襄的总兵力在十万人左右，伯颜所率南征军队达到了二十万人，“如果把川蜀和淮西的元军计算进去，估计总数会在三十万以上”[1]。

在水军方面，从至元十年（1273年）三月到至元十一年（1274年）六月伐宋前夕，元军至少五次造船或招募编练水军，仅在至元十年（1273年）三月，刘整就建议训练水军五六万，造战船两千艘，忽必烈从之。

至元十一年（1274年）六月，忽必烈发布伐宋诏书：

> 爰自太祖皇帝以来，与宋使介交通。宪宗之世，朕以藩职奉命南伐，彼贾似道复遣宋京诣我，请罢兵息民。朕即位之后，追忆是言，命郝经等奉书往聘，盖为生灵计也。而乃执之，以致师出连年，死伤相藉，系累相属，皆彼宋自祸其民也。襄阳既降之后，冀宋悔祸，或起令图，而乃执迷，罔有悛心，所以问罪之师，有不能已者。
>
> 今遣汝等水陆并进，布告遐迩，使咸知之。无辜之民，初无预焉，将士毋得妄加杀掠。有去逆效顺，别立奇功者，验等第迁赏。其或固拒不从及逆敌者，俘戮何疑。

伐宋诏书的核心信息是“问罪之师”，忽必烈给南宋安了两大罪名：无故拘押使臣郝经，以致兵连祸结；襄阳被破后，仍不知悔改。

诏书中还特意点出“将士毋得妄加杀掠”。大军出师前，忽必烈以远征大理时姚枢和刘秉忠等金莲川儒臣“不可嗜杀”的著名建言，

① 李治安：《忽必烈传》，第231页。

《元史·世祖本纪》记载他郑重嘱托伯颜："古之善取江南者，唯曹彬一人。汝能不杀，是吾曹彬也。"

在某种意义上，这又呼应了吕文焕的招降使命。据《元史·世祖本纪》，忽必烈接受了行中书省的创议，"江汉未下之州，请令吕文焕率其麾下临城谕之，令彼知我宽仁，善遇降将，亦策之善者也"。

至元十一年（南宋咸淳十年，1274年）七月二十一日，伯颜自大都出师，灭宋之战正式启动；九月初一，蒙古诸军会师于襄阳，分三路进军，伯颜亲领中军；九月十三日，伯颜统率二十万大军，号称百万，自襄樊浮汉入江征宋，并以忽必烈的名义发布檄文，声称此次大举南下乃"吊民而伐罪"，贾似道无理扣押郝经在先，元军将"恩宽幼主以下，罪止元恶之身（指贾似道）"，而"守令以境土投拜"者"仍其官职"。

伯颜出师伐宋前后，忽必烈还派遣礼部尚书中都海牙及郝经之弟郝庸使宋，问郝经无故被拘之罪。至元十二年（1275年），在丁家洲之败的张皇失措中，贾似道被迫释放郝经，此时距离后者被拘禁已有十五年之久。

据《元史·郝经传》，郝经最传奇的逸事是，他曾将一封帛书系于一只大雁脚下，放其北飞，竟被开封一带的民众射落，得帛书后进献元廷，据说此时忽必烈方才知道郝经尚在人世。帛书上有诗一首："霜落风高恣所如，归期回首是春初。上林天子援弓缴，穷海累臣有帛书。"郝经还在诗后写上："中统十五年九月一日放雁，获者勿杀，国信大使郝经书于真州忠勇军营新馆。"

若此事为真，郝经很显然是效仿苏武史事：苏武被囚时，匈奴曾诈称苏武已死，但西汉得到的情报是苏武还活着，就对匈奴人诈称汉昭帝在上林苑打猎时，猎得一只足系苏武亲笔帛书的大雁，上书自己身在北海牧羊，匈奴人闻之大惊，只得放归苏武。

“奇闻骇见之事，流传已久，在古未必真，而后人仿之，竟有实有其事者”，赵翼在《廿二史札记》中所言精彩，“是苏武雁书之事虚，而郝经雁书之事实也”。

至元十二年（1275年）夏，郝经一行回到了阔别多年的大都，忽必烈命诸臣远道迎接。郝经回程路上已有疾，“所过父老瞻望流涕”，忽必烈赐宴于廷，向郝经咨以政事。

这一年秋天，五十三岁的郝经去世。北还时他曾作诗一首，名《老马》，似乎已预感到来日无多：

百战归来力不任，消磨神骏老骎骎。
垂头自惜千金骨，伏枥仍存万里心。
岁月淹延官路杳，风尘荏苒塞垣深。
短歌声断银壶缺，常记当年《烈士吟》。

蒙古版苏武不止郝经一人，拘押使节者也不止贾似道一人。《元史·月里麻思传》记载，南宋淳祐元年（1241年），大汗窝阔台命月里麻思使宋议和，从行者七十余人。至淮上时，宋将企图以死逼降，月里麻思言辞慷慨：“吾持节南来，以通国好，反诱我以不义，有死而已。”宋人便将使团一行人囚禁于长沙飞虎寨，时达三十六年。月里麻思死于拘押中。

在宋蒙战争中，贾似道也算兢兢业业，倾尽所能，襄阳之败除了大势，更多是他的个人才具与视野不足，但在拘押郝经一事上，贾似道铸下大错，给了忽必烈侵宋的口实。问题的核心是，贾似道拘押郝经纯粹出于私心，不想把鄂州议和一事公开于世，唯恐有损他倾力打造的战争神话。

避祸

吕文焕降元一个月后，即咸淳九年（至元十年，1273年）三月，贾似道才从李庭芝处得到襄阳城破的消息，自称：

> 臣一闻战眩颠沛，几于无生。不谓事不可期，力无所措，乃至此极！①

败讯传开，一时间举国哗然，矛头直指贾似道。

贾似道为推诿丧师失地的责任，对宋度宗抱怨："臣始屡请行边，先帝皆不之许。向使早听臣出，当不至此尔。"

"当不至此"固然是大言不惭，但宋度宗不让贾似道行边却也是实情。如果做一个谨慎的军事推演，只能说，贾似道即使行边襄阳，也很难改变襄阳失陷的结果，但大概率不会比日后的丁家洲之败更惨。毕竟，贾似道手中的牌面在襄阳之战时更漂亮，宋军士气也更高涨。

---

① ［宋］周密：《癸辛杂识 · 别集下》。

事已至此，贾似道再次自请前线督师，再为宋度宗所否。君相二人妥协出来的一个折中方案是：在临安建机速房。所谓机速房，《宋史·度宗本纪》的说法是，“以革枢密院漏泄兵事、稽违边报之弊”，但从字面上理解可能更为清晰点，也就是处理紧急军机大事的临时机构，功能上有些接近清中期后的军机处。如周密《癸辛杂识》所说，“凡急切边事，先行后奏，赏罚支用亦如之”。

机速房或可提高南宋中枢的军事决策效率，但仍然无法解决襄阳之战中暴露的核心问题：吕文德死后，前线没有众望所归、如臂使指的大帅，唯贾似道有这个威望和权势，但他不愿去或去不了。

贾似道的责任追究不了，但范文虎这些吕氏军事集团的败军之将呢？

吕文焕降元后，吕文焕哥哥吕文福、吕文德之子吕师夔惶惶不可终日，上表请辞，但在贾似道的力保之下，两人都顺利过关。吕文福甚至和李庭芝公开辩论，声称吕文焕投降是受左右胁迫，“非由己心”，直到李庭芝拿出了吕文焕降元后自为先锋攻宋的有力证据，宋廷才下诏吕文福“勉力捍御，毋坠家声”。

贾似道庇护吕文福和吕师夔也就罢了，毕竟这二人并未降元，任意株连也本非正道，但他竟连范文虎也保下了。据《新元史·范文虎传》，襄樊失陷后，作为贾似道亲信但锋芒尚存的陈宜中以援襄不力请诛范文虎，但范文虎为贾似道所庇护，“止降一官，仍知安庆府”。

在襄阳之战中援襄不力，至多算是功过相抵的夏贵，甚至还在战后升了官，被任为淮西制置使兼庐州知州；之前是两淮安抚制置大使的李庭芝反倒被分了权，成了淮东制置使。

贾似道不遗余力地回护吕氏亲族，固然缘于他才是吕氏军事集团幕后之总后台，但也不无审时度势之公心：

> 贾似道依然希望通过依仗吕氏集团其他将领出力御敌，戴罪立功，以渡过眼前危机，保住江南半壁江山，故而不允其罢官之请求，仍旧重用他们镇守长江中游一带州郡，以收抚其心。[①]

但很快贾似道就会发现，他还是高估了自己对吕氏军事集团的影响力，也低估了吕文焕的煽动力。

颇有几分荒诞的是，朝野最终认定的襄阳祸首是逼反刘整的俞兴。但此时俞兴已死，那就只有找他儿子俞大忠麻烦了，“追毁出身文字，除名”，相当于剥夺了名誉权。新任京湖制置使汪立信还声称只要对俞大忠用重典，“则人心兴起，事功可图”。

南宋重手处置了一个和襄阳之败无直接关系的已故边帅之子，这就算除恶务本，天下太平了。

黜陟赏罚后，宋度宗下诏求言，令“中外小大臣僚，有材识超卓、明控御之宜、怀攻守之略者，密具以闻”，一时间上书献策倒是不可胜数，但如周密《癸辛杂识》所嘲，“皆澜翻不急之语”，也就是空谈为主。

也有不是空谈的，但真正尖锐犀利的策略呈上去，又会引起轩

---

① 顾宏义：《天平：十三世纪宋蒙（元）和战实录》，第311页。

然大波。还是京湖制置使汪立信，他当时有一封很有名的建言，一上来就将宋度宗和贾似道都骂进去了，“今天下之势十去八九，而君臣宴安不以为虞”。汪立信给出了上中下三策：上策是抽选全国五十余万精兵，都尽数集中于沿江，“无事则泛舟长淮，往来游徼；有事则东西齐奋，战守并用”；中策是释放被扣押的蒙古使节，不给蒙古人攻宋借口，同时“许输岁币以缓师期”，为整军经武赢得时间窗口；如果这两策都没办法实行，那就是天亡大宋，只有下策“衔璧舆榇”了，也就是早早准备投降吧。

贾似道见信大怒，掷于地上。因汪立信一目有恙，便大骂“瞎贼，狂言敢尔”，不久后就找了一个借口，将汪立信革职。

伯颜出师当月，也就是咸淳十年（至元十一年，1274年）七月，年仅三十五岁的宋度宗赵禥猝死，死因或与他好色无度有关。但宋度宗毕竟精准避开了亡国之祸，可谓死得其时，正如《宋史·度宗本纪》所言，“亡国不于其身，幸矣”。

《宋史·度宗本纪》说得最为公允的一点是，南宋濒临亡国与宋度宗这个平庸却也“无大失德”的皇帝干系不大：

> 考其当时事势，非有雄才睿略之主，岂能振起其坠绪哉！

宋度宗驾崩时，还未及正式立储，在贾似道与皇太后谢道清的撑持下，四岁的宋度宗嫡子赵㬎被拥立为帝，是为宋恭帝，次年改元德祐。被尊为太皇太后的谢道清虽有垂帘听政的名义，但朝政仍把持于贾似道手中。

贾似道或许真的有某种无法言传的人格魅力，贾似道的姐姐贾贵妃当年曾与作为宋理宗皇后的谢道清争宠，但贾似道还是成功地获得了谢道清近乎无条件的信赖与支持。

但很快，在长江之滨的丁家洲，贾似道就将倏忽失去一切；就像在十六年前的鄂州，他忽地拥有了一切那般。

【第八章】

丁家洲：奸相的出师表

渡江

至元十一年（南宋咸淳十年，1274年）九月十三日，元中书左丞相伯颜统率二十万大军，自襄樊大举征宋。

“江南若破，百雁来过”的童谣，彼时正流传于南宋境内。“百雁”据说就是“伯颜”的谐音，这是一种真实的亡国恐慌，当然，也有可能是元军精心编造的攻心歌谣。

元军绕开张世杰重兵把守的郢州（今湖北钟祥），连下汉水沿岸的沙洋（今湖北荆门东南）、新城、复州（今湖北沔阳）。至十一月底，元军已抵达长江北岸，进逼阳逻堡，全力筹备渡江。

阳逻堡此时控制在宋军手中，为鄂州东边长江上一大要塞，时人所谓“欲守此江，必守此堡；此堡既失，则鄂危矣”[①]。

此时，淮西帅夏贵已奉命带兵进抵阳逻堡一带，不仅以重兵屯守阳逻堡，还带来战舰数千艘，控制长江江面三十余里，再加上这一带江面宽阔，水流湍急，元军渡江绝非易事。

据《元史·伯颜传》，伯颜亲自率军围攻阳逻堡，竟日不克；又派人劝降夏贵，此时宋军士气尚旺，回应称：“我辈受宋厚恩，戮力

---

① ［元］刘一清：《钱塘遗事·下阳罗堡》。

死战，此其时也，安有叛逆归降之理。备吾甲兵，决之今日，我宋天下，犹赌博孤注，输赢在此一掷尔。”

这是夏贵最后一次踔厉奋发。

伯颜唯恐陷入僵局，遂心生一计。十二月十三日，他一面继续令阿里海牙、张弘范等人围攻阳逻堡，一面与阿术密议：“现在宋军料定我军必先拿下阳逻堡，而后才会渡江。今夜你带兵三千，泛舟溯流而上，估计上游宋军虽有备而不坚，我军正可乘虚渡江。”

阿术当夜率三千骑兵，趁云低月黑，登船溯流数十里，泊于青山矶对岸。是夜天降大雪，元军兵分五队渡江偷袭，宋军察觉后一度奋力阻击，但元军死战不退，最终摧毁了宋军的抵抗，在南岸立住脚跟。

十四日黎明，阿术派人向伯颜报捷：“平章（阿术）承命而往，已过江矣！”伯颜闻讯大喜，即刻下令全军突击，以舟师数万之众直冲宋阵，宋都统制刘成以定海水军抵御，不敌而亡；又以步骑数万人强攻阳逻堡，南宋守军士气崩溃，兵败城陷。

夏贵听闻元军渡江，愕然失色，带着三百艘战船逃遁，沿江纵兵抢掠，一路逃至庐州。宋军数十万众得知主帅先逃，遂溃不成军，流尸蔽江而下。元军诸将本有追击夏贵之意，谁料伯颜以一切尽在掌握中的胜者形象示人：“阳逻堡大捷，我本想遣使告知宋人，现在不用了，夏贵会帮我们在宋人那边传播消息，让他逃吧。”

至此，刘整的“浮汉入江”大战略于长江之上得以完成。

渡江后，张弘范横刀立马，遂有感而发，作《过江》诗：

磨剑剑石石痕裂，饮马长江江水竭。

我军百万战袍红，尽是江南儿女血。

十五日，伯颜登上阳逻堡，见大江南北皆是元军旌旗，喜不自胜。诸将举杯庆贺：“自大元开创以来，丞相出师，一鼓而下江左，乃建大元丕洪之业、不世之功，非丞相其孰能与于此。”伯颜谦让：“殆非我一人之智，乃圣天子洪福，诸将之力也。”①

两天后，伯颜派吕文焕等人率军直抵鄂州城下，威吓守军：“汝之宋国，所恃者江、淮而已。今我大兵飞渡长江，如蹈平地，汝辈不降何待？若尔坚拒，大兵一举，枕尸流血，在于目前，生灵何辜？”②

当晚，鄂州守军开城投降，元军兵不血刃拿下鄂州。遥想十五年前，贾似道与忽必烈在鄂州大战百日，最终逼得急于北上争位的忽必烈解围撤军，成就了贾似道的令名；十五年后，鄂州未经一战便片片降幡，南宋国运晦暗如墨。

在此次伐宋之战中，吕文焕的主要使命就是劝降，一是以自身降元后仕途行情见涨现身说法，二是凭借吕氏军事集团的人脉折冲樽俎。

而鄂州之降，正是吕文焕劝降之路上的首个重大斩获。两个月前，吕文焕曾试图劝降新城守将，却被宋军将计就计，尚未等到宋军接话便为伏弩所伤，右臂中箭，人马并仆，几被宋军俘获。

鄂州失守之后，南宋沿江诸城军心浮动，吕文焕的劝降事业渐入佳境，基本到了传檄而定的地步。

鄂州是吕文焕的福地，却是刘整的伤心地。

---

①② 〔元〕刘敏中：《平宋录》，卷上。

伐宋之初，刘整受命出击淮南，从东翼配合伯颜大军的沿江攻势。据《宋史纪事本末》，作为偏师的刘整本欲抢先渡江，向伯颜请战："大军自襄樊东下，宋悉力西拒，东方虚弱，径造临安，可一鼓而捷也。"伯颜不从："吾受诏特缀东兵使无西耳，济江非所闻。"

在伯颜的阻遏下，刘整与这泼天之功失之交臂。据《元史·刘整传》，至元十二年（1275年）正月，当伯颜渡江入鄂的捷报传来时，刘整正被无为军（今安徽无为）阻于城下，他心灰意懒地说："首帅止我，顾使我成功后人，善作者不必善成，果然！"

当晚，刘整"愤惋而卒"，年六十三。

在以上的历史叙事中，伯颜似乎是一个嫉贤妒能之辈，唯恐刘整大功毕成，又或是阻挠汉将建功，总之欲将大功留己。

但在清人屠寄的《蒙兀儿史记·刘整传》中，这个所谓的首帅不是伯颜，而是另一位叫阿塔海的蒙古高级将领。阿塔海与刘整根本不构成抢先渡江的竞争关系，不存在"争功"叙事，他阻止刘整渡江可能也不过是因为其用兵持重保守。

还有一种说法是，伯颜入鄂固然刺激了刘整，但两人毕竟位阶高下有别，更令刘整心态失衡的是听闻吕文焕"舟师东下，所至迎降"。作为私敌及政治竞争对手，吕文焕降蒙晚于刘整，却大有后来居上之势，刘整焉能不急火攻心？

但刘整的"愤惋而卒"也并非心胸狭隘，自他降蒙以来，从建言攻宋到"先攻襄阳"，再到一举攻破，灭宋的三大战略决策节点，无不是刘整先人一步，定下战略。但灭宋之战一开始，刘整却被边缘化，甚至没有机会参与主战场，想以偏师抢先渡江又被叫停，这对心高气傲的刘整而言，犹如当头一棒。

史天泽几乎紧随刘整去世。此次灭宋，史天泽本与伯颜共同统军，但兵至郢州时，便因病北还。《元史·史天泽传》记载至元十二年（1275年）二月七日，七十四岁的史天泽病逝于家乡真定，辞世前有遗奏："臣大限有终，死不足惜，但愿天兵渡江，慎勿杀掠。"

"慎勿杀掠"，几乎成为灭宋之战中被千叮万嘱的主题词。在这个问题上可以看出，蒙古大军的确在汉化中，哪怕很艰难，哪怕有反复。

夜奔

鄂州失守败报传来，素来最激进的太学生舆论汹汹，"群言非师臣亲出不可"。

现在没了宋度宗的强挽，贾似道也再无不出师行边的理由。但贾似道并没有即刻亲临前线督师，咸淳十年（至元十一年，1274年）十二月二十一日，垂帘听政的谢太后诏贾似道开都督府于临安，以步军指挥使孙虎臣总统诸军，所辟官属皆先命后奏。

可能是国难当头，贾似道也顾不上党同伐异了，他在军中的最大反对派高达此次也被任命为湖北制置使兼安抚使、知江陵府，负责京湖（荆襄）防区的军务，尽管此时的荆襄唯有残山剩水。

贾似道开都督府，对南宋对蒙作战的统一号令不无裨益，但为时已晚，南宋的军事态势还是不可逆地走向榱栋崩折。尤其是，随着鄂州失陷、元军浮汉入江，宋军一蹶不振，吕文焕劝降团在沿江各地无往不利，据《新元史·吕文焕传》，"时沿江诸将，多吕氏旧部，争望风款附”。

德祐元年（至元十二年，1275年）正月初一，吕文焕故旧、宋沿江制置副使陈奕以黄州出降；正月十一，吕文焕和陈奕赴蕲州劝降，吕文德四子吕师道请降；正月十四，吕文德次子吕师夔以江州（今江西九江）降元，贾似道此前还想召吕师夔为都督府参赞军事；二月初一，吕文德之婿范文虎以安庆出降，被封为两浙大都督。

《元史·伯颜传》记载的一个小桥段是，伯颜、阿术率大军至江州时，吕师夔曾为他们设宴洗尘，席间献上两个宋宗室女子邀宠，为伯颜坚拒：“吾奉圣天子明命，兴仁义之师，问罪于宋，岂以女色移吾志乎？”

贾似道可能高估了自己在军中，尤其是吕氏军事集团中的威望。他在鄂州之围前后苦心营造的战神人设，时至今日已所剩无几。

吕氏军事集团的望风而降令贾似道方寸大乱，他再也无法安坐临安都督府，最终决意行边。

但《宋史·贾似道传》还提供了另一种可能更流行的叙事，似乎贾似道畏刘整如虎，故拖延出师：

> 然惮刘整，不行。明年正月，整死，似道欣然曰：“吾得天助也。”乃上表出师……

无论是因为军情紧急，还是刘整已死，贾似道到底是出师了。

正月十五，贾似道受任于败军之际，向年仅四岁的宋恭帝赵㬎呈上一道《出师表》，孤忠自誓不让于孔明，悲歌击筑更甚之：

> 臣以老病之身，遭时多艰，岂复能以驱驰自勉云云？每念身虽危，可以奋励振；事虽急，可以激烈图云云……与其坐待其来，于事无补，孰若使臣决于一行，以求必胜？……臣羸弱之躯，非不知自爱云云，孤忠自誓，终始以之。臣有三子三孙，留之京师，日依帝所，以示臣无复以家为意，否则苟免而已。宁不愧死于斯言哉！深切迫急，拜表即行。

上表次日，即德祐元年（1275年）正月十六，贾似道亲率从诸路调集的精兵十三万，战舰两千五百艘，“金帛辎重之舟，舳舻相接，百有余里”，离京西上，迎战一路势如破竹的元军。宋祚存亡，在此一战。

如果打赢了，贾似道这篇《出师表》的历史地位可能直追诸葛亮前后两表，留名青史。

二月初，贾似道大军进抵芜湖。在这里，贾似道见到两位故人。

一是赴建康募兵途经芜湖的汪立信。汪立信此前因直言献策开罪贾似道，被辱为“瞎贼”，被逐出朝堂。元军伐宋后，贾似道似有悔意，将汪立信起复为沿江制置使等。汪立信不念旧恶，受诏不辞，即日赴任，行前将妻儿托付给爱将，执其手说：“我不负国家，尔亦必不负我。”

据《宋史·汪立信传》，贾似道见到汪立信时，拊其背恸哭：“不用公言，以至于此。”汪立信喟叹不已：“平章、平章，瞎贼今日更说一句不得！”贾似道问汪立信如何打算，汪立信表露了殉国之志：“今江南无一寸干净地，某去寻一片赵家地上死，第要死得分明尔。”

二是自庐州率军来会的夏贵。夏贵看不上资历不如自己的孙虎臣，鄂州大败后也颓丧不振。《宋史·贾似道传》中记载了一个未必完全属实的场景，夏贵在芜湖一见到贾似道就拿出一本书对他说“宋历三百二十年”。自北宋960年立国，至此已接近三百二十年。大战前夕，夏贵这样扰乱军心，但据说贾似道也没追究，或可见当时南宋精英阶层的普遍颓丧心态。

贾似道并非昧于大势之人，尽管还留存几分鄂州之胜的自矜，但也深知此战前途未卜，试图抓住最后的求和之机。

贾似道一到芜湖，便遣使请托吕师夔居中斡旋求和事宜，还释放元军俘虏返报伯颜，并以荔枝、黄柑相赠。随后，贾似道又派出十五年前鄂州议和的使节宋京，表示只要元军退兵，南宋情愿称臣纳贡。

《元史·伯颜传》记载，伯颜为求和设定了一个前置条件，必须贾似道亲自来谈，“未渡江，议和入贡则可，今沿江诸郡皆内附，欲和，则当来面议也”。贾似道可能担心如郝经出使一样有去无回，不敢亲去，便派承宣使阮思聪代为“面议”，却收到了伯颜的最后通牒，“我奉旨举兵渡江，为尔失信之故，安敢退兵。如彼君臣相率纳土归附，即遣使闻奏。若此不从，备尔坚甲利兵，以决胜负”。

伯颜没给贾似道留任何谈判余地：如果南宋君臣不愿投降，那就战场见吧。贾似道在惶悚不安中，无奈接受了求和无望的结果。阮思聪更是见势不妙，暗自乘快船从芜湖遁走。

伯颜虽态度强硬，但实则并未得到继续进军的诏令。忽必烈此时尚未彻底关上谈判的大门，一面于正月派出廉希贤和严忠范两位重臣领衔赴宋谈判；一面又令伯颜在池州按兵不动，等待和谈结果。

《元史·阿术传》记载伯颜问计于阿术:“有诏令我军驻守,何如?”阿术坚决要求进军:“若释似道而不击,恐已降州郡今夏难守,且宋无信,方遣使请和,而又射我军船,执我逻骑。今日惟当进兵,事若有失,罪归于我。”

二月十六日,元军进抵丁家洲(今安徽铜陵东北),与驻屯于此的宋军对峙,筹备决战。

宋军兵分三路,孙虎臣率精兵七万列阵于丁家洲江岸,夏贵率战舰两千五百艘横亘江中,贾似道亲率后军驻鲁港(今安徽芜湖西南)。

贾似道出京时有军十三万,至芜湖后夏贵率军数万来会,总计十五六万人,对外号称三十万;伯颜出师时统兵二十万,占领沿江诸州时一路留兵戍守,尤其是阿里海牙领军四万镇守鄂州,在丁家洲前线的元军可能尚不到十五万。[①]

再加上丁家洲是贾似道亲自选定的战场,南宋水陆两军占据地利优势,这又进一步加大了元军的兵力劣势。伯颜观宋军布阵,度“众寡不敌,宜以计胜”,令军中作大木筏数十张,上置柴草,扬言将以此火攻南宋水师,迫宋军昼夜戒备而师老兵疲。

二月二十一日,伯颜自忖时机成熟,便对宋军发动总攻。元军的战术仍是最经典的水陆协同三面夹击水战:阿术率水军正面冲击宋军战舰,伯颜亲领步骑夹岸而进,配合水军以弩炮攻击南宋水师。

伯颜以巨炮先声夺人,“两岸树炮,击其中坚”,据说“炮声震百里。宋军阵动”,击沉南宋巨舰多艘;阿术水军虽舰船个头不如南

---

① 顾宏义:《天平:十三世纪宋蒙(元)和战实录》,第340页。

宋巨舰，但灵活锋锐，“舳舻相荡，乍分乍合”，阿术勇冠三军，挺身登舟，亲自掌舵，突入敌阵，诸军继进。

宋军这边也有勇将姜才，但孙虎臣开战伊始见战局不利，便弃阵先退，在“步师遁”的呼号声中，宋军大溃。溃败是雪崩式的，夏贵见前军溃散，为求自保，不战而退，驾快船东走，经过贾似道座舰时竟也没停船会合，只是大呼一句“彼众我寡，势不支矣”，便不管不顾地走了。贾似道闻之仓皇失措，遽然鸣金收军，进一步加深了宋军的溃败程度。

据《元史·伯颜传》，“伯颜命步骑左右掎之，追杀百五十余里，溺死无算，得船二千余艘”，就连贾似道的都督府官印也落入追兵手中。

在丁家洲，南宋丢掉了最后一支可以与元军对峙的主力军团。

当夜，惊魂未定的贾似道一口气退到珠金沙（今安徽繁昌县西三十五里凤凰矶北麓），方才稳住阵脚，召夏贵与孙虎臣前来议事。孙虎臣“抚膺而泣”：“吾兵无一人用命也”。这半是推诿率先败退之过，但也半是实情。据《宋史·贾似道传》，夏贵闻言竟在一旁“微笑”说：“吾尝血战当之矣。”但不战而退的他真的比孙虎臣更强吗？

夏贵如此大言不惭，甚至不无当众挑衅的意思，固然是自恃军中资历更深，看不上因依附贾似道而青云直上的孙虎臣，但更让后世深思的是，曾不可一世的贾似道在夏贵这样的南宋高级将领面前，其威权正冰消雪融般逐渐垮塌。很快，贾似道也将真正体会到“吾兵无一人用命也”。

贾似道果然也没与夏贵计较，反而问他：“计将安出？”夏贵语带轻慢地说："诸军已胆落，吾何以战？公惟入扬州，招溃兵，迎驾海上，吾特以死守淮西尔。"说完，就扬长而去，乘船回庐州了。

贾似道别无他法，只得依夏贵计而行，与孙虎臣一起"以单舸奔扬州"。途中，贾似道见败兵蔽江而下，试图归拢溃兵，便派人登岸扬旗招之，不仅没有任何溃兵响应，甚至还遭到了胆大者的谩骂。

这也可见，贾似道的一切光环与荣耀，都在丁家洲之败后轰然崩塌。有人作打油诗，极尽嘲讽之能事：

> 丁家洲上一声锣，惊走当年贾八哥。寄语满朝谀佞者，周公今变作周婆。

多年后，文天祥在诗中指斥贾似道丁家洲（鲁港）之败时，似乎在情感上仍然无法接受，鲁港临阵脱逃的丧师者就是当年那个在鄂州苦战却敌的儒帅：

> 己未鄂渚之战，何勇也；鲁港之遁，何哀也！[①]

贾似道依靠鄂州之战所获得的那些或真或假的荣耀，都被精于权谋的他转化为十六年的滔天权势。但丁家洲之败又让贾似道半是鞠躬尽瘁、老成谋国，半是阴谋权斗、党同伐异的权势，一朝之间丧失殆尽。

随贾似道声望而流逝的还有南宋的国运。《元史·伯颜传》中说，

---

① ［宋］文天祥：《集杜诗·鲁港之遁第十四》。

丁家洲一败，南宋“江东诸郡皆下。淮西滁州诸郡亦相继降”。

当然也有忠义之士。收到丁家洲败讯后，与贾似道在芜湖见过面的沿江制置使汪立信长叹：“吾今日犹得死于宋土也”，他置酒召左右诀别，夜半起步庭中，慷慨悲歌，握拳拍案，失声痛哭，三日后自杀殉国。伯颜听说汪立信死讯后，也叹息说：“宋有是人，有是言哉！”

更悲壮的是前左丞相江万里一家。《宋史·江万里传》记载，江万里辞官后退隐饶州，饶州城破之际，他对门人说：“大势不可支，余虽不在位，当与国为存亡。”言罢便投水自尽于宅中水池，享年七十八岁。其左右和儿子十七口也相继从容赴水，“积尸如叠”。

暗杀

刚逃到扬州时，贾似道似有重整旗鼓之意，一口气办了三件事。

第一件，即刻放郝经使团北归。贾似道不会天真到以为，放了人元军就退兵了，但至少是一种示好，为下一阶段可能有的谈判释放善意。

第二件，上书要求正式迁都，要谢太后与幼帝急速离开临安，东往庆元府（今浙江宁波），以便随时“海上迎驾”。

第三件，以蜡书密告殿前指挥使韩震，要这位亲信即刻将太后、皇上迁出临安，还来了句煽情的话：“但得赵家一点血，即有兴复之望。”

据周密《癸辛杂识》“施行韩震”一节，贾似道在丁家洲之战前就有了战败的心理准备，做了迁都的布局：

> 德祐元年乙亥正月，贾平章似道督府出师时，平昔爱将已有叛去者，贾闻之，气大馁。临行，与殿帅韩震、京尹曾渊子约曰："或江上之师设有蹉跌，即邀车驾航海至庆元，吾当帅师至海上迎驾，庶异时可以入关，以图兴复。"

这三桩事，环环相扣，看起来贾似道并未被战败击倒。

直到此时，贾似道可能认为自己还是那位权倾朝野的师相，为大宋续命责无旁贷，但他不知道，临安朝堂此时已集体背弃了他。

对于迁都之议，临安朝野为之震动，很多人唱着死守都城的高调，实则还是怀有苟安的侥幸心理，家产田地皆在临安，认为元军未必会真的打过来，"时都民、戚里、官府往往皆欲苟安，疑惑撼摇，目之为贼"[①]。就之后的局势发展来看，贾似道显然是有先见之明的，那些唱高调者则跑的跑，降的降。

右丞相陈宜中年轻时本是热血学子，因上书直言被权相丁大全放逐。贾似道秉政后，不但为陈宜中平反，还一路提拔，对他有知遇之恩。而陈宜中则回报以鞍前马后，成为贾似道集团的中坚人物。

但就是这位贾似道的亲信，因为误信贾似道已死的传言，便立即与之做全方位的政治切割，为此不惜大开杀戒。

三月初一，殿前指挥使韩震奉贾似道命，亲闯朝堂催促丞执尽快执行迁都计划，宫中大恐。陈宜中为宣示自己已与贾似道一刀两

---

① ［宋］周密：《癸辛杂识·前集》。

断，一手策划了诛杀韩震的计划，于当夜诱召韩震议事，伏兵以铁锥狙杀。数日后，陈宜中就得到了拜相的政治酬报，这或许可以说明，太皇太后虽未必是杀韩震的幕后主使，但反迁都是谢道清的主张。这已经是谢道清第二次反迁都了，前次还要追溯到鄂州之战前，时为皇后的她在宋理宗面前力陈“恐摇动民心”的反对理由。[①]

韩震既死，贾似道心心念念的迁都计划也就此破灭。周密在《癸辛杂识》中似有为迁都之议叫屈的意思：

> 然则贾、韩之谋，是非果何如耶？后之秉笔削者，当有以任其责乎？

反迁都、诛韩震也就罢了，陈宜中还做铁面无私状，上疏力主诛杀贾似道。

太皇太后谢道清与其夫宋理宗都是厚道人，不忍对老臣痛下杀手，声称“似道勤劳三朝，安忍以一朝之罪，失待大臣之礼”，只是于德祐元年（1275年）三月三日，罢去了贾似道平章军国重事和都督诸路军马两职。处置虽轻，但这道可能出自陈宜中之手的《罢贾似道都督制》用语极刻薄：

> 大臣具四海之瞻，罪莫大于误国；都督行诸军之事，律尤重于丧师……具官贾某，小材无取，大道未闻。昔相穆

① ［美］戴仁柱：《十三世纪中国政治与文化危机》，刘晓译，中国广播电视出版社，2003年5月版，第108页。

> 陵，徒以边将而自诡；逮事先帝，遂于国事以独专……遂令饮马，以渡长江……

至此，贾似道自援鄂之功、景定入相以来的事功被一笔勾销，“列为自诡、专权、忌才、行公田、不修兵等罪状一一清算，将南宋末年积弱均归之于贾似道，其误国之罪自此盖棺定论”[①]。

贾似道并没有因罢官而安全落地。在接下来的数月中，台谏、侍从官以及太学诸生纷纷上书请诛贾似道，嚣然问责。据《宋史·贾似道传》，左丞相王爚向太皇太后施压时，将贾似道定义为本朝第一权奸：“本朝权臣稔祸，未有如似道之烈者。缙绅草茅不知几疏，陛下皆抑而不行，非惟付人言于不恤，何以谢天下！”

太皇太后虽有心保全，但众口悠悠，只得被迫一步步加码惩处。而贾似道的党羽或遭弹劾或自杀，贾似道本人也上表自劾，只求保全余生。

贾似道在国中几无容身之处。起初，太皇太后命李庭芝将贾似道从扬州送至绍兴府守丧，绍兴抵制；宋廷再将贾似道徙居婺州，婺州官民同样拒其入境；宋廷又将贾似道谪居福建建宁府，福建籍官员上书：“建宁乃名儒朱熹故里，虽三尺童子粗知向方，闻似道来呕恶，况见其人！”

这些地方的有些官民看上去忠义无双，视名节高于一切。贾似道来了，他们义形于色，群情激昂；吕文焕带元军来了，他们却望风而降，毁节求生。

---

① 张春晓：《贾似道及其文学交游研究》，第33页。

最终，宋廷迫于无奈，决定贬贾似道为高州团练副使，安置于循州，籍没其家。因前左丞相吴潜为贾似道倾轧，十五年前也曾发配循州，时人视之为天道循环，有诗云：

去年秋，今年秋，湖上人家乐复忧。西湖依旧流。
吴循州，贾循州，十五年间一转头。人生放下休。

身为宋度宗之父、宋恭帝祖父的福王赵与芮在皇室中的权势仅次于太皇太后谢道清，但在宫廷斗争中长期受到贾似道的压制，因此对贾似道恨之入骨。此次贾似道失势，赵与芮便招募能杀之者押送贾似道赴循州，会稽县尉郑虎臣因与贾似道有私仇，便欣然请行，一路行至漳州木绵庵，于德祐元年（1275年）八月，杀掉了六十三岁的贾似道。

郑虎臣杀贾似道半是福王买凶，半是个人恩怨，本与天下公义无关，但随着贾似道政治形象的不断沦落，郑虎臣的形象则不断“忠义化”，贾似道之死逐步演化为奸臣误国、义士为国惩奸的道德教化故事。[①]

《宋史・贾似道传》就尽力营造出一种郑虎臣为国除奸的忠义感：

似道行时，侍妾尚数十人，虎臣悉屏去，夺其宝玉，撤轿盖，暴行秋日中，令舁轿夫唱杭州歌谑之，每名斥似道，辱之备至。似道至古寺中，壁有吴潜南行所题字，虎

① 张春晓：《贾似道及其文学交游研究》，第123—133页。

> 臣呼似道曰："贾团练，吴丞相何以至此？"似道惭不能对。嵘叟、应麟奏似道家畜乘舆服御物，有反状，乞斩之。诏遣鞫问，未至。八月，似道至漳州木绵庵，虎臣屡讽之自杀，不听，曰："太皇许我不死，有诏即死。"虎臣曰："吾为天下杀似道，虽死何憾？"拉杀之。

"吾为天下杀似道，虽死何憾？"《宋史》尚且"忠义主题先行"，何况是宋元文人的笔记呢？关于贾似道之死，史实、传说、怪力乱神与忠奸因果掺杂在一起，相互纠葛，早已难分彼此。

在周密《齐东野语》中，贾似道早年曾梦见自己死于郑姓之人手中，还被相面术士预言将会远行万里；在元朝人陶宗仪笔记《南村辍耕录》中，贾似道路上偶遇当年被他下令流放岭南的太学生叶李，叶李不念旧恶，还赠词予他；在南宋遗民蒋正子的《山房随笔》中，贾似道到木绵庵时欲服"脑子"（龙脑香）自杀，谁料药效不彰，只是腹泻不止，气急败坏的郑虎臣击杀了贾似道。

冯梦龙《喻世名言》中的《木绵庵郑虎臣报冤》，是贾似道之死的混搭版集大成者，最终完成了忠奸斗争和道德教化的改造。这里暂引两段：

> 郑虎臣的主意，只教贾似道受辱不过，自寻死路，其如似道贪恋余生。比及到得漳州，童仆逃走俱尽，单单似道父子三人。真个是身无鲜衣，口无甘味，贱如奴隶，穷比乞儿，苦楚不可尽说。
>
> ……

> 离城五里，天尚未大明。到个庵院，虎臣教歇脚，且进庵梳洗早膳。似道看这庵中扁额写着“木绵庵”三字，大惊道：“二年前，神僧钵盂中赠诗，有‘开花结子在绵州’句，莫非应在今日？我死必矣！”进庵，急呼二子分付说话，已被虎臣拘囚于别室。似道自分必死，身边藏有冰脑一包，因洗脸，就掬水吞之。觉腹中痛极，讨个虎子坐下，看看命绝。虎臣料他服毒，乃骂道：“奸贼，奸贼！百万生灵死于汝手，汝延捱许多路程，却要自死，到今日，老爷偏不容你！”将大槌连头连脑打下二三十，打得希烂，呜呼死了。

从贾似道之死的身后事看，公田法成为他政治形象逆转的关键词。丁家洲之败次月，即德祐元年（1275年）三月，宋廷就下诏废止公田法，“公田最为民害，稔祸十有余年，自今并给原主，令率其租户为兵”。

虞云国先生在《细说宋朝》一书中说得极为通透：

> 贾似道个人的垮台并不只是军事失利，大部分倒是他的公田法触犯了众怒，朝野就借鲁港溃败发难，让他来个身败名裂。

当时甚至有士人作诗，将南宋兵败归咎于公田法：

> 襄阳累岁困孤城，豢养湖山不出征。

> 不识咽喉形势地，公田枉自害苍生。

事功随人而陨灭，这是贾似道的个人悲剧。日本学者宫崎市定愤愤不平：

> 那些曾为贾似道所笼络、重用，而最终抛弃了他的南宋大官，大多在仕元之后埋首著述，此辈往往对贾似道进行肆意谩骂，并将南宋灭亡的责任归结于其一人身上。①

但又怎能去责备这些士人呢？南宋之亡，不怪贾似道和一众前辈奸臣，难道还能去怪那些平庸且贪图享乐的赵氏皇帝？毕竟，他们也都算不上什么昏君、暴君。或者，让这些同为士人的写史者去整体批判南宋的士大夫阶层，去批判他们"平日袖手谈心性，临危一死报君王"的麻木不仁？去批判士大夫既无理论资源也无实操能力，无从应对元兵来袭的巨变？这不仅是求全责备，更是整体否定了士大夫治国的合法性，可能吗？

说到底，面对横扫欧亚的蒙古大军，又有谁，又有哪个群体，又有何种万全政纲可以保全南宋江山？道德不足以亡国，但道德也不足以活国。

思来想去，让贾似道一人背上亡国的所有罪责，是最为便捷、最易于阐释、最顾及君臣大义的"顾全大局"之举。宋人刘埙作诗

---

① ［日］宫崎市定：《宫崎市定人物论》，林千早译，浙江人民出版社，2018年4月版，第89页。

《嘲贾似道》，将贾似道讽为缔造元朝大一统的“元勋”：

> 三百年余气数更，东南万里看升平。
> 黄金台上麒麟阁，混一元勋是贾生。

贾似道败亡之后，为数不多的站出来说几句公道话的竟然是忽必烈。这里且录一段《元史·世祖本纪》的记载：

> 帝既平宋，召宋诸将问曰：“尔等何降之易耶？”对曰：“宋有强臣贾似道擅国柄，每优礼文士，而独轻武官。臣等久积不平，心离体解，所以望风而送款也。”帝命董文忠答之曰：“借使似道实轻汝曹，特似道一人之过耳，且汝主何负焉？正如所言，则似道之轻汝也固宜。”

忽必烈与贾似道毕竟在鄂州血战对垒过，也算是惺惺相惜过的对手。

【第九章】

临安：寡妇孤儿亦被欺

杀使

丁家洲一败，南宋沿江诸郡望风披靡。至元十二年（南宋德祐元年，1275年）三月初，元军已至长江下游，兵不血刃地占领了战略重地建康。

宋廷急诏各地勤王，结果只有张世杰、文天祥和李庭芝等少数将领应诏。张世杰率军千里入京，上下叹异。

吕文德堂弟吕文福表面上也受命勤王，但行至途中竟杀掉了传诏信使，引军降元。

身在赣州的文天祥"捧诏涕泣"，即刻变卖家产，着手招募豪杰，短时间内就聚集了一万余人。有人劝他："现在敌兵分三道而来，直捣内地，你以一万乌合之众北上拒敌，无异于驱羊群而搏猛虎。"

文天祥回答："我当然知道你所说的风险。但是，国家养育臣庶三百余年，国难当头，征召天下军队入援，居然无一兵一骑入关。我深恨于此，所以自不量力，不过是要以身殉国，希望借此激励天下忠臣义士闻风而起。义胜者谋立，人众者功成，只有这样社稷才有可能保全。"

早就有人看出文天祥乃逢危救世之大才。两年前，前左丞相江万里就在潭州嘱托文天祥："吾老矣，观天时人事当有变，吾阅人多矣，世道之责，其在君乎？君其勉之。”

《宋史·文天祥传》中有一小段不常被提及的记载：

> 天祥性豪华，平生自奉甚厚，声伎满前。至是，痛自贬损，尽以家赀为军费。

有人出于维护文天祥历史形象的缘故，否认这条记录的真实性。但也有人予以采信：

> 他（文天祥）的诗歌内容，充满了纵酒与欢宴、闲适的独处与广泛的远游，还有生日、晋升与分别等文人间通常的应酬。在年轻时代，他一直保持着上层社会的形象——无忧无虑、喜欢社交与慷慨大方……他周而复始地进行着逐渐奢华的活动。一直拖到三十岁，文天祥才有了自己的配偶与子女，这比宋代精英男性通常要晚得多。①

事实上，即使文天祥“性豪华”为真，也丝毫无损他日后以身许国之形象。这至少说明，文天祥在成为我们熟悉的那个留取丹心照汗青的完人之前，他也曾是热爱生活、锦衣玉食、贪恋人间烟火、纵情声色的贵公子。但国难当前，文天祥却以决然的姿态告别昨日之我，选择了一种颠沛流离且危于累卵的生活。

勤王之人寥寥，数十名官员竞相弃官逃匿，连右丞相章鉴“闻

① ［美］戴仁柱：《十三世纪中国政治与文化危机》，第200页。

元兵日迫”，也托故“宵遁”，也就是趁夜逃跑，朝中为之萧然。太皇太后愤懑不平，诏榜朝堂，读之犹如悲鸣：

> 我朝三百余年，待士大夫以礼。吾与嗣君遭家多难，尔大小臣未尝有出一言以救国者，吾何负于汝哉……接踵宵遁。平日读圣贤书，自负为何，乃于此时作此举措！或偷生田里，何面目对人言语？他日死亦何以见先帝？①

内外交困之下，宋廷又生乞和之意，派使节联络吕文焕、陈奕和范文虎等降元之人，希冀他们能够从中斡旋，与元廷达成“和议息兵”。

恰在此时，南宋这边发生了一起性质恶劣的杀使事件。

至元十二年（南宋德祐元年，1275年）正月，忽必烈派廉希贤与严忠范使宋。据元人陶宗仪的笔记《南村辍耕录》，忽必烈对此次谈判成竹在胸，放言：“朕兵已到江南，宋之君臣必知畏恐。兹若遣使议和，邀索岁币，想无不从者。”

时至今日，“邀索岁币”可能已无法达到忽必烈的预期。但岁币也好，逼降也罢，即使是漫天要价，也可看出忽必烈对议和的态度不无真诚的一面。

攻克鄂州后，忽必烈曾忧心忡忡地召见姚枢，表达了对南宋“天命未绝”的忧虑：“现在伯颜虽然渡江，但上天能否终结宋祚，犹未可知。宋有三百年天下，天命早先在他们而不在我，不能把灭宋

---

① 〔元〕刘一清：《钱塘遗事 · 朝臣宵遁》。

当作唾手可得。”

之后，他又在元廷内部解释派出使团的缘由：“如果南宋真能悔过来附，以往犯的那些错误，朕也就不追究了。”

有论者将忽必烈的纠结归因为天命观：

> 忽必烈很想早日征服南宋，又极其迷信天命，他把南宋国祚与上天佑助紧紧联系起来。他遣使谈判议和，乃至对灭亡南宋信心不足，都是基于天命观的。[①]

廉希贤一行人到建康后，要求伯颜派兵护送入临安。伯颜唯恐随行兵多反易引发宋人误会，劝说称：“使节出使靠的是言辞而不是兵，有时候兵多了，反而妨碍使节的任务。”但廉希贤固执己见，伯颜只得派五百人护卫。

为表谈判诚意，元军“各守营垒，毋得妄有侵掠”，但当元朝使团于三月十五日到达临安附近的独松关（今浙江杭州余杭区西北）时，伯颜的顾虑果然应验，南独松关守将张濡见使团人多势众，以为是元军来袭，便率军主动发动进攻，阵毙严忠范，廉希贤重伤被俘，在被送往临安的途中死去。

《南村辍耕录》将独松关杀使事件的意义无限上升，甚至认为“藉使独松之使不死，宋之存亡未可知”。杀使无疑是南宋理亏，又给了元朝新的灭宋口实。但口实终究只是口实，影响更多的是进程而不是结果，无论有没有口实，忽必烈最终都会灭宋。

---

① 李治安：《忽必烈传》，第243页。

宋廷接下去的操作令人大惑不解。据《元史·伯颜传》，宋廷一面托使节向伯颜带去右丞相陈宜中的口信："杀使之事太皇太后及嗣君实不知，皆边将之罪，当按诛之，愿输币，请罢兵通好"；一面又将张濡当作有功之臣予以提拔。

伯颜收到口信后，断言"彼为谲诈之计，以视我之虚实。当择人以同往，观其事体，宣布威德，令彼速降"，便又派行省议事官张羽随宋使往临安交涉。

但睿智如伯颜，也还是低估了南宋局势的变幻莫测。四月，张羽使团刚到平江驿（今江苏省苏州市），又为当地南宋守军所杀。

从这连续两起动机不明、自招其祸的杀使事件可以看出，无论从和战两端，还是从中枢与地方来说，南宋此时都已陷入了某种混乱的失序状态。

你说地方主和吧，在极短的时间内两次擅杀敌方使节，已无法再用"误杀"自辩；你说地方主战吧，元军主力一来就大范围请降。真相可能就是一个"乱"字：中央失去了对地方的控制，无论是主和还是主战，都无法有效贯彻下去。

郝经刚被放还，又出了这两次匪夷所思的杀使事件，蒙宋和谈似乎陷入了诅咒的怪圈。按理说，忽必烈应以此为口实，对南宋发动灭国的最后一击。

至元十二年（南宋德祐元年，1275年）四月，伯颜接到忽必烈的停止进军诏书：时暑方炽，不利行师，俟秋再举。

看起来，忽必烈有了"宋天命未已"的自我心理暗示，就有意无意地寻找一切理由拖延灭宋。忽必烈的心结，比任何南宋军队的抵抗更能阻滞伯颜的进军步伐。

伯颜不愿错过稍纵即逝的灭宋战机，据《元史·伯颜传》，他便回奏称："宋人之据江海，如兽保险，今已扼其吭，少纵之则逸而逝矣。"忽必烈倒也没有坚持己见，便让人带话给伯颜，表示将在外君命有所不受："将在军，不从中制，兵法也。宜从丞相言。"

但忽必烈显然还在举棋不定，只过了一个月，便令伯颜北还觐见。五月底，忽必烈在上都召见了伯颜。

忽必烈这次唤伯颜回京，所图者大。

没错，忽必烈的确忧虑灭宋战事，但操心的不是进展过慢，而是过快、过猛。

虽然短时间内扼住了南宋长江防线，但元军正面临着战线过长而兵力捉襟见肘的窘境。据《元史·兵制》，当时元军"新下江南三十余城，俱守以兵，及江北、淮南、润、扬等处未降，军力分散，调度不给，以致镇巢军、滁州两处复叛"。为此，伯颜还向忽必烈要求紧急增兵，但元军此时在漠北、高丽、日本、吐蕃、西南等多个方向上都陷入了战事。因此，忽必烈的构想是，暂时停止对宋的大规模战略进攻，转而休整士卒，巩固占领区。

但此时忽必烈最忧心忡忡的是漠北战事。海都联军正一路东进，直逼忽必烈在蒙古本部的核心统治区，甚至对上都也造成了威胁。而与灭宋战争迥然不同的是，忽必烈在海都之乱中时常处于守势。几方面一权衡，忽必烈萌生了将战略重心转向漠北的念头。他唤伯颜回来，固然是为了商议军国重事，更重要的是，他想让伯颜领军北征，全权指挥漠北战事。

面对忽必烈的"北方优先"战略，伯颜提出了"先南后北"的战略构想：灭宋只欠最后一口气，为免功亏一篑，只有乘胜进军，方可收得全功；而“北边之事，尚可徐图”。

忽必烈虽有心魔，但并非一意孤行，他再次被伯颜说服，最终坚定了一举灭宋的战略决心。但从伯颜灭宋后即赴漠北统军也可以看出，伯颜可能向忽必烈做出了某种承诺。

七月，忽必烈将伯颜从左丞相擢升为右丞相（元丞相之制以右为尊），并命阿术为左丞相。这固然是赏酬这对灭宋组合的战功，但或也可以视为继续将灭宋作为执政重心的政治宣示。

八月初，伯颜奉命南下，重回南征军中。为了替伯颜筹集快速灭宋的援军，忽必烈在全国范围内搜刮军马，按照《史集》的说法，甚至中原的两万囚犯都被送到了前线，行前忽必烈还训诫他们戴罪立功。

火攻

德祐元年（至元十二年，1275年）四月，湖北制置副使高达以江陵降。作为当时宋军最善战的将领之一，高达因私怨长期被贾似道压制，郁郁不得志，降元之后却旋即被忽必烈任命为近似于副丞相的参知政事。人心向背，就是这么一点点累积起来的，直至嬗变。

高达既降，宋军名将所剩无几，只有李庭芝与夏贵等屈指可数之人。然而，夏贵远在淮西，李庭芝身在长江以北的扬州，作为南宋统治腹心的江南却无人可守。

宋廷此时想到了千里勤王的张世杰。

出身范阳的张世杰与刘整一样同为归正人，他少时曾跟随张柔从军，坐事归宋，曾先后在军中追随吕文德、高达等名帅，资历煊赫却仕途平平。

时为右丞相的陈宜中虽猜忌张世杰的归正人身份，一进京就撤换了后者的亲兵。但当此非常之时，国无良将，迫于形势的宋廷还是在短时间内将张世杰连升数级，至保康军承宣使，统率都督府诸军。

上任之后，张世杰不辱使命，趁元军战线过长兵力分散，且伯颜北上，连续收复了平江、常州、安吉、溧阳等江南重镇，与扬州的李庭芝所部遥相呼应。

张世杰此时酝酿着一个大计划：李庭芝自扬州出瓜洲，常州守将张彦自常州出镇江，他亲率水军直趋镇江一带的江域，"三路交进，同日用事"，不仅可以让支离破碎的宋军防线连为一片，且能重创元军于镇江至建康一线。

德祐元年（至元十二年，1275年）七月初，当张世杰按约定率战船万余艘到达镇江焦山江域时，才发现其他两路宋军都未如约抵达。李庭芝倒是于六月底出兵了，遣姜才率军两万进攻扬州以南的扬子桥，欲打通至瓜州渡的入江之路。阿术接到告急军报后亲自来援，在张弘范的配合下，大败姜才于扬子桥，宋军死伤达一万八千余人。

张世杰只得孤军奋战。他与孙虎臣率战船万艘列阵焦山江域，每十船以铁索连成一舫，沉碇于江，横截江面，并规定"非有号令毋发碇"，决意孤注一掷，与元军决战于长江。

张世杰如此令人费解的排兵布阵，可能也事出有因，甚至是兵行险着。其一，宋军在前几次大战中均有临阵脱逃导致溃败的先例，此刻更是士气低迷，为避免重蹈覆辙，张世杰以铁索连船，"以示必死”，与破釜沉舟和背水一战并无二致；其二，宋军战船多为机动不便的海船，无风难以航行，既然在机动性上天然不如元朝水军，索性不如放弃机动性，无限强化宋军水师的体量优势。

但用兵兴一利必生一弊，偏偏张世杰“铁索阵”的致命破绽被元军迅速捕捉到了。

南宋水师布阵完成后，阿术登山眺望观察，见“舳舻连接，旌旗蔽江”，便定计火攻，“可烧而走也”。

七月初二，焦山大战启幕，宋元水军激战一上午，不分胜负。据《元史·阿术传》，阿术果断投入预备队，令张弘范船队自上游顺风而下，以正面冲击破坏宋军阵型；再派“强健善射者千人，载以巨舰，分两翼夹射”，以火箭射烧宋军战船，一时间火焰漫天。宋军战船因铁锁相连，闪避不便，“赴江死者万余人”。张世杰率后军突围，虽侥幸逃离战场，但被缴获战船达七百余艘。

行文至此，观者很容易产生这样的疑惑：张世杰难道就一点都没有汲取火烧赤壁的教训吗？但所谓庞统献连环计，曹军舰船在赤壁之战中以铁锁相连，这些都是《三国演义》的小说家言，并未出现在《三国志》这样的正史中，《三国志》中至多只有曹军“船舰首尾相接”这样的记录。更重要的是，《三国演义》写于元末明初，张世杰无可能预知到“火烧赤壁”的桥段。

焦山之败，使宋军丧失了最后一支能够阻挡元军直取临安的有生力量。《元史·世祖本纪》要言不烦：

> 宋人自是不复能军。

元军也由此控制了长江全域，消解了李庭芝的扬州宋军南渡临安勤王的可能性，李庭芝只能困守扬州孤城“不复出”。

文天祥有诗《镇江之战》，下笔痛彻心扉：

> 海胡舶千艘，肉食三十万。
> 江平不肯流，到今有遗恨。

据《癸辛杂识》，镇江知府洪起畏，曾在城内张榜明志：“家在临安，职守京口。北骑若来，有死不走。”然而当元军袭来时，他却举城以降，时人将他的话改为“家在临安，职守京口。北骑若来，不降则走”，以示不屑。

在宋军“不复能军”的同时，临安朝堂也陷入了剑拔弩张的党争之中。

贾似道事败后，宋廷拜老臣王爚为左丞相，拜陈宜中为右丞相，并都督诸路军马。亡国在即，这两位丞相“不能画一策”也就罢了，反而“日坐朝堂争私意”，以致朝中党争不息，坐视国事糜烂。宋廷为此甚至专门下了《勉谕王爚、陈宜中》的诏书，试图调解二人的关系，劝其以国事为重，“勿以细故嫌大计”。

据《宋史·杨文仲传》，当时有大臣见状心急如焚，上疏称：“事危且急矣。祖宗所深赖，亿兆所寄命，在乎二相，苟以不协之故，今日不战，明日不征，时不再来，后悔何及！”

王爚于是引咎辞相，太皇太后谢道清只得重新调整了宰执班子：以王爚为贾似道当过的平章军国重事，陈宜中为左丞相，留梦炎为右丞相。

焦山之战前，王爚建言请“以一丞相建阃吴门，以护诸将；不然，则已请行”，言语间直指陈宜中怯战。陈宜中虽作态欲行边，但终究还是安坐临安不出。

据《宋史·陈宜中传》，焦山之败后，王爚先是上奏攻讦陈宜中，直指其拒绝行边方导致大败，“盖大敌在境，非陛下自将则大臣开督。今世杰以诸将心力不一而败，不知国家尚堪几败邪？”再让其子唆使京学生伏阙上书，“数宜中过失数十事”：攻击陈宜中包庇弃城而走的逃臣、降元的罪臣；阻挠文天祥勤王；表面要重惩贾似道而私下庇护；对于丞相行边之议，畏缩犹豫；指挥失宜，张世杰出身步兵却让他指挥水军……但王爚及其党人至少有一点说错了，陈宜中本落井下石之辈，又怎会秘密庇护贾似道？

最狠的是最后一句话：“臣恐误国将不止于一似道也”，这些人觉得，陈宜中比贾似道更奸、更败事有余。

王爚为了彻底扳倒陈宜中，不惜以辞职要挟朝廷；而饱受批判的陈宜中气急败坏之下，更是直接挂冠而去。几经博弈，太皇太后见两人冰炭难容，最终忍痛摒弃了“以元老入相位”的王爚，历经数次召回，才于十月重新将陈宜中请回朝中任右丞相。

对于陈宜中与王爚的党争，《宋史·陈宜中传》持论公允：

> 既而，二人自为矛盾，宋事至此，危急存亡之秋也。当国者交欢戮力，犹惧不逮，所为若是，何望其能匡济乎。

当陈宜中在党争中最后胜出之时，临安已到了最后的时刻。

降幡

至元十二年（南宋德祐元年，1275年）十一月初九，伯颜一声令下，元军兵分三路，自建康、江阴、镇江出师，直趋临安。

进抵临安前，元军连续打了两场硬仗。

一场是在常州。伯颜三月入建康之初，宋常州守将便献城降元，两个月后宋将刘师勇率军里应外合，收复常州。十余天后，元军来攻，掀开了长达半年之久的常州保卫战之帷幕。十一月十六日，伯颜来到久攻不下的常州，亲督帐前亲军攻城，至十八日，伯颜亲军率先登城，竖伯颜之红旗于城头，元军将士气大振："丞相登矣！"

常州遂城破，除了单骑破包围而出的刘师勇，守城军士几乎全部战死，无一投降，其中还包括500名僧兵。一位藏在死尸下的妇人，看见有六名宋军背靠背相互倚靠，杀伤元军近百人后方力竭战死。伯颜恼羞成怒，违背了他对忽必烈的"不嗜杀"诺言下令屠城，据说全城只有藏于桥下的七人幸免于难。

另一场是在潭州（今湖南长沙）。潭州保卫战从九月底一直打到十二月底，潭州守将李芾以区区数千老弱残兵，亲冒矢石，"人犹饮血乘城殊死战"，死伤枕藉，整整挡住了元军三个月。

《宋史·李芾传》记载除夕当夜，元军破城，李芾见事不可为，召全家十九人齐聚熊湘阁上，又命人积薪于楼下，吩咐部下沈忠说："我已力竭，当死于今日，我全家也不能忍受被俘之辱，你把他们都杀了，再来杀我。"沈忠伏地叩头推辞，李芾严命他照办，沈忠只得恸哭应允，取酒给李芾全家畅饮，待喝醉后一一杀死，李芾也引颈受刃。随后沈忠纵火烧阁，回家亦杀死妻儿，再至李芾殉国处大哭一场，自刎身亡。潭州民众听闻后，也纷纷效仿举家自尽，“城无虚井，缢林木者累累相比”。

临安西北面本有一险要关隘唤作独松关，也就是廉希贤蒙古使团被守将张濡误杀之处。张濡出身显贵，为清河郡王、南宋中兴四将之一的张俊四世孙。十一月二十二日，张濡见元军叩关，竟不顾劝阻，强行带兵出关迎敌，不多时便全军溃散，张濡突围而走，为追兵所擒。张濡勇则勇矣，但无论是杀使还是出关野战，都可见此人是自不量力之辈。

常州与独松关一失，临安再次上演了百官竞相宵遁之热潮，甚至连礼部尚书王应麟与左丞相留梦炎也乘夜逃跑，太皇太后两次召还，他们都置若罔闻。

德祐元年（至元十二年，1275年）十二月，元军即将兵临城下，宋廷此时出现了两派势同水火的言论。

一派是以张世杰与文天祥为代表的主战派。此时临安城守军再加各地而来的勤王军，总计有十余万人，文、张二人就此提出了背城决战计划：“今两淮坚壁不降，闽、广尚全域在手，王师与北军血战，万一得捷，则倾两淮之兵以截断其后路，则国事尚有可为。”

以此时的元宋实力对比来看，这个计划自然没有多少成功的可能性，但所谓末世的勇气，本多是知其不可为而为之。

主和派的代表是陈宜中，背后可能还有缺乏“君王死社稷”觉悟的太皇太后谢道清。对于张世杰、文天祥的决战计划，陈宜中明确予以拒绝，太皇太后也降诏“以王师务宜持重为说”，加以制止。

为了和谈，宋廷还上演了一出闹剧。当时有一则传言说，伯颜看上了一名叫赵孟桂的南宋女子，纳其为次妻。谢道清闻之大喜，派使臣带着金帛送给赵孟桂，请她帮助促成和议。很快，赵孟桂有了回音，高深莫测地回奏了四个字："和议将成。"谢道清又派人送金帛给赵孟桂，还附上一封言语谦恭的诏书："敕孟桂，吾老矣，不幸遭家多难，嗣君在疚……尚赖尔委曲赞助，速成议和，以慰老怀。"但从此音讯全无。几年后，有人见到了赵孟桂，她说自己从未被伯颜纳妾，也并未得到过朝廷颁赐的金帛，更没有见到什么手诏。至此真相大白，"盖奸人乘危造为此说，以骗脱朝廷金帛耳"。

这一荒唐无稽的骗局记于《宋史》之中。周密在《癸辛杂识》中浩叹：

问探不明，有类儿戏，国安得不亡哉！

十二月初五，柳岳奉陈宜中之命，带着国书去无锡乞和于伯颜。

柳岳见到伯颜，垂泣而言："太皇太后年迈，皇上年幼，又值国丧之际；自古礼不伐丧，希望贵国怜悯我国，班师回朝，从此我们岂敢不每年进贡，修好于贵国？今日事情发展到这般地步，都是奸臣贾似道失信误国。"

伯颜不为所动："我朝皇帝即位之初，派遣使者持国书前来修好，你们拘留我朝使者十六年，所以要兴师问罪。最近又无故杀害我朝使者廉希贤，这又是谁的过错？如想让我军停止进攻，你们是想效法吴越国王钱俶纳土归顺，还是仿效南唐国主李煜奉表出降？"

伯颜还扔下一句充满因果报应意味的话：

尔宋昔得天下于小儿之手，今亦失于小儿之手，盖天道也，不必多言。

伯颜此言直指当年宋太祖赵匡胤发动陈桥兵变，黄袍加身，从八岁的后周小皇帝柴宗训手中夺取帝位。

后世有人写诗喟叹：

当日陈桥驿里时，欺他寡妇与孤儿。
谁知三百余年后，寡妇孤儿亦被欺。

拒绝求和之后，伯颜进军平江府，守军不战而降，元军于十二月十一日占领平江。

见柳岳求和不成，十二月十七日，陈宜中又派宗正少卿陆秀夫、兵部侍郎吕师孟等人赴平江伯颜军中，表示宋帝愿尊忽必烈为伯父，世修子侄之礼，每年献银二十五万两，帛二十五万匹，这些与当年秦桧签订的“绍兴和议”完全一样。伯颜不允，宋使再退一步，提出改称侄孙亦可，伯颜再拒。二十四日，陈宜中又派柳岳前往大都，直接向忽必烈乞和。

德祐二年（至元十三年，1276年）正月初二，陆秀夫一行回到临安，向宋廷汇报伯颜拒绝以伯侄之称议和的噩耗。太皇太后谢道清决心再让一步，向忽必烈称臣，上大元皇帝尊号曰“仁明神武皇帝”，但希望能够保留原有的国土，即所谓“乞存境土以奉烝尝”。

这一次，一向主和的陈宜中却坚决反对，除了出于公心，他可能也惧怕留下秦桧式的千古骂名。据《续资治通鉴·宋纪》，面对陈宜中的责难，太皇太后涕泣以对：“苟存社稷，称臣，非所较也。”

陈宜中的替代方案是迁都。不到一年前，贾似道力倡迁都，陈宜中是此议的最激烈反对者，为此还不惜杀掉了替贾似道催促迁都的殿帅韩震。彼时，陈宜中反对迁都的最大原因恐怕不是出于政见，而是为了刻意与贾似道划清界限。

时移世易，陈宜中率领群臣入宫，向太皇太后请求迁都。谢道清开始并不同意，却架不住陈宜中的痛哭流涕，这才勉强答应。太皇太后随即命人整理行装，给百官发放路费，只等陈宜中通知即可出发。岂料，谢道清一直等到傍晚，仍不见陈宜中的踪影，原来陈宜中计划的是第二天启程，但在仓促之间，忘了约定具体时间，拖累太皇太后与皇帝白等。

谢道清本来就不愿离开临安，现在更认定陈宜中和群臣在欺骗她，大怒："吾初不欲迁，而大臣数以为请，顾欺我耶！"[①]于是摘下簪珥摔在地上，气冲冲地回到宫中，群臣求见也闭门不见。

在谢道清存在感并不突出的政治生涯中，反迁都可能是她最为醒目且一以贯之的政见。从宋理宗末年忽必烈南征开始，这已经是谢道清第三次站出来反迁都了，并且次次都发挥了近乎决定性的作用。而谢道清之所以反对迁都，可能也只是出于极其朴素的原因——"以安人心"。

这也使得，谢道清唯一可能离开临安的方式，就是亡国。

当陈宜中忙着与太皇太后博弈迁都时，伯颜大军仍在一路南下，于正月初三占领嘉兴。眼见战局日趋恶化，太皇太后又抗拒迁都，陈宜中只得改变初衷，转而支持太皇太后的意见，同意向忽必烈称臣

---

① ［清］毕沅：《续资治通鉴》，卷一百八十二。

纳贡。陈宜中还与伯颜约定，在余杭县长安镇（今浙江海宁西）面议和谈事宜。

伯颜素来对和谈意兴阑珊，唯一感兴趣的就是让南宋君臣早日请降。他之所以还愿意与南宋使节频繁互动，原因不外乎两个：其一，伯颜深知忽必烈对和谈的热情，与南宋使节保持接触也算是一种必要的对上的政治姿态；其二，伯颜担心宋室南逃，乃至漂流海上，和谈也是一种对宋廷特别是对太皇太后的“心理按摩”，让他们不至铤而走险。

伯颜最忌惮的就是宋室逃海，为此，他密令东路军统帅董文炳率水军自海路登陆盐官（今浙江海宁西南），力图堵住宋室自海路南迁之通道。为了避免过分刺激临安，影响所谓的促降宋室全局，董文炳没有强攻盐官城，“县去临安不百里，声势相及，临安约降已有成言，吾轻杀一人，则害大计，况屠一县耶”[①]，而是再三派人入城劝降，直到宋军终于放下武器。

万事俱备，正月十六，伯颜如约至长安镇，而事到临头，陈宜中出于对伯颜随行大军的恐惧，可能也因为张世杰与文天祥的抵制，总之他失约了。

张世杰和文天祥再次提出了“背城一战”的计划，先移“三宫”（即太皇太后、皇太后、皇帝）入海，以策万全，他们两人再率军与元军在临安决死一战。张世杰和文天祥固然披肝沥胆，但他们可能完全没料到，元军已完成了对临安出海通道的封堵，“移三宫入海”在军事上已无可行性。

---

① 《元史·董文炳传》。

毫无意外，太皇太后谢道清和陈宜中也再次否决了背城决战计划，但接受了文天祥的另外一项重大提议：让宋度宗长子赵昰、三子赵昺先行南迁。正月十七日，宋帝封赵昰为益王，判福州、福建安抚大使；封赵昺为广王，判泉州兼南外宗正事，并相继在陆秀夫等人的护送下，自陆路向温州方向播迁。

正月十八日，元军三路大军会师于距临安仅三十里的皋亭山，元军游骑已经出没于临安城下，伯颜三路合击临安的战略部署最后完成，"在蒙军史上，攻临安之役思虑最精、动武最少，伯颜不仅协调三支大军分别进兵以确保其会师于皋亭山，而且对诸军严加约束"[①]。

当晚，智穷力竭的宋廷决意降元，遣知临安府贾余庆、监察御史杨应奎与宗室保康军承宣使赵尹甫等人赴皋亭山，向伯颜献上传国玉玺与降表，降表用语极谦恭：

> 大宋国主㬎，谨百拜奉表于大元仁明神武皇帝陛下：臣昨尝遣侍郎柳岳、正言洪雷震捧表驰诣阙庭，敬伸卑悃，伏计已彻圣听。臣眇焉幼冲，遭家多难。权奸似道，背盟误国，臣不及知，至勤兴师问罪，宗社阽危，生灵可念。臣与太皇日夕忧惧，非不欲迁辟以求两全，实以百万生民之命寄臣之身，今天命有归，臣将焉往？惟是世传之镇宝，不敢爱惜，谨奉太皇命戒，痛自贬损，削帝号，以两浙、福建、江东西、湖南北、二广、四川见在州郡，谨悉奉上圣朝，为宗社生灵祈哀请命。欲望圣慈垂哀，祖母太后耄及，

① ［英］崔瑞德、［美］史乐民编：《剑桥中国宋代史（上卷）：907—1279年》，第845页。

> 卧病数载，臣茕茕在疚，情有足矜，不忍臣祖宗三百年宗社遽至殒绝，曲赐裁处，特与存全，大元皇帝再生之德，则赵氏子孙世世有赖，不敢弭忘。

降表最关键的信息是：宋帝自削帝号，称大宋国主，“不忍臣祖宗三百年宗社遽至殒绝”。也就是说，南宋还幻想着保留政权实体，哪怕是如高丽一样作为半独立的藩属国依附于元朝。

但伯颜并不想接受南宋任何“有条件投降”，或者说，他唯一可以接受的条件就是保全宋室子孙、不杀降，而就连这一点也不过是遵照忽必烈的郑重嘱托。

伯颜未必知道赵匡胤的名言“卧榻之侧，岂容他人鼾睡”，但他的行为举止却与宋太祖面对南唐请和使臣时的霸道强横有几分神似。

伯颜还有一点不悦，他嫌弃南宋纳降使臣官衔过低，要求南宋丞相出城，再议降事。

但伯颜不清楚的是，十八日当晚，陈宜中就已逃之夭夭了。舆论自然可以就此攻讦陈宜中畏敌如虎、临阵脱逃，甚至毫无担当，但若以这个时段的士大夫“平均道德水平”来看，陈宜中个人既没有投降，更没有以请降条件为筹码借机在新朝捞取高位，已经强于大多数南宋高官了。没有多少人有资格批判陈宜中。

第二天，正月十九日，张世杰、刘师勇等将领听说陈宜中遁逃，朝廷准备不战而降，也匆忙率部离开临安。伯颜听说后，派精骑五千追击陈宜中等人，无功而返。

这一天，元军进至临安北郊十五里处。伯颜一边保持进军，一边等着南宋丞相出城请降。

陈宜中宵遁了，谢道清在无人可用中想到了文天祥：十九日晨，升任文天祥为枢密使，中午再拜为右丞相、都督诸路军马。太皇太后的意图昭然若揭，现在文天祥可以作为丞相出城求和了。

文天祥接受了求和这个屈辱却又高风险的使命，但坚辞右丞相一职，于是宋廷改命贾余庆为右丞相。

二十日，宋廷派出了以文天祥、左丞相吴坚、右丞相贾余庆为首的使团，赴伯颜军中请和。文天祥在《指南录·后序》中记录了当时的心路历程：

> 时北兵已迫修门外，战、守、迁皆不及施。缙绅大夫士萃于左丞相府，莫知计所出。会使辙交驰，北邀当国者相见，众谓予一行为可以纾祸。国事至此，予不得爱身；意北亦尚可以口舌动也。初，奉使往来，无留北者，予更欲一觇北，归而求救国之策。于是辞相印不拜，翌日，以资政殿学士行。

文天祥并不认为自己是去请降的，甚至幻想劝服伯颜退兵。《续资治通鉴·宋纪》记载了两人这次言辞锋利的辩论：

> 天祥见巴延（伯颜）于明因寺，因说巴延曰："本朝承帝王正统，衣冠礼乐之所在，北朝将以为与国乎？抑将毁其社稷也？"巴延以北诏为辞，言社稷必不动，百姓必不杀。天祥曰："北朝若以欲为与国，请退兵平江或嘉兴，然后议岁币与金帛犒师，北朝全兵以还，策之上也。若欲毁

其宗庙，则淮、浙、闽、广，尚多未下，利钝未可知，兵连祸结，必自此始。”巴延语渐不逊，天祥曰：“我南朝状元、宰相，但欠一死报国，刀锯鼎镬，非所惧也。”巴延辞屈，诸将相顾动色。巴延见天祥举动不常，疑有异志，留之军中，遣坚等还。天祥怒，数请归曰：“我此来为两国大事，何故留我？”巴延曰：“勿怒。君为宋大臣，责任非轻，今日之事，正当与我共之。”

舌战当晚，文天祥余怒未消，在元军营中赋诗言志，题为《纪事》：

三宫九庙事方危，狼子心肠未可知。
若使无人折狂虏，东南那个是男儿。

从对话看，文天祥似乎占了上风，伯颜是理屈词穷的一方。但更真实的情形是，伯颜因文天祥“举动不常”，将他扣留于军营，不放归临安。

按照文天祥在《指南录》中的说法，同去的右丞相贾余庆“卖国佞北”，“惟是贾余庆凶狡残忍，出于天性，密告伯颜，使启北庭，拘予于沙漠”。

据《指南录·纪事》，在当天的交涉现场，吕文焕就坐在文天祥旁边，但文天祥完全不予理睬。文天祥被拘后，吕文焕试图居中斡旋，劝慰文天祥，“丞相息怒，稍候一二日，就可以回临安了。”

文天祥极端鄙夷地痛斥吕文焕为乱贼。吕文焕也恼了，问：“丞相为什么骂焕是乱贼呢？”

文天祥诘问："国家不幸至今日，你就是罪魁祸首，你不是乱贼谁是？连三尺童子都这样骂你，哪里只有我一人这么说？"吕文焕辩解："我守襄阳六年，朝廷未救。"文天祥驳斥："力穷援绝，以死报国就是了。你不就是惜命想保全家小嘛，既负国又隤家声。现在整个家族都为叛逆，万世之贼臣。"

站在一旁的吕师孟见叔父被痛骂，跳出来反唇相讥："丞相不是之前上疏朝廷要杀我吗，怎么朝廷就没听你的呢？"文天祥怒不可遏："你们叔侄双双降北，没有灭你们的族，是我大宋失刑，你哪里还有面皮出来说话？我深恨没杀成你们叔侄，你叔侄若能杀我，正好成全我做大宋忠臣，又有什么可怕的？"

吕师孟为之语塞，一旁的蒙古人也相顾失色。负责看管文天祥的唆都事后向伯颜汇报此事。伯颜吐舌感叹说："文丞相心直口快，真是一条好汉！"唆都也在私下称赞文天祥："丞相骂吕家叔侄骂得好。"

文天祥被留下了，伯颜放其他人回临安，但因为宋廷降表"不称臣，仍书宋号"，让他们回临安更新一个版本再送过来。

此时，宋廷其实已在政治、军事上近乎全面瘫痪，在谈判中也彻底失去了博弈能力。伯颜见到临安溃兵光天化日之下抢掠杀人，甚至开始担心宋廷已无法控制临安局势，一面严禁元军入城，一面令吕文焕携带黄榜入城，宣慰临安军民，吕文焕还特意入宫安抚了太皇太后。

据说太皇太后听闻大批元军驻屯钱塘江边后，在宫中向天祈祷，希望波涛大作，将元军一洗而空。但是过去波浪滔天的海潮居然三日未见，元军安然无恙。

此后，临安之降就被按下了加速键：正月二十四，伯颜入城，率元军高级将领巡视临安城，还有雅兴观潮于钱塘；二月初五，宋恭帝赵㬎率领文武官员在宫中向北遥拜，以示归附，正式发布降表和谕降诏书；二月初六，太皇太后命左相吴坚、右相贾余庆及文天祥等人为祈请使，北上赴大都请命，向忽必烈面献宋廷降表；二月十一，由忽必烈颁发的《归附安民诏》送到临安……

临安之降，是伯颜定义的宋亡标志。

忽必烈此刻最关切的事情是，宋恭宗等“三宫”何日启程北上，以绝残宋势力的复国之志。伯颜奉命从速部署南宋宗室北上事宜。

三月十二，阿塔海、董文炳等元军将领进入宋宫宣读忽必烈诏书，当念到“免系颈牵羊”之句时，全太后闻之泣下，带着宋恭宗向北望阙跪拜，感谢忽必烈厚待降人之恩。

全太后的表现并非全是做戏，可能真的也是喜极而泣。在南宋皇室的历史记忆中，易代之际的皇室命运为血色残阳所笼罩：北宋“靖康之变”后，徽、钦二帝及一万四千余名俘虏被押送至上京，路途中死亡近半，到了上京，女性被卖为娼妓，二帝则要忍受一种叫牵羊礼的投降仪式羞辱；金亡时皇室的命运更为惨恻，“青城之祸”中，完颜皇室五百余名男女，除了太后、皇后和少数妃嫔，剩下的人都沦为亡魂。

郝经在《青城行》中描摹了“青城之祸”的喋血场景，诗末还对金人靖康施暴感慨万端：

> 天兴初年靖康末，国破家亡酷相似。
>
> 君取他人既如此，今朝亦是寻常事。

君不见二百万家族尽赤，八十里城皆瓦砾。
白骨更比青城多，遗民独向王孙泣。

以“靖康之变”和“青城之祸”来看，忽必烈对南宋皇室的确要优容宽厚得多，他言必称的“曹彬平江南不滥杀一人”，倒也是真心的。

宣读诏书当晚，全太后和宋恭宗及百余名宫人出宫登船，太皇太后因病暂留临安。次日，太后、皇帝与宗室、外戚、大臣以下数千人会合，船队在元军的监护下向大都启程。俯首听命者有，誓死不从者也有，仅抗命投水的宫女就数以百计。太学生钟克俊投江而死前，留下一句绝命诗：“自许有身埋汉土，终怜无泪哭秦庭。”

《宋史·徐应镳传》记载，太学生徐应镳带上酒肉来到岳飞祠，对着岳王爷长叹：“天不祐宋，社稷为墟，应镳死以报国，誓不与诸生俱北。死已，将魂魄累王，作配神主，与王英灵，永永无斁。”祭祀完毕，徐应镳将酒肉分给仆人们，待他们喝醉，自己带着二子一女登楼，在四周堆满书籍箱笥，纵火自焚。有一名没喝醉的仆人发现后赶紧叫醒其他人救下了主人一家。徐应镳一家获救后怏怏不乐，离家不知所终。第二天，有人在岳飞祠堂前的井里发现了徐家四口人的尸体。

跟随皇室北上的宫廷乐师汪元量曾作《湖州歌九十八首》，内有多首诗写到宋恭帝一行：

谢了天恩出内门，驾前喝道上将军。
白旄黄钺分行立，一点猩红似幼君。

……

北望燕云不尽头，大江东去水悠悠。

夕阳一片寒鸦外，目断东西四百州。

……

十数年来国事乖，大臣无计逐时挨。

三宫今日燕山去，春草萋萋上玉阶。

……

宫人清夜按瑶琴，不识明妃出塞心。

十八拍中无限恨，转弦又奏广陵音。

……

闰三月二十四，经过四十多天的长途跋涉，全太后与宋恭帝赵㬎一行人抵达大都。但忽必烈此时已身在上都，宋恭帝等人再赴上都。

五月初二，忽必烈在上都正式举行接见南宋君臣的仪式。忽必烈特许前来朝觐的宋人依旧穿着宋廷朝服，当然，这也是最后一次了。

忽必烈命人将六岁的赵㬎领到面前，夸奖“宋主㬎乃能察人心之向背，识天道之推移，正大奸误国之诛，斥群小浮海之议”[①]，授开府仪同三司，封为瀛国公。相比当年金太宗封宋徽宗为昏德公，封宋钦宗为重昏侯，“瀛国公”这个封号体面多了。

“斥群小浮海之议”，似乎没逃跑是赵㬎的最大功劳。

从此，再无宋恭宗，只有瀛国公。

---

① 〔元〕苏天爵编:《国朝文类》，卷十一。

接见仪式结束后，忽必烈照例大摆诈马宴以示庆祝，南宋君臣也应邀参加。蒙古人本就极度重视宴饮，甚至将其与打仗、围猎并称，所谓“国朝大事，曰征伐，曰蒐狩，曰宴飨，三者而已”，而诈马宴则是蒙古宫廷规格最高的宴会。诈马宴上，出席之人都要身着同样颜色的衣服，这种一色衣被唤作“质孙服”，因此“诈马宴”也被称为“质孙宴”。[①]

据汪元量的《湖州歌九十八首》，大宴一开就是十次，菜品有羊肉、鹿肉、马肉、驼峰、鹌鹑、野鸡、熊肉。忽必烈还亲自以葡萄酒向赵㬎和全太后劝酒，“须臾殿上都酣醉，拍手高歌舞雁儿”。众人酒酣后又唱又跳，营造出一种赵氏归心、天下一家的幻象。

与宴的众人中，唯有察必皇后郁郁寡欢。忽必烈不解地问：“我现在平了江南，自此天下太平，众人皆喜，为何你却怏怏不乐？”察必答道：“我听说自古以来没有国家可以延续千年，只要我们的子孙不受到宋室这样的屈辱，就算是幸事了。”

此时元宫有从南宋皇宫运来的各种奇珍异宝，忽必烈请察必观看，察必看后什么都没拿就走了。忽必烈派宦官追问皇后看中了什么，察必遣人回报：“宋人将这些宝物贮藏数百年留给子孙，子孙没有能力守护，尽归之于我朝，我怎忍心取一物呢！”

忽必烈对南宋皇室已属宽宏，但察必皇后则有点关怀备至的意思了。察必念全太后是南方人，水土不服，数次请求忽必烈放她回江南居住。忽必烈训诫皇后：“你等妇人考虑问题不着眼长远，倘若放

---

① 史卫民：《大一统：元至元十三年纪事》，上海人民出版社，2020年7月版，第77—78页。

全氏回江南，流言一起，顷刻就有灭族之灾，这样反而是害了她。要是真爱护她，不如经常抚恤安慰，让她过上安心舒适的日子。”忽必烈不仅没放全太后南归，还把当时因病留在江南的太皇太后谢道清也接至大都。

除了怀柔，忽必烈自然也有雷霆手段。有两位北迁的南宋妃嫔不甘受辱，与两名婢女一道沐浴更衣，自缢于房中。一名朱姓妃嫔还留下四言绝命诗一首：

既不辱国，幸免辱身。世食宋禄，羞为北臣。妾辈之死，守于一贞。忠臣孝子，期以自新。

忽必烈闻讯后大怒，下令砍下四人首级，而后悬挂在全太后居所，以示警诫。

谢道清在大都住了七年，于至元二十年（1283年）去世，享年七十四岁。汪元量作诗凭吊：

羯鼓喧吴越，伤心国破时。
雨阑花洒泪，烟苑柳颦眉。
事去千年速，愁来一死迟。
旧臣相吊后，寒月堕燕支。
……

全太后在大都正智寺出家为尼，八十岁左右圆寂于寺中。忽必烈命词臣作挽诗悼之，其中有一首是：

繁华如梦习空门，曾是慈明秘殿尊。
一夕顿抛尘世事，半生知感圣朝恩。
五千里外无家别，八十年来有命存。
回首钱塘江上月，夜深谁与赋《招魂》？

瀛国公赵㬎降元后起初也居于大都，忽必烈出于政治风险的考量，于至元十九年（1282年）将他和其他赵宋宗室人员迁徙到上都。至元二十五年（1288年）十月，忽必烈又将十八岁的赵㬎打发到吐蕃学佛。赵㬎此生再未踏入中原一步，被吐蕃人尊称为“蛮子合尊”和“合尊法宝”。至治三年（1323年）四月，元英宗硕德八剌在没有任何预兆的情况下，突然下诏赐死赵㬎，此时南宋已亡国四十余年。

元英宗以英锐与“以儒治国”闻名，为何猝然除掉赵㬎？流行的说法是，赵㬎曾经写过一首诗，“寄语林和靖，梅花几度开？黄金台下客，应是不归来”，诗中所寄故国之思引发了元英宗的猜忌。但据陶宗仪《南村辍耕录》，“此宋幼主在京都所作也”，元英宗又怎会如此介怀一首写于数十年前的旧作，不免有穿凿附会之嫌。

赵㬎被赐死的原因至今仍是待解之谜。藏文史料称赵㬎被杀时“出白色血”，以神秘主义的方式隐晦表明赵㬎乃含冤而死。[1]

赵㬎死得不明不白，但一则离奇的传说为他复了仇。这则传说最早见于元末隐士权衡的《庚申外史》：赵㬎在甘州白塔寺出家为僧，娶了一个回回女子为妻，后生一子。谁料元明宗和世㻋后来路过白塔寺见“龙文五彩气”，就将该母子都带回宫，这个婴儿就是后来的

① 王尧：《南宋少帝赵显遗事考辨》，载《西藏研究》1981年，第1期。

元顺帝妥欢帖睦尔，其生父实是赵㬎，而非元明宗。这个传说荒诞不经，广为流传。清代大史学家赵翼在《廿二史札记》中还煞有介事地考证了一番。陈学霖先生也考证过一则流传于蒙古人中的历史传说。据这则名为“元太子·真太子”的传说：朱元璋在1368年攻陷北京时，在后宫里发现了元顺帝没来得及带走的“小皇后”，朱元璋被其美色所惑，就决定娶她为妻。但朱元璋并不知道，“小皇后”此时刚刚怀了元顺帝的孩子，这个孩子也就是朱棣。多年后，“元太子”朱棣在靖难之役中夺得皇位，皇统遂重归蒙古黄金家族。①

这两则传说的故事脉络基本一致，背后的逻辑都是以荒诞传说来消解亡国之痛。

① ［美］陈学霖：《蒙古〈永乐帝建造北京城〉故事探源》，《明初的人物、史事与传说》，北京大学出版社，2010年10月版，第248—293页。

【第十章】

崖山：最后一战

姜才

元军进入临安的前夜，七岁的益王赵昰、五岁的广王赵昺在驸马都尉杨镇及赵昰舅舅杨亮节等人护送下，逃亡婺州（今浙江金华）。伯颜闻讯后，即命范文虎率军五千追击。据《宋史·瀛国公二王附本纪》，杨镇为掩护二王，自请留下迟滞追兵："我将就死于彼，以缓追兵。"杨亮节等人则背着二王，徒步藏匿在深山中，七天后遇见宋将张全，数十人护卫二王逃亡温州。

二王逃出生天的消息传开后，南宋抵抗势力闻风而至，八方风雨会温州。陆秀夫、陈宜中、张世杰纷纷归队。陈宜中到温州时，母亲突然去世，张世杰为留住陈宜中，自行将他母亲的棺材抬到船上，以示共进退。

众人齐聚于温州江心寺。江心寺内还保存有当年宋高宗赵构南逃至此的御座，这几乎是宋室再度中兴的神启，众人恸哭于座下，效仿当年宋高宗出任天下兵马大元帅之故事，拥戴益王赵昰为天下兵马都元帅，以广王赵昺为副都元帅。聚集于二王周围的抵抗势力此时虽未正式建政，但已然祭起了抗元大旗。

蒙古人获悉后，便以太皇太后谢道清的名义，派遣两个宦官和八名士兵至温州，召二王回临安。陈宜中一反请和常态，将来人沉于江中，毅然决然地率众登船自海路入闽。福建汀、建诸州的官员原本已做好降元准备，但听说二王将至，大宋国祚未绝，便即刻闭城拒绝元朝使者，投入二王阵营。

德祐二年（至元十三年，1276年）五月初一，陈宜中、张世杰、陆秀夫等人于福州拥立益王赵昰即位，史称宋端宗，即时改元景炎，册封其母淑妃杨氏为太后。宋端宗将其弟赵昺由广王改封卫王，拜陈宜中为左丞相兼都督，遥授身在扬州的李庭芝为右丞相，张世杰为枢密副使，陆秀夫为签书枢密院事。

当然，站在元朝的官方立场，只有益王而无宋端宗，南宋帝系至宋恭帝而止。

南宋流亡政权（行朝）就此成立，将在未来三年间给忽必烈带来绵绵不绝的麻烦。在以上这些人事任命中，最具看点的是陈宜中的复相，他在元军入临安前作为丞相不辞而别，又在二王逃亡途中犬马恋主，迷途知返，集怯弱与赤诚于一身，足见人性之复杂。

鼎革之际，总是不缺人性幽深的例证。德祐二年（至元十三年，1276年）二月，二王还在逃亡路上时，淮西制置使夏贵甫一获悉太皇太后与皇上开城投降，便果断以淮西三府六州三十六县降元。

这一刻，八十岁的夏贵或许长舒了一口气。据《新元史·夏贵传》，就在此前一段时间，夏贵曾密信伯颜："贵军就别白费兵力进攻淮西了，只要临安陷落，淮西自然放弃抵抗。"夏贵此举自然有政治投机甚至暗通款曲之嫌，但也足以看出一名老军人在忠君与易帜之间的挣扎和自洽。而皇上一降，此种内心冲突便迎刃而解。

但总有人至死守节。镇巢军统制洪福曾为夏贵家僮，洪福父子不仅拒绝降元，还杀死了前来劝说其投降的夏贵的子侄。夏贵亲自来到城下，要求单骑入城与洪福面晤。旧主前来，洪福不能不应，只得迎夏贵入城。谁料城门一开，伏兵一拥而入，当场擒获了措手不及的洪福父子。夏贵监斩，临刑时洪福大骂，“数贵不忠而死”。

夏贵降元时，李庭芝与姜才在扬州已被阿术筑长壕围困数月，《宋史·李庭芝传》记载当时的扬州城“城中食尽，死者满道”。进入二月，扬州甚至出现了人相食的惨状，“道有死者，众争割啖之立尽”。

李庭芝的军事才华在历史上颇有争议，但姜才是首屈一指的将才，据《宋史·姜才传》，“时淮多健将，然骁雄无逾才”。但姜才因身为归正人的缘故，在军中却始终侘傺不得迁，“少被掠入河朔，稍长亡归，隶淮南兵中，以善战名，然以来归人不得大官，为通州副都统”。

据《宋史·李庭芝传》，元军使者带着太皇太后及宋恭帝的降元诏谕至扬州，李庭芝登城拒接诏：“奉诏守城，未闻有诏谕降也。”蒙古人还不死心，待全太后和宋恭帝一行北上朝见忽必烈途经瓜洲渡口时，再以太皇太后的名义诏谕李庭芝：“今吾与嗣君既已臣伏，卿尚为谁守之？”李庭芝不发一言，直接命士卒发弩射使者，当场射死一人，其他人一哄而散。

李庭芝与姜才涕泣发誓，要拼死夺回两宫，遂集合四万将士夜袭瓜洲。姜才与元军战至半夜，死战不退，但元军已派人护送宋恭帝等北走。

可能是因为久攻不下，阿术始终未放弃对扬州的诱降。阿术驱动夏贵所部降兵至扬州城下，旌旗蔽野，以示扬州已为孤城，有幕客试探李庭芝是否有降意，李庭芝说：“吾惟一死而已。”

阿术又拿出了忽必烈的劝降诏令。李庭芝让使者进城，然后立刻斩杀，还在城头当众焚烧忽必烈诏令。七月，忽必烈赦免了李庭芝的焚诏之罪，又给李庭芝发了一道劝降诏书，但仍然遭到冷遇。

当月，李庭芝和姜才按照陈宜中的计划，准备突围而出，渡海南下，与行朝汇合。放弃扬州还有一个原因是，城中饥荒已到了惨不忍睹的地步，士卒的军粮掺杂了牛皮和酒曲，甚至有人烹子而食。

李庭芝留下部将朱焕守扬州，自己与姜才率军七千人往东向海边突围。宋军刚突围到泰州一带，阿术亲率的追兵就已赶到，斩杀了宋军千余人之后，李庭芝被迫退入泰州城，又被阿术的军队团团围住。

七月十二日，朱焕献扬州城降元。出乎意料的是，朱焕身边竟秘藏忽必烈一年前给他的一道劝降诏书，内有“若能识时达变，可保富贵”[①]的承诺。而朱焕也一直隐而不发，待李庭芝、姜才出城后，方才举城而降。

阿术将扬州城中的宋军家小驱至泰州城下，以乱宋军军心，恰逢此时姜才因疽发不能登城督战，守卫泰州北门的宋将趁机开门投降。李庭芝见大势已去，仓促间跳入一个莲花池自尽，因水浅未死被元军俘虏。宋都统曹安国闯入姜才居室，缚姜才献给元军。

阿术敬重李庭芝与姜才的忠勇，虽劝降不成，但也不想即刻杀之。朱焕或是与两位上司有宿怨，或是为政治切割，竟煽风点火地说：“扬州自军兴以来，白骨遍野，这都是李庭芝和姜才的责任，不处死他们怎么行呢？”

临刑时，姜才见夏贵站立一旁，怒目切齿以对：“若见我宁不

① 〔元〕陶宗仪：《南村辍耕录》，卷二十。

愧死耶！”又据文天祥的记载，姜才“临刑，含血以喷，骂虏不绝口”[1]。

这里还有一处值得说道的细节。阿术曾在姜才面前攻讦李庭芝不识时务，姜才回了一句：“不降者才也。”这一对话当然可突显姜才威武不屈，一心求死，但多少有些突兀古怪。

《宋史·姜才传》中有一段话可供参照：

> 庭芝以在围久。召才计事，屏左右，语久之，第闻才厉声云：“相公不过忍片时痛耳。”左右闻之俱汗下。才自是以兵护庭芝第，期与俱死。

这段话虽语焉不详，但在后世看来，再结合其他证据，这证明“李庭芝确实有过动摇，并遭到姜才的批评”。文天祥对李、姜二人的评价也有高低之别，说李庭芝“虽无功于国，一死为不负国矣”，“李庭芝在扬州十余年，畏怯无远谋，惟闭门自守，无救于国”；而论及姜才时，则是一改话风，“淮东猛将，扬州前后主战，皆其人也”，“其英风义烈，淮人言之，无不伤叹。惜哉！”[2]

文天祥还给姜才写了一首《姜都统才第五十》：

> 屹然强寇敌，古人重守边。
> 惜哉功名忤，死亦垂千年。

①② ［宋］文天祥：《集杜诗·姜都统才第五十》。

文天祥对李庭芝的纠结心态，部分源于一次创巨痛深的误会。当时，李庭芝险些铸成大错。

文天祥二月底从元军押送的祈请使团中脱险之后，三月初一到达李庭芝控制的真州（今江苏仪征），百感交集："一入真州，忽见中国衣冠，如流浪人乍归故乡，不意重睹天日至此！"[①]一到真州，文天祥就与意气相投的真州守将苗再成共商中兴大计，还当即给李庭芝写了一封信。

出乎意料的是，第二天（三月初二），李庭芝就令人捎信给苗再成："决无宰相得脱之理。纵得脱，亦无十二人得同来之理。何不有以矢石击之？乃开城门，放之使入！"[②]李庭芝怀疑文天祥是元军奸细，来真州作内应开城，令苗再成将文天祥一杀了之。

苗再成半信半疑，不忍杀掉文天祥，却也不敢违抗军令，便于第二天派人带文天祥出城视察，而后突然拿出李庭芝的信函展示给文天祥看。正当文天祥惊愕失色时，陪同他出城的真州官员已策马奔回城去，紧锁城门，不啻一道逐客令。

文天祥不忿于李庭芝的是非不分，便带着一行人直奔扬州，意欲与李庭芝当面对质，所谓"生则生，死则死，决于扬州城下耳"。

但到了扬州城外，文天祥一行人又犹豫了，就是否进扬州发生了激烈的争论，有人认为进城必死于李庭芝之手，徒死无益，不如出海寻觅二王。

文天祥日后回忆当时彷徨失落进退两难的窘境：

---

① ［宋］文天祥：《真州杂赋》。

② ［宋］文天祥：《出真州》。

> 既至城下，风露凄然，闻鼓角有杀伐声，徬徨无以处。
>
> ……
>
> 制臣之命真州也，欲见杀。若叩扬州门，恐以矢石相加。城外去扬子桥甚近，不测又有哨，进退不可。[①]

文天祥最后决定不进扬州，取道高邮、通州，渡海去南方。

李庭芝或许是听信了元军散布的谣言，中了反间计，认定文天祥这样级别的重臣必定受到元军重点看管，绝无逃脱之理。甚至还有人推测，李庭芝因为抵抗意志不坚定，担心文天祥来扬州多事，因此想给他捏造个罪名，除之而后快。[②]

无论如何，文天祥在真州和扬州逃过一劫，也算挽救了李庭芝的声名。

随着李庭芝与姜才的就义，连带扬州、泰州的失守，淮东各城失去支柱，通州、高邮守将等陆续开城投降，元军就此彻底平定淮东。

张珏

益王赵昰称帝时，四川宋军正在酝酿一次规模空前的反攻。

主持反攻的是刚刚上任四川制置副使、知重庆府的张珏。此时，

---

① ［宋］文天祥：《指南录》。

② 修晓波：《文天祥评传》，南京大学出版社，2002年3月版，第163—164页。

四川境内只有重庆、涪州（今重庆涪陵区）、夔州（今重庆奉节县）、合州钓鱼城等几座川东孤城仍奉赵宋正朔。由于重庆陷入重围，张珏无法入城，只能坐镇钓鱼城。

张珏本就崛起于钓鱼城。十八岁时，张珏在钓鱼城从军，战功累累，得到了一个“四川虓将”的名号。南宋开庆元年（1259年）蒙哥攻钓鱼城时，张珏与主将王坚“协力战守”，因力挫蒙哥而暴得大名。

景定四年（1263年），张珏被擢升为合州主将，也就是王坚此前之职。《宋史·张珏传》赞为：

> 珏魁雄有谋，善用兵，出奇设伏，算无遗策。其治合州，士卒必练，器械必精，御部曲有法，虽奴隶有功必优赏之，有过虽至亲必罚不贷，故人人用命。

伯颜大举攻宋时，元军在川兵力虽较宋军占优势，且包围了重庆，但忽必烈的战略重心并不在此，四川元军自行其是，这正给了张珏绝地反击的机会。

先是试探性的攻击。

德祐二年（至元十三年，1276年）正月，张珏派军偷袭与钓鱼城并称“川中八柱”的青居城（今四川南充南），将之一举拿下；二月，张珏派部将张万“以巨舰载精兵”突破元军重围，入援重庆。

四川战事不利，元军内部也在检讨，忽必烈遣金莲川幕府旧人李德辉入川调研。据《元史·李德辉传》，李德辉发现了驻川元军的两大失误：杀戮过多，民心生畏，宋人惧而不降，甚至有养寇自重的嫌疑；机构重叠，军政不一，相互推诿，“朝夕败矣，岂能成功哉”。

李德辉刚结束视察，还未来得及向忽必烈复命，张珏已经抢先动手了。

张珏派人潜入泸州城内，密结内应。六月，宋军派部将赵安进攻泸州，里应外合，一举收复。围困重庆的元军，闻讯后撤围而去，重庆遂转危为安。得胜之后，张珏甚至在钓鱼城修建行宫，派人到东南沿海寻找二王，做好了在钓鱼城迎驾建政的准备，奈何派出的兵士一去不返。

张珏解围重庆一战，也是元军近年来罕有的大败。忽必烈随即做出机构调整，将东川行枢密院和西川行枢密院这两个互相重叠的机构合二为一，仅保留西川行枢密院；任命对四川战事有透彻观察的李德辉为西川行枢密院副使。

川东之战由此变为了张珏与李德辉的对决。

四川元军虽遭重庆之败，但无论是兵力还是在川的控制范围，都要强于宋军。仅一年多后，元军便恢复元气，于至元十四年（南宋景炎二年，1277年）年底再度合围重庆。此时，张珏已离开钓鱼城，亲自镇守重庆。

李德辉致书劝降张珏：“汝之为臣，不亲于宋之子孙；合之为州，不大于宋之天下。宋室已把天下献给我朝，你还在穷乡僻壤坚持抵抗，自称忠于朝廷，不是很荒谬吗？过去你们不降，是因为皇帝尚在，耻于背负叛国恶名，因此合州军民拼死一搏；而今朝廷已降，你仍旧率部顽抗，必定有部下感到不满，甚至拿你的首级去邀功请赏。”

张珏拒降，还想做最后一搏。《宋史·张珏传》记载，景炎三年（至元十五年，1278年）二月，张珏率军从重庆突围，但为元军所败，被迫退回城内。此时城中粮尽，部将赵安写信劝张珏投降，张珏不从，赵安干脆就趁夜打开城门降元。张珏率军巷战，兵败不支前回府索要毒酒自尽，但左右随从将毒酒藏了起来。于是张珏乘小船载妻儿向东逃奔涪州，途中张珏万念俱灰，挥斧劈砍船身，欲沉舟自杀，船夫夺去斧头，抛入江中；张珏还想投江自杀，被家人拉住。

不久，元军追来，张珏被俘。押解大都途中，友人对张珏说：“公尽忠一世，以报所事，今至此，纵得不死，亦何以哉？”张珏殉国之志益坚，解下弓弦自缢于厕所，随从焚烧了他的尸身，用瓦罐葬于其自杀之地。

文天祥得知张珏殉国，不胜悲痛，遂作诗悼念，题为《张制置珏第五十一》：

> 气敌万人将，独在天一隅。
> 向使国不亡，功业竟何如。

张珏守重庆时，将钓鱼城防务托付给了部将王立。但张珏殉国不到一年后，也就是南宋祥兴二年（至元十六年，1279年）正月，王立以钓鱼城降元。以淳祐三年（1243年）春，余玠筑城于钓鱼山为起始计，钓鱼城屹立于抗蒙前线已三十六年之久，但终究还是降了。

因为蒙哥之死，钓鱼城被宋人及后世寄托了太多特殊的情感，视其为宋朝力挫蒙古帝国的英雄之城，也因此，钓鱼城的陷落，尤其是开城投降一事，数百年来都是历史的争论焦点。

据《元史·李德辉传》，王立早有降意，但与川东元军有深怨，担心投降后被杀，因此直接派密使到成都与李德辉接洽。李德辉顶住元军内部的压力，“吾为国活此民，岂计汝嫌怒为哉！”随后单人乘船直达钓鱼城下，呼王立出降，以一人之力平定钓鱼城。据说钓鱼城军民自王立以下，家家画李德辉的像以示尊崇。

在这一叙事中，王立似乎也就是一个苟且偷生之辈，他投降单纯是为了保命，反衬出李德辉的大义凛然、奋不顾身。

这里有必要补充一处背景。因为大汗蒙哥之死，钓鱼城对蒙古人而言也是一座特别的城市。据万历《合州志》，蒙哥驾崩前曾有屠城遗言，“若克此城，当赭城剖赤，而尽诛之”。这一遗言真实性可疑，但在蒙古军人眼中，钓鱼城破后理应依照蒙古旧俗屠城，甚至可以视作忽必烈下诏平宋“不可嗜杀”的例外。也因此，据《元史·李德辉传》记载，川东元军对钓鱼城的态度始终强硬固执，甚至引起李德辉的不满，声称川东元军将钓鱼城“诬以尝抗蹕先朝，利其剽夺，而快心于屠城也”。

有理由推断，王立之所以一开始在降元问题上有所拖延，可能正是因为担心被屠城；而最终答应降元，固然是得到了李德辉的某种承诺，固然是人皆惜命，但也有担心城破后被屠城的原因，后世所谓“公之宁屈一己为保全宋室遗民”[①]。王立曾对部将有言：“某等

① 胡昭曦编著：《两通肯定王立等人的碑石》，载《巴蜀历史考察研究》，巴蜀书社，2007年6月版，第74—76页。

荷国厚恩，当以死报。然其如数十万生灵何？”[①]

李德辉单舸赴会，破了这个屠城死局，但王立付出的代价是沦为声名狼藉的叛臣降将。宋末降臣俯拾皆是，除了刘整、吕文焕、范文虎、夏贵等人，一直坚守到临安降后三年的王立却可能是骂名最盛的一个，原因无他，谁让他守的是钓鱼城呢？

钓鱼城只有像张巡、许远守睢阳一样，人与城偕亡，玉石俱焚，才符合南宋遗民与春秋大义的道德期待。

关于王立降元，还有一处正史失载的细节。当年宋军收复泸州时，蒙军守将熊耳被击毙，其夫人被俘。王立与她投缘，或许就是因为其有姿色，将她收为义妹，但据说更可能是侍妾。当王立在战降两端左右为难时，这位可能是李德辉的异父妹的熊耳夫人站了出来，力劝王立找李德辉请降，这才帮王立下了最后决断。

这则看上去充满各种巧合的逸事可能真有其事。乾隆年间，合州知州陈大文将钓鱼城“忠义祠”更名为“功德祠”，并将王立、熊耳夫人及李德辉加入合祀。他在《钓鱼城功德祠碑》中写道：

> 岂以鱼城为天险，合天下攻之不破邪？公之宁屈一己，为保全宋室遗民……挈此数十万生灵与之偕死，亦未始不可谓尽忠待宋……王、张二公，高风劲节，固与日月争光，山川共久。而李公德辉，王公立与熊耳夫人，实有再造之恩，亦应享民之祀。

---

① ［明］佚名：《合州 · 钓鱼城记》，载《古今图书集成 · 职方典》，卷五三四，中华书局，巴蜀书社，1985年影印本。转引自程国政编注：《中国古代建筑文献精选 · 宋辽金元（下）》，同济大学出版社，2010年8月版，第132—135页。

光绪初年的合州知州华国英对陈大文的翻案大为不满，又将这三人移出了忠义祠，撰写了《重修钓鱼城忠义祠碑记》，怒斥“王立为宋之叛臣、元之降人，以之从祀，是为渎祀，神必不享”[①]。

1942年6月，郭沫若到钓鱼城访古，陈大文的碑文令他怒不可遏，当即题七律一首，诗末有“贰臣妖妇同祠宇，遗恨分明未可平”一句。贰臣妖妇，指的就是王立和熊耳夫人。

这些人可能都忘记了，钓鱼城失陷次月，即南宋祥兴二年（至元十六年，1279年）二月，崖山海战开打，南宋进入最后的时刻，除了崖山，没有哪里比钓鱼城坚持得更久。

陆秀夫

景炎元年（至元十三年，1276年）五月二十六日，自元营虎口脱险的文天祥辗转来到了福州，随即被宋端宗行朝任命为右丞相。

对于这一段“境界危恶，层见错出”的逃亡经历，文天祥在《指南录·后序》中列举了自己的十八次死里逃生：

> 呜呼！予之及于死者，不知其几矣。诋大酋当死；骂逆贼当死；与贵酋处二十日，争曲直，屡当死；去京口，

① 两碑文均转引自胡昭曦编著:《四川古史考察札记》，重庆出版社，1986年9月版，第74—78页。

挟匕首以备不测，几自到死；经北舰十余里，为巡船所物色，几从鱼腹死；真州逐之城门外，几彷徨死；如扬州，过瓜洲扬子桥，竟使遇哨，无不死；扬州城下，进退不由，殆例送死；坐桂公塘土围中，骑数千过其门，几落贼手死；贾家庄几为巡徼所陵迫死；夜趋高邮，迷失道，几陷死；质明，避哨竹林中，逻者数十骑，几无所逃死；至高邮，制府檄下，几以捕系死；行城子河，出入乱尸中，舟与哨相后先，几邂逅死；至海陵，如高沙，常恐无辜死；道海安、如皋，凡三百里，北与寇往来其间，无日而非可死；至通州，几以不纳死；以小舟涉鲸波，出无可奈何，而死固付之度外矣！呜呼，死生昼夜事也。死而死矣，而境界危恶，层见错出，非人世所堪。痛定思痛，痛何如哉！

比九死一生，还翻了个倍。

自海路南下时，文天祥感慨万端，作诗《扬子江》，立志复兴宋室，虽十八死犹不悔：

几日随风北海游，回从扬子大江头。
臣心一片磁针石，不指南方不肯休。

文天祥刚到福州时，行朝还是有那么几分中兴气象的。文有陈宜中、文天祥、陆秀夫，武有张世杰、刘师勇、苏刘义，还在浙南发动了一次成功的反击，先后收复了台州、婺州和衢州等州县。[①]

但很快，行朝内部就纷争四起，而问题最早竟出现在文天祥身上。

文天祥一到福州，就指斥陈宜中："你逃出临安时，为什么不带着两宫（宋恭帝、全太后）与二王同奔，怎么就弃之不顾了？"陈宜中无言以对。

接着，文天祥又问统兵的张世杰朝廷有兵多少，张世杰答说只有他自己的部队。文天祥叹息："公军在此矣，朝廷大军何在？"文天祥这么说，"等于责备张世杰不顾大局，未能团结各路军队，只知拥兵自重"[②]。

文天祥为人耿直，畅所欲言，但值此国家危亡时刻，本应和衷共济，相忍为国，指摘陈宜中慌不择路也就罢了，对张世杰也有诛心之言，就只能令人扼腕兴嗟，叹国运已逝了。

以陈宜中的心胸来看，文天祥的直言不讳大概开罪于他，虽然看不到陈宜中报复文天祥的历史细节，但陈宜中至少以揽权架空了文天祥。据文天祥的自述，他对陈宜中把持朝政极为不满，"余名宰相，徒取充位，遂不敢拜，议出督"[③]，于七月初离开福州，开同都督府于南剑州（今福建南平），聚兵集财，号召天下勤王，准备反攻江西。

福州建政之初，陈宜中与陆秀夫也有一段政治蜜月期。据《宋史·陆秀夫传》，"宜中以秀夫久在兵间，知军务，每事咨访始行，

① ［清］毕沅：《续资治通鉴》，卷一百八十三。

② 俞兆鹏、俞晖：《文天祥研究》，人民出版社，2008年10月版，第205页。

③ ［宋］文天祥：《集杜诗·至福安第六十二》。

秀夫亦悉心赞之，无不自尽”。所谓“久在兵间，知军务”，是说陆秀夫早年曾厕身李庭芝幕府，为李庭芝最为器重的幕客，“庭芝益器之，虽改官不使去已”。

作为“宋末三杰”（文天祥、张世杰、陆秀夫）中资历最浅之人，陆秀夫自有其过人之处。当时君臣播迁，大小事务因陋就简，宋端宗之母杨太后垂帘听政，与臣下说话时甚至自称“奴”，朝会之时，只有陆秀夫仍端持着手板，庄重之态俨然像过去上朝一样。流亡途中，陆秀夫时而凄然泣下，用朝衣拭泪，致衣服湿透，左右之人无不感触万千，但这或许可以解读为陆秀夫已陷入某种政治抑郁。

无论如何，在当时的行朝中，陆秀夫已渐成为某种忠义许国的精神图腾。

但对于这样一个“性沉静，不苟求人知”之纯臣，陈宜中仍不能相容。仅仅因为对朝政意见不一，陈宜中就指使谏官弹劾陆秀夫，并罢免了他。张世杰知道后，责问陈宜中：“此何如时，动以台谏论人？”陈宜中惶惶不安，只得匆忙召回了陆秀夫。

陆秀夫虽归，但行朝已是满目疮痍。张世杰与殿帅苏刘义不和，文天祥说，这致使这位吕氏军事集团中的忠贞之士“志郁郁不得展”；常州保卫战的守将刘师勇眼见战局日危，而朝中政争不断，据《宋史·张世杰传》，这位忠义之臣深感“时事不可为，忧愤纵酒卒”。

正当南宋流亡政权内部相煎何急之时，一场灭顶之灾袭来。至元十三年（南宋景炎元年，1276年）十月，两浙元军兵分三路进逼福州。至十一月，元军不仅占领了衢州、台州、温州等浙江州县，还兵不血刃地拿下了闽北重镇建宁府（今福建建瓯），致使福州门户洞开。

元军兵临福州城下前，陈宜中和张世杰带着宋端宗和卫王赵昺登船入海，不战而遁。此时，福州宋军尚有十七万、民兵三十万。文天祥日后曾痛心指出："自三山（福州）登极，世杰遣兵战邵武，大捷，人心翕然。世杰不为守国计，即治海船，识者于是知其陋矣。至冬闻警，即浮海南去，天下事是以不可复为。哀哉！"①

但文天祥此议对张世杰可能是过苛了。一方面，张世杰存在侥幸心理，可能是想效仿当年宋高宗入海躲避金军渡江南征的"成功经验"，避其锋芒，等待元军不耐南方湿热而撤军，在这一点上，张世杰显然是低估了元军穷追不舍的韧性，直至在崖山逃无可逃。但在另一方面，张世杰虽是坚决的主战派，却历经数次宋元大战，对双方的实力对比有清醒的认识，如果流亡朝廷死守福州，大概率是城陷人亡，反倒中了元军的下怀。②

流亡朝廷的下一个目的地是泉州，这里有一位富甲天下的海上巨擘。

当时的泉州不仅是南宋海洋商贸中心，还堪称世界第一大港。北宋元祐二年（1087年），北宋在泉州设立市舶司，由提举市舶使全权管理海洋贸易事务。流亡朝廷来泉州时，时任提举市舶使之人为阿拉伯人后裔蒲寿庚。

蒲寿庚身兼双重身份，总领南宋海外贸易，他及蒲氏家族又是南宋首屈一指的海洋巨商，几乎垄断了南宋同海外的香料贸易。史载"以善贾往来海上，致产巨万，家僮数千"③。

蒲寿庚及蒲氏家族不仅有钱有势，甚至还拥有一支强大的私人

---

① ［宋］文天祥:《集杜诗 · 幸海道第三十》。

② 顾宏义:《天平：十三世纪宋蒙（元）和战实录》，第387页。

③ ［明］王磐:《藁城令董文炳遗爱碑》，载［明］李正儒修纂:《藁城县志》，卷八。

海上武装力量，曾于咸淳十年（1274年）平定南宋海军不敢撄其锋的海盗，据说“南海蛮夷诸国莫不畏服”。因私人武装力量雄厚，蒲寿庚又被南宋流亡朝廷授以福建广东招抚使的军职。

时值宋季，蒲寿庚虽不是泉州知州，但已俨然是泉州的实际掌控者，再加上他控制的巨额财富与强大的私人海军，这使其成为南宋与元朝争相拉拢的对象。

张世杰一行来到泉州时，蒲寿庚虽政治态度暧昧，但至少在表面上还以宋臣自居，并未接受元朝的招抚。对于蒲寿庚、蒲氏家族，以及泉州海商集团而言，他们最核心的利益诉求还是海外贸易与商业利益，至于效忠哪个政权，他们本就没有士大夫的纠结与念兹在兹。

当宋端宗和张世杰一行人的船开到泉州港时，蒲寿庚上船拜见宋端宗，请皇帝登岸驻跸泉州，却为张世杰所拒。当时有人劝张世杰干脆将蒲寿庚扣留在船上，以控制蒲氏家族及泉州海商集团的财力与武力，但张世杰没有接受，放蒲寿庚下船回城。

张世杰拒绝上岸显然是怀疑蒲寿庚的忠诚度，他可能是收到了元军来使招降的情报，也可能是信不过蒲寿庚的阿拉伯人血统。

毕竟皇帝在身边，不可冒险，张世杰的谨慎持重自有其道理，无非是多观望一阵再决定去留罢了。但很快，为了补充水军匮乏的船只，张世杰竟然派人强制征收了蒲氏家族的一大批海船和钱财，据说光船只就达到四百余艘。①

---

① 《清源金氏族谱附录·丽史》，转引自陈自强：《论蒲寿庚家族对泉州港海外交通贸易的贡献》，载《泉漳集》，国际华文出版社，2004年12月版，第37页。

蒲寿庚自然是勃然大怒，此前张世杰拒绝上岸已让他不快，现在居然主动挑衅，直接挑战了泉州海商集团最为介怀的商业利益，此举让原本游移不定的蒲寿庚最终下定叛宋的决心，“杀诸宗室及士大夫与淮兵之在泉者”[①]。泉州是南宋宗室除临安之外的最大聚居地，宋廷为此还在泉州设立了管理赵氏皇族的南外宗正司，因此宗室死难殆尽。

景炎元年（至元十三年，1276年）十二月初八，蒲寿庚降元，这可能并非仅仅是他的个人意志，而是代表了泉州地方精英势力，尤其是海商集团的共同诉求。[②]受降的元军将领董文炳为表诚意，当即将忽必烈所赐的金虎符解下，赠予蒲寿庚。事后，董文炳向忽必烈请罪，他之所以擅自转赠陛下所赐之物，是因为蒲寿庚能够“为我扞海寇，诱诸蛮臣服”，受到了忽必烈的嘉奖。这也可见，元廷颇为看重蒲寿庚的归降，除了董文炳提到的两点原因，可能还有元朝重视海外贸易的重商主义传统。更不要说，蒲寿庚的阿拉伯人背景，在南宋这边是劣势，在元人这边甚至是一种优势。

蒲寿庚之降，部分是元人的诱降，部分是张世杰的逼反，但究其根本，还是蒲寿庚及其代表的泉州海商势力的审时度势之举：以泉州为根基的海洋贸易绝不能成为改朝换代的殉葬品。而泉州对外贸易在降元后的继续繁荣，恰恰证明了蒲寿庚导元倾宋之正确。

蒲寿庚降了，南宋流亡朝廷只得继续流亡，像幽灵一样游荡徘徊于广东沿海。一年后，即景炎二年（至元十四年，1277年）十二

① ［明］陈邦瞻：《宋史纪事本末》，卷一百零八。

② 苏基朗：《论蒲寿庚降元与泉州地方势力的关系》，《唐宋时代闽南泉州史地论稿》，台湾商务印书馆，1991年版。

月，宋军船队在井澳（今珠海横琴岛）一带不幸遭遇飓风，宋军“死者十四五”，连宋端宗赵昰都险些溺水而亡。

这时候，陈宜中又脱队了。但这次可能并不是临安失守前那样的“宵遁”，而是去占城（中南半岛东南部的古国，后为安南所灭）为行朝打前站。据《宋史·陈宜中传》，“井澳之败，宜中欲奉王走占城，乃先如占城谕意，度事不可为，遂不反”。

五年后，即至元十九年（1282年），元军伐占城，陈宜中又逃奔暹罗（今泰国）避难，“后没于暹”。但这也只是一种说法，陈宜中的最终去处更像是一桩历史悬案。

陈宜中一生褒贬互见，他虽对挽救南宋危亡并无实绩，反倒有党争误国之嫌，还半真半假地沾上了“逃跑丞相”的污名，但在大批南宋文臣武将拱手而降之际，陈宜中“时穷节乃见”，从始至终拒绝降元。只不过，他的气节更多体现在“走”上。

殉国是气节，流亡也是气节。对此，文天祥就曾在另外一个场合说过：“卖国者有所利而为之，必不去；去者必非卖国者也。”[①]

曾著《心史》的南宋遗民郑思肖曾将陈宜中与张世杰相提并论，“二公忠烈动天地，有德感人心”。甚至与陈宜中政见不合的文天祥也曾赋诗两首《相陈宜中第十六》《陈宜中第四十》，笔下可见他也曾对陈宜中寄予厚望：

> 苍生起谢安，翠华拥吴岳。
> 可以一木支，俯恐坤轴弱。

---

① 〔明〕陈邦瞻：《宋史纪事本末》，卷一百零九。

管葛本时须，经纶中兴业。

有志乘鲸鳌，南纪阻归楫。

陈宜中一直是陈宜中，但世道多变，宋季忠臣的标准随着臣子的大量投降甚至反戈一击而不断降低，以至像陈宜中这样一个逡巡不前但拒绝降元的落跑丞相，最终也随时势变为一名忠臣。

有时候，时穷节乃见并不是说一个人突然展现出了气节，而是其他人都丢了气节，反而显出了他的气节。

井澳海难不到半年，也就是景炎三年（至元十五年，1278年）四月十五日，在飓风中受惊过度的宋端宗赵昰驾崩于硇洲岛（今属广东湛江）。

张世杰

宋端宗崩逝时，行朝人心离散，大有一哄而散的意思。据《宋史·陆秀夫传》，这时，又是陆秀夫站了出来，对众臣慷慨陈词：

度宗皇帝一子尚在，将焉置之？古人有以一旅一成中兴者，今百官有司皆具，士卒数万，天若未欲绝宋，此岂不可为国邪？

陆秀夫以其忠直与坚韧，在流亡朝廷中的感召力已无出其右。四月十七日，众大臣在硇洲岛奉七岁的卫王赵昺为帝，史称帝昺，于当年改元祥兴，因陈宜中远走，陆秀夫被拜为左丞相。

陆秀夫拜相后，“外筹军旅，内调工役，凡有所述作，又尽出其手”，颠沛流离中，还每日手书《大学章句》以劝讲幼帝。

张世杰欲以一场大捷为祥兴朝启幕。祥兴元年（至元十五年，1278年）五月，张世杰遣将张应科进攻雷州，可能想借此控扼琼州海峡，为西去占城打开通路。惜乎四战四败，连张应科都兵败而死。

无限河山泪，谁言天地宽。张世杰英雄失路，于六月初将行朝徙居崖山岛（今广东江门新会区崖门镇，现已与陆地相连）。崖山岛所在水域为珠江出海口之一，岛上有两山，东为崖山，西为汤瓶山，两山之脉向南延伸入海，如门束住水口，门阔仅里许，故又名崖门，有两山夹一海之地利。张世杰“以为天险，可扼以自固”。

宋军虽占有地利，但隐忧已然埋下。宋水军尚有数万，但包括家眷在内的行朝总人数据估计达到二十万人，这么多人困于崖山一隅之地，食物、饮水等后勤供给都是棘手的问题，一着不慎，就是全员断粮断水。

张世杰深感退无可退，担心再东躲西藏会导致士气离散，不战自溃，于是意欲在崖山与元军一决生死。据《宋史·张世杰传》，有人向张世杰建言抢夺海口：“北兵以舟师塞海口，则我不能进退，盍先据海口。幸而胜，国之福也；不胜，犹可西走。”张世杰回了一句狠话：“频年航海，何时已乎？今须与决胜负。”

言罢，张世杰命令士卒焚去岸上舍屋，舍陆就舟：将一千余条大船泊于海中，沉碇于海，船头朝内，船尾朝外，用大索联结起来，筑成水寨，“四周起楼棚如城堞”，远望如坚壁，将帝昺等人居于最当中的巨舰上，重重保护。

就在三年前，张世杰在焦山水战时也摆出了相似的“铁索阵”，为元军火攻所破。知兵的张世杰为何没吸取战败教训，可能与三年前的原因类似：宋军士气低迷，每逢大战都易发生溃逃，张世杰想用“铁索阵”以示背海一战，有死无逃。

更何况，张世杰自认采纳了焦山之败的火攻教训，下令在战船外面皆涂满湿泥，“缚长木以拒火舟”，果然挫败了元军将领张弘范的火攻战术。

但宋军如此士气，又何谈险中求胜呢？毕竟，无论是项羽的破釜沉舟，还是韩信的背水一战，其追求的效果都是激发士兵置之死地而后生的军心与战力。而张世杰布“铁索阵”的效果呢？《宋史·张世杰传》只给出四个字：“人皆危之”。

道理也很简单，但凡参加过焦山之战的老兵，看见张世杰如此布阵，心有余悸是正常的心理反应。

文天祥扼腕于张世杰“不知合变，专守法”，批评宋军的布阵是被动挨打，“行朝依山作一字阵，帮缚不可复动，于是不可以攻人，而专受攻矣”[①]。

张世杰的运气其实已属不错，江南元军为了应付漠北战事，此前曾大量北调，给了他从容经营崖山的充裕时间窗口。一直到至元十六年（南宋祥兴二年，1279年）正月十三，张弘范方才率水军自潮阳抵达崖山。张弘范被忽必烈任命为此战主帅时，担忧蒙古诸将不服，请以蒙古重臣为主帅；忽必烈坚持不换帅，认为“委任不专”将败大事，并应张弘范所请，赐其有先斩后奏之权的尚方宝剑，以

① 〔宋〕文天祥：《集杜诗·祥兴第三十六》。

威服蒙古众将。

张弘范一到崖山，就勘察地形，见岛上东西都有山，北面水浅，便移水军至崖山以南；又给张世杰的外甥封了官，连续三次派他诱降张世杰，《宋史·张世杰传》记载，张世杰历数古代忠臣作为表率："吾知降，生且富贵，但为主死不移耳。"

张弘范还不罢休，派人给崖山士民带信："你们的丞相陈宜中遁逃了，另一个丞相文天祥又被我俘虏了，你们不降还能做什么？"

张弘范最狠辣的一招是，出奇兵截断了宋军的水源地。宋军连啃干粮十余天，渴极了，只得被迫喝海水，"饮即呕泄，兵士大困"。这样的部队还能有什么战斗力呢？

正月二十二日，出身西夏皇室后裔的副帅李恒率麾下三百艘战船与张弘范会师，屯兵崖山以北，对崖山宋军形成南北夹击之势。[①]

面对张世杰的铁索阵，有元军将领献计架炮于山顶轰击宋舰，这炮说的可能就是襄阳炮。张弘范回应："炮攻，敌必浮海散去。吾分追非所利，不如以计聚留而与战也。且上戒吾必翦灭此，今使之遁，何以复！"[②]

李恒也附和称，宋军"薪水既绝，自知力屈，恐乘风潮之势遁去"[③]，必须趁宋军遁逃前"急攻"。

张弘范和李恒这番话颇有信息量，透露出忽必烈欲聚歼残宋于崖山的意图。元军最忧虑的根本不是宋军的战斗力，而是宋军再次逃之夭夭。从这个角度而言，张世杰一决生死于崖山的战略部署，正中

① 见《经世大典序录·平宋》。
② 〔清〕毕沅：《续资治通鉴》，卷一百八十四。
③ 〔清〕毕沅：《续资治通鉴》，卷一百八十四。

忽必烈与元军下怀。

这更能看出，张世杰多少有些意气用事了。他只是因为不想再逃了，就寻求决战。但决战就决战吧，张世杰又主动放弃水师机动性，被动地等待元军大举进攻。

但这不仅仅是张世杰一人的问题。机动本是水军的特长，但在宋季，南宋水军在大规模水战中基本采取被动防御，完全复制了步军的惧攻喜守的传统，以大船为主的水军缺乏机动性，作战全靠风力，无风则陷于被动；而反观新生的元朝水军，多以水军作为主攻的兵种，“灵活运用正面攻击、侧背迂回、水陆协同夹击等战法”，更擅运用“水哨马”“拔都兵船”等轻舟，“取其往来如飞，便于攻击之利”。总的来看，“宋军似以水军执行守城步兵的功能，而蒙军则以水军用作冲锋陷阵的骑兵。这种运用上的差别，不仅反映两军策略及士气上的差异，也反映两国军事传统的不同”。[①]

二月初六清晨，张弘范兵分四路，对崖山宋军水师发动总攻。刚刚铺陈了不少崖山之战的前奏与背景，此战也的确干系重大，但为时仅一天的战事其实没有悬念，更无先胜后败之类的桥段。尽管宋军舰船更多，有舰千余艘，远超只有四五百艘船的元朝水军，但自处被动挨打之势，士卒缺水困乏，难以承受久战；从战前元军的部署来看，他们也是胜券在握，攻击欲望充沛，更关切是否能全歼宋军。

宋军此役的确尽力了，并没有上演丁家洲之战与焦山之战的溃逃一幕。元朝官方典籍《经世大典·政典·征伐·平宋》记录崖山之战时，在不长的篇幅中两次用了“殊死”这一表述。

---

① 萧启庆:《内北国而外中国：蒙元史研究》（全二册），第369—370页。

崖山之战的前半程，也就是从清晨到中午，宋军尚在拼死抵抗，张世杰“以江淮劲卒各殊死斗，矢石蔽空”[①]，“自朝至日中，战未决”[②]。

但到了午后，宋军士卒体力开始不支，决死一战的哀兵挣扎也开始被元军更稳健且更持久的信心与勇气渐次压倒。张弘范仿佛是一名稳操胜券的草原猎手，气定神闲地为万般挣扎的困兽亲手送终。

战至傍晚，宋军已近全线崩溃。直到此时，才迎来了崖山之战最激荡的时刻。《宋史纪事本末·二王之立》记下了这慷慨悲歌的一幕：

> 会日暮风雨，昏雾四塞，咫尺不相辨。世杰遣小舟至帝所，欲取帝至其舟中，旋谋遁去。秀夫恐来舟不得免，又虑为人所卖，或被俘辱，执不肯赴。秀夫因帝舟大，且诸舟环结，度不得出走，乃先驱其妻子入海，谓帝曰：“国事至此，陛下当为国死，德祐皇帝辱已甚，陛下不可再辱！”即负帝同溺，后宫诸臣从死者甚众。

“陛下不可再辱”，这就是宋季历史中著名的“陆秀夫负帝蹈海”。陆秀夫时年四十四岁，赵昺九岁。

陆秀夫负帝蹈海时，据说“从死者十余万人”，这个说法可能出自《元史·李恒传》，因为亡国的悲壮氛围拉满而传诵不绝。但更真实的情况可能是，海战七天后，据《宋史·瀛国公二王附本纪》，崖

---

① 〔元〕苏天爵：《国朝文类》，卷四一。

② 〔元〕黄溍：《陆君实传后序》。

山附近海面“浮尸出于海十余万人”，其中自然有追随幼帝投海的自杀殉国者，但战死溺亡的恐怕也不在少数。

无论如何，即使是投海数万或数千人，也是南宋亡国最壮烈的注脚。相比北宋靖康之变与金亡青城之祸，崖山万人蹈海同样惨烈凄怆，但雄浑悲壮更甚。

亡国之际，君王死社稷，文臣与军人殉国算是本分。但在崖山溺海的十余万人中，相当一部分都是眷属与宫女。陆秀夫蹈海时，就“先驱其妻子入海”，但妻子与儿女是否愿意，没人忍心去追问。这些人，青史不太可能留名，其殉国也无充分的理据，相当一部分都是作为附属者而被迫死去的女性。她们是“从死者”，更是命运不由自己掌控的无辜者，靖康之变如此，青城之祸如此，崖山蹈海也如此。

元军清理海上浮尸时，发现了一具身着黄衣、身带玉玺的孩童尸体，士兵将玉玺上交给张弘范，经反复确认为赵昺之物。张弘范即刻派人去寻找赵昺遗体，尸首却已不知所终，索性以赵昺溺毙上报忽必烈。

陆秀夫负幼帝蹈海殉国时，张世杰带着杨太后等人，乘十六艘船突出重围。据《续资治通鉴》卷一百八十四，赵昺死讯传来，杨太后拊膺大恸：“我忍死间关至此者，止为赵氏一块肉耳。今无望矣！”说完也投海而死，被张世杰葬于海滨。

张世杰本不欲放弃，还想寻访赵氏宗室为帝，东山再起，据说也想先去占城暂时落脚。但正当他召集溃兵，军队稍稍恢复元气时，又于五月在广东沿海突遭飓风。张世杰这次终于体会到天意难违，又或许是心灰意懒，便拒绝登岸，独自爬上座舰舵楼，焚香祷告：“我为赵氏江山鞠躬尽瘁。一君亡，复立一君，今又亡。我一直没有殉国，是指望元军退兵后，再立新君重光大宋。而今飓风又来，莫非这是天意亡宋？”

天意自古高难问，但飓风没有放过张世杰，“风涛愈甚，世杰堕水溺死”[①]。

张世杰并不是一名多么杰出的将领，屡败屡战而已，至少远不具备只手补天裂的才华。文天祥对他有一段略刻薄的评价：

> 闽之再造，实赖其力。然其人无远志，拥重兵厚赀，惟务远遁，卒以丧败。哀哉！[②]

文天祥如此说可能夹杂了私怨，但他与张世杰其实是一类人。民国史家蔡东藩在合论张世杰、陆秀夫、文天祥时，有一句话说得沉郁顿挫，或为三人隔代知己之语：

> 后人或笑其迂拙，不知时局至此，已万无可存之理，文、张、陆三忠，亦不过吾尽吾心已耳。[③]

福克纳也有一句与此神似的话：

> 我们无法做到完美，所以我评价一个人就看他在做不可能完成的事情时，失败得有多精彩。

① ［明］陈邦瞻：《宋史纪事本末》，卷一百零八。
② ［宋］文天祥：《集杜诗·张世杰第四十一》。
③ 蔡东藩：《宋史演义》。

陆秀夫留下了一本书。海上流亡时，他把二王（二帝）的事都详细地记述下来汇成一书，将书稿交给礼部侍郎邓光荐保管，并嘱托："君后死，幸传之。"

在崖山，邓光荐其实也与陆秀夫一样投海自尽，但被元兵捞起未死。邓光荐拒绝张弘范劝降，后被元军放归，带着陆秀夫书稿回到家乡庐陵。邓光荐死后，这本书不知去向，"故海上之事，世莫得其详云"。

崖山之战被视作宋元战争最后一战，一个月前，连似乎永远不会陷落的钓鱼城也降了。但实际上，次月，也就是至元十六年（1279年）三月，江西南安县仍在奋死抵抗，直至城破。

相比临安之降，崖山之战是更公允的宋亡标志。但《宋史》也有"世杰亦自溺死，宋遂亡"的提法，似乎张世杰之死才是南宋最后覆亡之标志。但余波之后仍泛涟漪：至元十六年（1279年）六月，张世杰残部一百六十余人降元，至此"岭海间无复宋军旗帜矣"。[①]

崖山之战六天后，张弘范离开崖山北上，临行前意气扬扬地让人在崖山北面的石壁上勒石纪功，共有十二个字："镇国大将军张弘范灭宋于此"。元亡后，当地人将张弘范的刻字铲掉，改刻"宋丞相陆秀夫死于此"九个字。

十月，张弘范班师回朝，但回到大都没多久就身患疟疾病倒了，几个月后病故，时年四十三岁。

民间有个著名段子，说有个秀才将张弘范的刻字加上一个"宋"，改为"宋张弘范灭宋于此"，暗指身为宋人的张弘范是倾覆母

① 〔元〕黄溍：《陆君实传后序》。

国的汉奸。无论这个段子是真是假，都有一点是肯定的：出身河北世侯家族的张弘范从出生第一天开始就是蒙古治下之人，从未做过一天宋人；甚至张弘范的父亲张柔也没做过一天宋人，早年是金人，后叛金投蒙，充其量也就是个“金奸”。

也因此，“宋张弘范”本就是一个荒诞的概念。甚至张弘范真的投了南宋，他的第一身份也不是什么“宋人”，而是在南宋社会中地位尴尬、含垢忍辱的“归正人”，这将是笼罩他一生的阴影。

无论遵行何种“灭宋”标准，南宋亡于1279年都是没有争议的。宋元战争始于1234年端平入洛，终于1279年，历时四十五年，是蒙古灭金（1211—1234年）时长的两倍。南宋不太可能是蒙古最强的对手，甚至也拿不出什么真正意义上的大捷，但南宋可能是蒙古最坚韧的对手。

四十四年前（1235年），耶律楚材像萨满巫师一样诅咒宋使：

> 你们只恃大江，我朝马蹄所至，天上天上去，海里海里去。

天上的钓鱼城，海里的崖山岛。蒙古人无远弗届。

天意人事，可以凄怆伤心者矣。

尾声

零丁洋：遗民文天祥

赤舄登黄道，朱旗上紫垣。

有心扶日月，无力报乾坤。

往事飞鸿渺，新愁落照昏。

千年沧海上，精卫是吾魂。

——〔宋〕文天祥《自述》

楚囚

南宋流亡朝廷漂流海上之初，文天祥正在位于闽西的汀州（今福建长汀），以同督府的名义组织抗元。

文天祥出福州时，踌躇满志，心心念念于反攻江西，但仅过了半年，就连连受挫，被迫放弃汀州，于景炎二年（至元十四年，1277年）正月，退守漳州。

一时间，漳州成为福建唯一尚未失陷的城市，八面受敌，孤城无依。

此时，曾在伯颜大营中负责看管文天祥的元将唆都入闽。唆都看管文天祥时礼数周到，自认与其有些交情，便派人劝降文天祥。文天祥并非不近人情之人，还回了封信，一边感谢了唆都当年对自己的照顾（“都相公去年馆伴，用情甚至，常念之不忘，故回书”[①]），一边表达了自己立誓死节的决心，“朝廷养士三百年，无死节者”。

正当文天祥做好了殉国的准备，抗元局势突然绝处逢生。

至元十三年（南宋景炎元年，1276年）秋，漠北形势突变，蒙哥之子昔里吉等人发动叛乱，拘押了忽必烈派往漠北督战的右丞相安童，与海都遥相呼应。至元十四年（南宋景炎二年，1277年）春，昔里吉发兵东进，威胁上都，忽必烈急调灭宋主帅伯颜和江南元军数万精锐北还。

元军在江南转攻为守，文天祥趁机反攻，先于景炎二年（1277年）三月收复了梅州（广东梅县），再于五月督军越过粤北梅岭挺进江西，连续收复了会昌、兴国等县，江西震动，各路豪杰起兵响应，文天祥在同督府“号令通于江淮”，“大江以西，有席卷包举之势”。

在梅州，文天祥还辗转与分别两年的家人重逢，见到了母亲曾老夫人、妻子欧阳夫人、两房妾室、两个弟弟、四个女儿与两个儿子。直到此时，文天祥才知道，另外两个女儿已死于逃难中。

但好景不长，八月，元军在西夏宗室后裔李恒的带领下向江西大举反扑。文天祥所部兵力虽在几个月间飞速增长，但多数人仅为临时招募的未经训练的民兵，根本无法对抗元军正规军的冲击，连战连溃。

八月二十七日深夜，元军突袭奔逃至永丰县空坑村的同督府，文天祥侥幸脱险，但不仅他的一妻、二妾、一子、二女皆被俘，而

① 〔宋〕文天祥：《正月书》。

且同督府数十名将领或被俘，或殉国。

这就是宋季著名的空坑之败。如果说文天祥此前的抗元多少还是苦撑待变，尚有几分中兴的可能性，那么在空坑之败后，就纯粹是知其不可为而为之了。

空坑脱难后，文天祥召集残兵，于十一月转移至循州（今广东龙川）。次年五月，即祥兴元年（至元十五年，1278年），文天祥终于与行朝取得联系，此时宋端宗已于上月病死，赵昺刚刚即位为帝。

文天祥上表自劾督师无功，出自陆秀夫之笔的诏书却对他褒扬有加：

> 如精钢之金，百炼而弥劲；如朝宗之水，万折而必东。

屡败屡战，几踣几起。这样的赞誉，文天祥受之无愧。

但行朝更像是口惠而实不至。文天祥此时多次提出移军入朝，一方面可能是因为江西抗元已失败，他本人也回到广东，在外开府已无实际意义，入朝更能发挥他的作用；另一方面，陈宜中已出走占城，文天祥前次出走时最介怀的“国事皆决于陈宜中”也不存在了。

但让文天祥没想到的是，行朝竟屡次拒绝了他的入朝之议，甚至“以迎候宜中还朝为辞”相推诿。原因很可能是，此时实际控制朝政的张世杰不想文天祥来崖山。

通常的说法是，文天祥为人耿介，前次在福州又当面质问过张世杰，张世杰担心文天祥入朝会与己争权，制约他的拥兵自重。[①]

---

① 俞兆鹏、俞晖：《文天祥研究》，第234页。

文天祥对权力斗争不以为然，却也不甚了了。他写信向陆秀夫表达不解与愤懑："天子幼冲，宰相遁荒，诏令皆出诸公之口，岂得以游词相拒？"[①]但此事并不取决于陆秀夫，他接信只能长叹，无法作答。

祥兴元年（至元十五年，1278年）十一月，文天祥率部转战广东潮阳县，他此前两个月接连遭遇了丧母与丧子（长子文道生）之痛。但文天祥乃百折不回之人杰，他将潮阳比作战国时代齐国最后的抵抗基地——莒与即墨，"增兵峙粮，以立中兴之本，亦吾国之莒、即墨也"[②]。

到潮阳后不久，文天祥两名老部下也各自带兵从江西来投，其中有一人叫刘子俊。三路合兵，文天祥所部也兵势稍振。

但很快，文天祥就从元军俘虏处得到了一个紧急军报：张弘范正带兵水陆并进，直捣广东沿海。

文天祥闻讯，一面向行朝报信，一面组织军队从容地向南岭一带的大山撤退。

但谁料在奸细的引领下，张弘范之弟张弘正正带着两百多轻骑抄小道向文天祥的同督府疾驰而来。

十二月二十日中午，文天祥率军撤至五坡岭（今广东海丰北），正停下来吃午饭时，元军奇兵天降，直突中军帐内。文天祥惊起欲走，被眼疾手快的元军千户王惟义当场擒获。文天祥不甘受辱，吞服了二两"脑子"自尽，但只是昏厥过去。苏醒后，他以为喝冷水可以

---

① 〔清〕毕沅:《续资治通鉴》，卷一百八十四。

② 〔宋〕文天祥:《纪年录》。

加速死亡，便用手掬取田间马蹄坑中的脏水喝下，谁料也只是腹泻一场，终究自尽不成。

巧合的是，贾似道死前也曾服下“脑子”欲自杀，但也只是腹泻不止，最后被郑虎臣击杀。

刘子俊被俘时，自称文天祥，“意使大兵不穷追，天祥可间走也”。元军如获至宝，将他押往大营报功，在路上，竟碰到了另外一队押送文天祥的元军。真假文天祥相遇，两队元军都坚信自己抓的才是真文天祥，双方争执不下，一直闹到大营，才真相大白。被愚弄的那队元军恼羞成怒，竟活烹了刘子俊。

但这一切，文天祥并不清楚，他还以为刘子俊只是失踪了。

文天祥被俘后，先被押至张弘正营中。面对元军的执刀相逼，他不屑地说：“死，末事也。此岂可以吓大丈夫耶！”

七天后，也就是十二月二十七日，张弘正再将文天祥送至张弘范潮阳大营。元兵强令文天祥向张弘范行跪拜礼，文天祥说：“吾不能跪。吾尝见伯颜、阿术，惟长揖耳。”并坚持“吾能死，不能拜”。张弘范曾在伯颜皋亭山大营领教过文天祥的强项不屈，深知强迫无益，便称赞文天祥“忠义人也”，即命松绑。

祥兴元年（至元十五年，1278年）的除夕夜，文天祥是在元军海船的囚室中度过的。

时穷

至元十六年（南宋祥兴二年，1279年）正月初六，张弘范率元军水师自潮阳入海，沿海岸线向西往崖山海域行驶。

文天祥被囚于船中，也被张弘范带往崖山观战。

正月十二，元军船队途经珠江口外的零丁洋，文天祥一时间心潮起伏，感慨万千，挥笔写下他这一生最具传播度的一首诗——《过零丁洋》：

> 辛苦遭逢起一经，干戈寥落四周星。
> 山河破碎风飘絮，身世浮沉雨打萍。
> 惶恐滩头说惶恐，零丁洋里叹零丁。
> 人生自古谁无死，留取丹心照汗青。

第二天，也就是正月十三，元军抵达崖山海域。张弘范想催逼文天祥写信劝降张世杰，文天祥坚拒："我自救父母不得，乃教人背父母，可乎？"说完把昨天写好的《过零丁洋》交出以明志。作为元军中诗名最盛的诗人，张弘范阅后连说："好人！好诗！"也就不了了之。

二月初六，文天祥在崖山目睹了行朝的最后倾覆，犹如万箭穿心，他想投海自尽，却被元军严加看管。他日后回忆当时的求死不得：

> 崖山之败，亲所目击，痛苦酷罚，无以胜堪。时日夕谋蹈海，而防范不可出矣。[①]

① ［宋］文天祥：《集杜诗·南海》。

二月初六晚，文天祥在孤灯下写毕一首亡国挽歌：

南人志欲扶昆仑，北人气欲黄河吞。
一朝天昏风雨恶，炮火雷飞箭星落。
谁雌谁雄顷刻分，流尸漂血洋水浑。
昨朝南船满崖海，今朝只有北船在。
昨夜两边桴鼓鸣，今朝船船酣睡声。
北兵去家八千里，椎牛釃酒人人喜。
惟有孤臣两泪垂，冥冥不敢向人啼。
六龙杳霭知何处，大海茫茫隔烟雾。
我欲借剑斩佞臣，黄金横带为何人。

——《二月六日海上大战》（节选）

一个多月后，张弘范在广州大摆崖山庆功宴。席间，张弘范亲自向文天祥敬酒，以元丞相之位诱降：“国亡，丞相忠孝尽矣，能改心以事宋者事皇上，将不失为宰相也。”

文天祥泫然出涕：“国亡不能救，为人臣者死有余罪，况敢逃其死而二其心乎。”

当天酒宴后，张弘范自知劝降无望，将文天祥不屈及未杀之的情况，上奏元廷，交予忽必烈裁决。

四月十一日，忽必烈的圣旨来了，感叹“谁家无忠臣”，命张弘范善待文天祥，并将其押往大都。

行前，文天祥的二弟文壁也来广州向兄长告别。文壁本为南宋惠州知州，崖山之战后，以惠州降元。

见面时，文天祥丝毫没有指责二弟之意，对文璧使“宗祀不绝”的降元理由也给予认可。文天祥的母亲死于异乡，需要弟弟代为尽孝，将灵柩运归故乡。[①]

文璧降元时，幼弟文璋也跟随二哥归降，做了元朝官员。文天祥听说后，写信劝说幼弟不做元臣，文璋接信后即辞官，从此隐居不仕。文氏兄弟三人，面对鼎革，选择了三条不同的人生道路。[②]

殉国是文天祥的个人选择，但他并不想强求两位弟弟，尊重他们的个人选择。

文天祥在给文璋的信中说：“我以忠死，仲（即文璧）以孝仕，季（即文璋）也其隐……使千载之下，以是称吾三人。”

在给嗣子文陞的信中，文天祥则说：“吾以备位将相，义不得不殉国；汝生父与汝叔姑全身以全宗祀。惟忠惟孝，各行其志矣。”

“忠”与“孝”的相互抵牾，令文天祥等宋季士大夫进退维谷。临安解甲前，二十五岁的太学生郑思肖以孝之名黯然回乡。一年后，他在杜鹃啼血之作《心史》中内疚神明：

> 阅历凡几世，忠孝已相传。足大宋地，首大宋天，身大宋衣，口大宋田……我有老母病老病，相依为命生余生。欲死不得为孝子，欲生不得为忠臣。

惟志惟孝，各行其志。长兄以殉国全忠，两个弟弟以仕和隐尽

① 修晓波：《文天祥评传》，第235页。

② 同上书，第297页。

孝，这就是文天祥勉力接受的“忠孝两全”。

至元十六年（1279年）四月二十二日，张弘范派人押解文天祥北上大都。与文天祥一同被押解的，还有其在崖山投海自尽未遂的庐陵同乡邓光荐。

十月初一傍晚，走走停停了五个多月，文天祥抵达大都。

文天祥一到大都，劝降的人便纷至沓来。

先是南宋降臣留梦炎。留梦炎与文天祥同为“状元丞相”，但文天祥丝毫没给他留情面，一见面便痛骂不止，事后还写诗讥讽留梦炎“梦回何面见江东”：你有何面目见家乡父老呢？

第二个出面的是瀛国公赵㬎，即曾经的宋恭帝。文天祥一见旧主，即北面而拜，“乞回圣驾”，此时还不满十岁的赵㬎自然说不出什么，只得怏怏而返。

第三个来的是平章政事阿合马。阿合马此时在元廷正烜赫一时，一见面便以大元丞相自居，逼文天祥下跪。文天祥针锋相对：“南朝宰相见北朝宰相，何跪？”阿合马嘲讽文天祥的俘虏身份：“你何以至此？”文天祥反击：“南朝早用我为相，北可不至南，南可不至北。”阿合马故意对左右说：“此人生死尚由我。”文天祥反唇相讥：“亡国之人，要杀便杀，道甚由你不由你！”

劝降无果，元廷给文天祥带上木枷缚住双手，囚禁在兵马司衙门的土牢里整整一个月，再派此后曾任丞相的忽必烈近臣孛罗开堂审问文天祥，张弘范也在一旁陪审。

孛罗为这次审问做了充分的准备，在枢密院的公堂上表现得咄咄逼人，甚至质疑文天祥是否算得上忠臣，试图攻破文天祥的心理防线。文天祥从容应对，一一驳倒孛罗的质问，气急败坏的孛罗只得终止庭问。

事后，孛罗在忽必烈御前主张杀掉文天祥，但张弘范则抱病上奏：文天祥“忠于所事，欲释勿杀”[①]。

忽必烈虽不愿“释”，却也不忍“杀”，他的态度更像是“拖”，等待文天祥回心转意。《宋史・文天祥传》中有一段话颇能诠释忽必烈这种微妙心理：“我世祖皇帝以天地有容之量，既壮其节，又惜其才，留之数年，如虎兕在柙，百计驯之，终不可得。”

这么一拖就是三年。在这三年的狱中生活里，文天祥编定了入狱前后写就的《指南录》和《指南后录》两部诗集，《正气歌》即收于《指南后录》；全新写了《集杜诗》和自编年谱《纪年录》，尤其是集杜甫诗句而成的《集杜诗》两百首，被视作宋元鼎革的“诗史”。

至元十九年（1282年）八月，忽必烈询问群臣：“南北宰相孰贤？”群臣一致认为：“北人无如耶律楚材，南人无如文天祥。”

忽必烈有意拜文天祥为相，文天祥听说后，写信给降元的旧日同僚王积翁等人：“天祥不死，而尽弃其平生，遗臭于万年，将焉用之？”[②]

直到此时，忽必烈还未对文天祥萌生杀心，还是想不释不杀，继续关着。

但就是在这年冬天，连续发生了几件事，促使忽必烈不得不尽快做个了断。

有一名善谈星象的福建和尚妙曦，向忽必烈进言：“十一月，土

---

① ［明］陈邦瞻：《宋史纪事本末》，卷一百零九。

② ［元］刘岳申：《文丞相传》。

星犯帝座，疑有变。”

恰在此时，中山府（今河北定州市）有个叫薛保住的人，聚众二千，自称是“真宋幼主”，号称要来大都劫狱救出文丞相。

一时间，大都人心惶惶，沸反盈天。

为此，元廷紧急将瀛国公赵㬎等赵宋宗室从大都迁往上都。

也因此，如何处置文天祥成为元廷的当务之急。

看到这里，很多人会觉得，忽必烈与元廷是不是神经过敏，过于小题大做了？

这里还应该补充一个重要信息。这年春天，也就是至元十九年（1282年）三月，大都发生了震惊宇内的“击杀阿合马事件”。王著、高和尚等人假扮太子真金，以太子回京的名义令阿合马出迎，当阿合马来到东宫门口，王著用袖藏的铜锤当场将他击杀。阿合马之死，对忽必烈的震动甚至要超过李璮之乱，他怀疑王著背后的操控者是儒臣士大夫集团，对他们彻底失去了往日的信任与爱重。

正是在阿合马之死的背景下，星象与民变的政治冲击力才被无限放大，忽必烈在文天祥问题上长期展现出来的耐心、自信、宽容与理想主义，也被猜疑、妄想、偏见与不安全感所笼罩。

当然，忽必烈仍非杀文天祥不可，他还想给文天祥，也给他自己最后一次机会。

忽必烈决定亲自劝降。

至元十九年十二月初八（1283年1月9日），文天祥被忽必烈召入元官大殿，“长揖不拜”，左右强逼他下跪，甚至用金棍打伤了他的膝盖，文天祥仍挺立不动。

忽必烈没有在跪拜礼上过多纠缠，让人传话：“汝以事宋者事我，即以汝为中书宰相。”

文天祥坚定地回答：“天祥为宋状元宰相，宋亡，惟可死，不可生。”

忽必烈追问：“汝不为宰相，则为枢密。”

文天祥再答：“一死之外，无可为者。”

忽必烈见文天祥死志甚笃，便让他退去。

忽必烈还举棋不定，便于第二天（十二月初九）问计群臣。群臣理由不一，有的人想成全文天祥的个人意愿，有的人忌惮文天祥的才略，唯恐放虎归山，但多数人还是主张杀掉文天祥。

在之前的类似讨论中，似乎更多人，尤其是汉臣，倾向于不杀甚至释放文天祥。有可能也是因为阿合马之死带来的政治氛围变幻，使得这些以汉臣为主的“不杀派”，要么噤若寒蝉，要么见风使舵，要么干脆就丧失了话语权。

总之，忽必烈最终认可了群臣的吁请，下诏杀文天祥。

当天，文天祥就被带到了柴市口刑场（今北京交道口一带）。自兵马司衙门牢狱出来时，文天祥平静地对狱吏说：“吾事了矣。”

关于文天祥之死，专力记叙宋末抗元忠义事迹的《昭忠录》细节颇丰：

> 时燕市观者如堵，宣使遍谕曰：“文丞相，南朝忠臣，皇帝使为宰相，不可，故随其愿，赐之一死，非他人比也。”宣使问天祥曰：“丞相今有甚言语，回奏尚可免死。”天祥曰：“死则死尔，尚何言。”天祥问市人孰为东南西北，趋而南向再拜，就死。燕人凡有闻者莫不叹息流涕。

时年，文天祥四十七岁。

有一种说法是，到了最后一刻，忽必烈曾改变主意，想留文天祥一命，惜为时已晚。最直接的证据是，有一名叫赵与稟的南宋宗室，自称目击了问斩文天祥的全程，“顷之，又闻驰骑过者。及回，乃闻有旨，教再听圣旨，至则已受刑”[①]。

《宋史·文天祥传》也有类似的说法：“俄有诏使止之，天祥死矣。”

明人赵弼在《续宋丞相文文山传》中更有一处不无渲染的细节：

明日，世祖临朝，抚髀叹曰：“文丞相，好男子！不肯为吾用，一时轻信人言杀之。诚可惜也。”

忽必烈为何意欲在最后一刻刀下留人？不得而知。当然，这种说法也是存疑的。

据文天祥好友邓光荐所著《文丞相传》，文天祥就义后，大都连日戒严，一片肃杀之气：

时连日大风埃雾，日色无光，都城门闭，甲卒登城街，对邻不得往来，行不得偶语。

行刑第二天，在东宫当婢女的欧阳夫人就获准出外殓尸，为不食元粟的文天祥每日送牢饭的张弘毅及江南十义士也冒险前来。众人

① 修晓波：《文天祥评传》，第310—311页。

见文天祥“颜面如生”，在衣袋中还发现了文天祥的绝笔：

孔曰成仁，孟曰取义，惟其义尽，所以仁至。读圣贤书，所学何事，而今而后，庶几无愧。

二十三年后，即元大德九年（1305年）二月，欧阳夫人病逝。去世前，她从贴身香囊中取出文天祥写给自己的《哭妻文》，“烈女不嫁二夫，忠臣不事二主。天上地下，惟我与汝。呜呼哀哉！”欧阳夫人死时将《哭妻文》手迹放于胸前，“将以见吾父母，见吾夫于地下”。

宋亡的时间点有多个版本，崖山之战说最为盛行。元代文宗黄溍为文天祥祠堂作《祠堂记略》，内有一说：“宋之亡，不亡于皋亭之降，而亡于潮阳之执；不亡于崖山之崩，而亡于燕市之戮。”参与编宋辽金三史的元人揭傒斯也有类似说法：“文丞相斩首燕市，终三百年火德之祚。”

这既是文天祥的历史荣耀，也是他最终赴死的重要原因，“只要文天祥不死不降，他始终就是南宋旧有势力存续的一种象征，是恢复大宋的希望所在，而这正是元王朝最为担忧的事情。因此，处死文天祥成为忽必烈当时必然的政治抉择”①。

南宋史事，终于文天祥之死。

---

① 温海清：《文天祥殉节与宋亡历史观》，载《复旦学报》（社会科学版）2021年第5期。

遗民

文天祥是否不得不死？或者说，文天祥是否有过不死的想法？

《宋史·文天祥传》中有一段令很多后人或困惑或愤懑的叙事：

> 天祥曰："国亡，吾分一死矣。倘缘宽假，得以黄冠归故乡，他日以方外备顾问，可也。若遽官之，非直亡国之大夫不可与图存，举其平生而尽弃之，将焉用我？"积翁欲合宋官谢昌元等十人请释天祥为道士，留梦炎不可，曰："天祥出，复号召江南，置吾十人于何地！"事遂已。

这段话的风暴点是文天祥的这句表态："倘缘宽假，得以黄冠归故乡，他日以方外备顾问，可也。"

按照《宋史》这一段的说法，如果元朝可以放文天祥回家，不强迫为官，从此做一介平民，这是他可以接受的。今后元廷若有事，文天祥甚至也愿意以一个平民的身份帮着出出主意。[①]

那么，如何解释文天祥之死呢？

从文天祥以上这段话出发，姚大力先生接着阐发称：

> 如果元朝能把他当作一个平民放归乡里，这便是文天祥完全可以接受的一种安排。他在等，也包括在等待这样一

① 姚大力：《追寻"我们"的根源：中国历史上的民族与国家意识》，生活·读书·新知三联书店，2018年1月版，第45页。

种可能性。可是元朝没有给他这一选项。元朝给他的选择，始终只有两项：在元朝做官（忽必烈认为从南宋入元的人当中，能做他的宰相的，只有文天祥）；或者被处死。要他在元朝做官，这是文天祥万万不能同意的。正是在这种情况下，文天祥毅然选择了后者。[①]

不少人认为，《宋史》这段“黄冠归故乡”的叙事有违春秋大义，蓄意破坏文天祥全忠全节的形象，进而斥之为构陷捏造。

清人毕沅在《续资治通鉴》卷一百八十四至元十六年十月的考异中激烈批评《宋史》“黄冠归故乡”之说：

按天祥对博罗（孛罗）之言，唯求早死，岂复有黄冠归故乡之想。论者以为必留梦炎辈忌天祥全节者，因积翁有请释为道士意，遂附会其语以诬天祥耳，今不取。

毕沅的观点很清晰，《宋史》这段话乃诬陷文天祥，是假的。毕沅的“辩诬”自然有其道理，据邓光荐的《文丞相传》：

是时南人仕于朝者，谢昌元、王积翁、程飞卿、青阳梦炎等十人，谋合奏，请以公为黄冠师，冀得自便。青阳梦炎私语积翁曰：“文公赣州移檄之志，镇江脱身之心，固在也。忽有妄作，我辈何以自解？”遂不果。

---

① 姚大力：《追寻“我们”的根源：中国历史上的民族与国家意识》，第45—46页。

《文丞相传》这段与《宋史·文天祥传》有两处异同。其一，《宋史》是留梦炎，这里是青阳梦炎，两人都是投元宋臣，此处异同这里就不展开了；其二，“黄冠归故乡”是王积翁等人提议的，而不是文天祥自己要求的。

有人据此推论，《宋史·文天祥传》是张冠李戴了，将王积翁等人的提议，误作文天祥之语。

有没有这种可能？当然有。

但这是一个开放性的“或然”问题，直接将《宋史·文天祥传》的“黄冠归故乡”之说斥为诬陷，恐怕是太武断了，也是意识形态先行了。

即使依照《文丞相传》的逻辑，也并没有完全推翻《宋史·文天祥传》的说法：王积翁们提出了“黄冠归故乡”，但也未指明文天祥同意还是不同意，如果文天祥接受了呢，那不就是和《宋史》殊途同归了？

也有学者认为，《文丞相传》的记载“或为英雄讳”。“黄冠归故乡”之说，绝非空穴之风。①

再比如，还有说法认为，“黄冠归故乡”之说是编纂《宋史》的元朝史臣刻意伪造，为的是褒元贬宋，且不论这一说法证据严重不足，可能更关键的是，如果文天祥都愿意“黄冠归故乡”了，忽必烈还苦苦逼他做元朝的官，最终逼得文天祥赴死，这恐怕不是“褒元”，而是“贬元”吧。

---

① 温海清：《文天祥之死与元对故宋问题处置之相关史事释证》，载余欣主编《瞻奥集：中古中国共同研究班十周年纪念论丛》，上海古籍出版社，2021年2月版。

以上这些探讨都说明，《宋史》“黄冠归故乡”之说，其真伪是一个开放性的、待解决的学术问题，目前充其量只能说是被质疑，远说不上被推翻。

更有意义的探讨是，如果文天祥的确提出“黄冠归故乡”，那么，那些持否定意见者是否能接受？或者说，他们是不是拒绝接受这是一个开放性问题？

姚大力先生认为，文天祥之死，是作为宋朝遗民不仕新朝之死。我们没有理由要求文天祥具有当时根本不存在的民族主义立场，这样看似是在拔高文天祥，实际上却是对他真实形象的歪曲和侮辱，装模作样地去歌颂一个虚假的文天祥：

> 文天祥……这些人所表达的，是一种“遗民”立场。在一个王朝已被新建立的王朝取代的时候，它是一种针对曾在前一个王朝做过官员的人们的道德约束。这一约束并不要求“遗民”拒绝甚至反抗新王朝的统治，也不要求他们天天伸长脖子朝着新政权吐唾沫，只要求他们不能再进入新王朝的各级机构里担任正式官员。因为他们都已在旧朝受过“恩典”，所以终身不能背叛这一恩典。遗民身份并不妨碍具有这种身份的人在新王朝统治下当一名普通老百姓。而且这种身份及身而止，不遗传给后辈。[①]

关于文天祥的“遗民”立场，还可以从以下几个人的人生选择

① 姚大力:《追寻“我们”的根源：中国历史上的民族与国家意识》，第48页。

中交叉印证。

其一，文天祥的幼弟文璋。本书前文曾提及，文天祥曾鼓励文璋弃元官归隐，所谓“我以忠死，仲以孝仕，季也其隐……使千载之下，以是称吾三人”。

其二，文天祥的嗣子文陞。文天祥的两个儿子或殒命或下落不明后，文璋将次子文陞过继给哥哥以继香火。元仁宗爱育黎拔力八达即位时，文陞出仕，官至集贤院直学士，去世后还被仁宗追封为蜀郡侯。文陞之出仕，可证遗民不世袭的观念。

元人陶宗仪在《南村辍耕录》中记录了一件有关文陞的逸事，读之意动：

> 至元间，宋文丞相有子，出为郡教授，行数驿而卒，人皆作诗以悼之。闽人翁某一联云：“地下修文同父子，人间读史各君臣。”独为绝唱。

其三，文天祥的挚友邓光荐。南宋礼部侍郎邓光荐原本作为俘虏与文天祥共同被押送大都，至建康因病滞留，后被元人释放，以在野之身隐居民间，写下《文丞相传》《文丞相督府忠义传》《哭文丞相》等歌颂忠义的诗文。据《元史·张珪传》，文天祥就义那一年，邓光荐做了张弘范之子张珪的老师，张珪后官至平章政事，封蔡国公。

邓光荐没有选择死节，甚至做了张弘范之子的老师，这些都无碍于他做一个堂堂正正的南宋遗民。

其四，与文天祥齐名的谢枋得。与文天祥一样，谢枋得在南宋末年也主持了多年抗元战事，兵败后，谢枋得隐居福建，教书度日。

元廷先后五次派人召他入朝为官，谢枋得均严词拒绝。谢枋得曾如此解释自己拒绝入仕的立场："且问诸公，容一谢某，听其为大元闲民，于大元治道何损？杀一谢某，成其为大宋死节，于大元治道何益？"谢枋得的立场很鲜明：只要元朝不逼他出仕，他可以选择作为元朝闲民而活下去；倘若逼迫其出仕，失忠宋之节，便"惟愿速死"。[①]

宋亡十年后，谢枋得终于迎来了生死抉择时刻。至元二十五年（1288年）冬天，福建参政魏天祐强迫谢枋得入大都为官。《宋史·谢枋得传》记录下了传主死节的一幕：

> 二十六年四月，至京师，问谢太后欑所及瀛国所在，再拜恸哭。已而病，迁悯忠寺，见壁间《曹娥碑》，泣曰："小女子犹尔，吾岂不汝若哉！"留梦炎使医持药杂米饮进之，枋得怒曰："吾欲死，汝乃欲生我邪？"弃之于地，终不食而死。

谢枋得与文天祥同为江西人，同年进士及第，因忠义被后人并称为"文谢二山"。谢枋得没有因不求死而隐居被诟病为"苟且偷生"，那么，对文天祥"黄冠归故乡"的可能性也可以更宽容点吗？

终身隐居不仕并不是一件容易的事，有不少南宋士大夫曾试图

---

① 温海清：《文天祥之死与元对故宋问题处置之相关史事释证》，载余欣主编《瞻奥集：中古中国共同研究班十周年纪念论丛》。

如此，但在元廷的尽心竭力且带有强迫性的征召下，他们并没有像谢枋得这样求仁得仁。

赵匡胤第十一世孙赵孟頫宋亡后蛰居在家，屡次拒绝仕元，但至元二十三年（1286年），他还是同意出山，赴大都觐见忽必烈。据《元史·赵孟頫传》，忽必烈见他“才气英迈，神采焕发，如神仙中人”，特命他负责起草诏书。

而《元史·叶李传》还记载了曾领衔上书攻讦贾似道的京学生叶李，他在元军入临安后隐居富春山，起初也屡拒征辟，但仅仅一年后，便在半推半就中仕元，成为忽必烈的亲信重臣，得到世祖“其性刚直，人不能容，而朕独爱之”的褒扬。

文天祥起兵勤王时，有一名同为庐陵人的太学生王炎午追随于侧，但因“父殁未葬，母病危殆”，很快离军归家。文天祥五坡岭被俘后，王炎午就一直殷切等待着文丞相的死节消息。久等不至后，他慷慨淋漓地写下了著名的《生祭文丞相文》，上来第一句就是：呜呼！大丞相可死矣！

王炎午堂而皇之地自曝动机：“遂作生祭丞相文，以速丞相之死。”如此坦荡，倒也是非常之人。

祭文写好后，王炎午与友人一起誊录了数十份，在文天祥被押解大都的交通要道上四处张贴，“冀丞相经从一见”，可谓用心良苦。

这位唯恐文天祥不速死的王炎午，再也没有参与抗元一天，更没有选择死节。他在“岁岁东风岁岁花。拼一笑，且醒来杯酒，醉后杯茶”[①]中，一直活到了1324年，以七十三岁寿终正寝于家中。

① 〔宋〕王炎午：《沁园春·又是年时》。

此时，文天祥已殉难四十一年。

不过，王炎午本人倒也算一名极合格的遗民，宋亡后隐居乡里，终身不仕元，大节无亏。这样的遗民人生，或本也是文天祥的心愿。

文天祥不是为哪个“道旁儿”而死，虽然在生命的最后几年中，也为了那些律他式的道德压力，或悒悒不乐，或百口莫辩，但他最终是为了自己的信念与内心坚持而慷慨赴死。

文天祥应对诸葛亮《后出师表》心有戚戚，最末一句是：

> 臣鞠躬尽力，死而后已；至于成败利钝，非臣之明所能逆睹也。

后 记

历史不能由单一情绪主导。避免单一叙事、采用多元的历史叙事，是我写作《崖山》这本书的初衷之一。毕竟，写作是一件苦事，没有一点情怀驱动，很难废寝忘食。

我想尽力规避的第二种叙事，是南宋中心主义叙事。

好看的历史应当是由多元视角构成的，但具体到南宋亡国这段历史，流行的历史叙事往往都聚焦于南宋，从而遗忘了一个常识：南宋衰亡的另一面，是元朝的崛起。

于我而言，写作《崖山》最大的难点也是元史。在历史学内部，元史可能是最让从业者有“隔行如隔山”之感的一个朝代史。但再难、再有压力，我都时刻提醒自己：既然要写《崖山》，写南宋亡国，怎么可以不去努力学习和探究元史呢?

缺乏元朝视角的南宋衰亡史，天然就容易堕入单一叙事。

我不讨厌宋朝，在某种意义上我也算是一个“宋粉”，宋朝政治相对于其他帝制时代的宽容与开放，令人心生向往，令我心甘情愿地“牺牲”部分客观。但这不等于，你在思考和写作南宋衰亡史时，可以将元作为一个无关紧要的他者，作为一个不想探究的毁灭方。

元朝视角的难点之一，最有魅力之处可能在于，成吉思汗开创的大蒙古国，与忽必烈开创的元朝，虽有其天然的历史传承，但二者远不是一回事。回到历史现场，在蒙古人内部，人们对忽必烈的“汉化”倾向一向充满疑虑，对忽必烈建立中原王朝的努力更是不以为然。这是两种截然不同的立国路线，为此也引发了漫长的蒙古内战。

但这与南宋衰亡史有什么关系呢？

关系万千重。当即位前的忽必烈在鄂州城下与贾似道缠斗时，当做了皇帝的忽必烈倾力灭宋时，来自蒙古人的军事挑战令忽必烈如坐针毡，不惜放缓灭宋大业也要先致力于蒙古内战。

没错，对忽必烈而言，蒙宋战争并不是他优先考量的，南宋更算不上什么大敌。

这是南宋亡国的重要真相之一：元与南宋从来就不是同一个体量的对手。

以此而言，南宋在对元战争中的抵抗，尤其是襄樊之战中的坚韧，更加令人心生感佩。面对这样一个疆域之广阔在人类历史上都无与伦比的大国，南宋已经做得很不错了。

还有那句话，过分贬低敌人，其实贬低的是自己，特别当己方是输家的时候。

这里就牵涉到我想避免的第三种叙事：奸臣和“汉奸”叙事。

如果不考量蒙、宋双方的实力差距，不去细究两宋深入肌理的一些体制痼疾，而简单粗暴地将亡国罪责往所谓的奸臣和“汉奸”身上一推了事，那就不是什么体面的读书人了。

日本学者宫崎市定曾经愤愤不平地说：

那些曾为贾似道所笼络、重用，而最终抛弃了他的南宋大官，大多在仕元之后埋首著述，此辈往往对贾似道进行肆意谩骂，并将南宋灭亡的责任归结于其一人身上。

奸臣叙事源远流长，其核心原因就是，让贾似道这样的奸臣背上亡国的所有罪责，是最便捷、最易于阐释、最顾及君臣大义、最容易被传播，也最能迎合民间情绪的“顾全大局”之举。

这样似乎也是一种心理补偿：我们本来可以轻松打败外敌，但奸臣当道，以致大局糜烂。

汉奸叙事也是类似的逻辑。鼓吹者沉醉于这样一种情境：内有奸臣作祟，外有汉奸横行，因此国将不国。

有了这样简单畅快的叙事，一个人不懂历史细节，不知元朝为何物都没关系，他一样可以畅谈宋蒙战史，批评奸臣误国时，还能显得他大义凛然。

但至于张弘范等人是不是符合汉奸标准，就无人关心，也不重要了。出身河北的张弘范自生下来第一天起就在蒙古治下，没做过一天宋人，他为蒙古打仗又奸在何处？张弘范的父亲张柔倒算是某种“奸”，但他一出生就是金人，还为金国与蒙古打过仗，后来被俘归降蒙古，因此张柔没做过一天宋人，和“汉奸”也扯不上任何关系。

在奸臣和汉奸叙事的影响下，连忠臣叙事也变形了。

我对南宋亡国时的那些忠臣，比如张世杰、陆秀夫、文天祥等人充满敬意。文天祥的伟大无须多言，但遗憾的是，高大全式的塑造方式也在让我们远离一个真实的文天祥。正如元史学者姚大力先生所言：

> 文天祥之死，并不是出于今天许多人以为他之所以要死的那种民族主义立场……我们不应该把他原来没有的那种意识硬塞在他的脑子里，然后再装模作样地去歌颂一个虚假的文天祥。①

可以有民族主义叙事，但不要单一民族叙事；可以有南宋视角叙事，但不要南宋中心主义叙事；可以有道德叙事，但不要奸臣和“汉奸”叙事。

阅读历史、思考历史、写作历史，目的之一是让我们对这个世界上的各种可能性充满敬畏，保持开放心态，小心翼翼地为自己的每一种主张仔细论证，做好一旦有了更确切的事实，就随时推翻前见的准备。

我会随时这样提醒自己，也希望用我的写作，随时提醒我最敬畏的读者们。

我们都希望自己生活的世界更好一点，不是吗?

这本书照例献给我的妻子冰和女儿栖约，愿我们都宽容地看待彼此，看待我们的生活与世界。

崖山之外，是更大的中国。

---

① 姚大力:《追寻“我们”的根源：中国历史上的民族与国家意识》，第46页。

主要参考书目

古籍：

《宋史》《宋史纪事本末》《续资治通鉴》《宋论》《齐东野语》《元史》《元朝名臣史略》《元史纪事本末》（以上均为中华书局出版）

《文天祥全集》，〔宋〕文天祥著，江西人民出版社，1987年8月版

《癸辛杂识》，〔宋〕周密著，上海古籍出版社，2012年12月版

《蒙古纪事本末》，〔清〕韩善徵撰，上海古籍出版社，2012年9月版

《史集》，［波斯］拉施特主编，商务印书馆，余大均、周建奇译，1983—1998年版

《南村辍耕录》，〔元〕陶宗仪著，上海古籍出版社，2012年11月版

近人论著：

《宋蒙（元）关系史》，胡昭曦主编，四川大学出版社，1992年12月版

《宋蒙（元）关系研究》，胡昭曦、邹重华主编，四川大学出版社，1989年8月版

《宋元战争史》，陈世松等著，四川省社会科学院出版社，1988年11月版

《南宋行暮：宋光宗宋宁宗时代》，虞云国著，上海人民出版社，2018年9月版

《天平：十三世纪宋蒙（元）和战实录》，顾宏义著，上海书店出版社，2007年1月版

《大一统：元至元十三年纪事》，史卫民著，上海人民出版社，2020年7月版

《忽必烈传》，李治安著，人民出版社，2004年10月版

《隳三都》，周思成著，山西人民出版社，2021年1月版

《大汗之怒：元朝征伐日本小史》，周思成著，山西人民出版社，2019年3月版

《贾似道及其文学交游研究》，张春晓著，崇文书局，2017年11月版

《南宋政治史》，何忠礼著，人民出版社，2008年10月版

《元代大都上都研究》，陈高华、史卫民著，中国人民大学出版社，2010年8月版

《细读元朝一百六十年》，班布尔汗著，华文出版社，2021年6月版

《文天祥研究》，俞兆鹏、俞晖著，人民出版社，2008年10月版

《文天祥评传》，修晓波著，南京大学出版社，2002年3月版

《追寻“我们”的根源：中国历史上的民族与国家意识》，姚大力著，生活·读书·新知三联书店，2018年1月版

《周必大的历史世界》，许浩然著，凤凰出版社，2016年10月版

《内北国而外中国：蒙元史研究》（全二册），萧启庆著，中华书局，2007年10月版

《宋代外交史》，陶晋生著，重庆出版社，2021年9月版

《史林漫识》，[美]陈学霖著，中国友谊出版公司，2001年4月版

《明初的人物、史事与传说》，[美]陈学霖著，北京大学出版社，2010年10月版

《南宋史研究集》，黄宽重著，新文丰出版公司，1985年8月版

《剑桥中国宋代史（上卷）：907—1279年》，[英]崔瑞德、[美]史乐民编，宋燕鹏等译，中国社会科学出版社，2021年4月版

《十三世纪中国政治与文化危机》，[美]戴仁柱著，刘晓译，中国广播电视出版社，2003年5月版

《丞相世家：南宋四明史氏家族研究》，[美]戴仁柱著，刘广丰、惠冬译，中华书局，2014年6月版

《忽必烈和他的世界帝国》，[美]莫里斯·罗沙比著，赵清治译，重庆出版社，2008年8月版

《蒙古帝国史》，[法]雷纳·格鲁塞著，龚钺译，商务印书馆，1989年8月版

《南宋初期政治史研究》，[日]寺地遵著，刘静贞、李今芸译，复旦大学出版社，2016年4月版

《蒙古帝国的兴亡》，[日]杉山正明著，孙越译，社会科学文献出版社，2015年12月版

《忽必烈的挑战：蒙古帝国与世界历史的大转向》，[日]杉山正明著，周俊宇译，社会科学文献出版社，2013年6月版

《疾驰的草原征服者：辽西夏金元》，[日]杉山正明著，乌兰、乌日娜译，广西师范大学出版社，2014年1月版

《宫崎市定人物论》，[日]宫崎市定著，林千早译，浙江人民出版社，2018年4月版

《马可波罗行纪》，[法]沙海昂注，冯承均译，上海古籍出版社，2014年3月版